民國文化與文學 研究文叢

六 編

李 怡 主編

第 16 冊

魯迅的「故事新編」
——「魯迅圈子」的歷史敘述與形象建構

陳華積 著

國家圖書館出版品預行編目資料

魯迅的「故事新編」——「魯迅圈子」的歷史敘述與形象建構
／陳華積 著 -- 初版 --- 新北市：花木蘭文化出版社，2016
〔民 105〕
目 2+162 面；19×26 公分
（民國文化與文學研究文叢 六編；第 16 冊）
ISBN 978-986-404-690-4（精裝）
1. 周樹人 2. 學術思想 3. 文學評論
541.26208   105012793

ISBN-978-986-404-690-4

9 789864 046904

特邀編委（以姓氏筆畫為序）：

丁　帆　　　王德威　　　宋如珊
岩佐昌暲　　奚　密　　　張中良
張堂錡　　　張福貴　　　須文蔚
馮　鐵　　　劉秀美

民國文化與文學研究文叢
六　編　第十六冊　　　　　　　ISBN：978-986-404-690-4

魯迅的「故事新編」
——「魯迅圈子」的歷史敘述與形象建構

作　　者　陳華積
主　　編　李　怡
企　　劃　四川大學現代中國文化與文學研究中心
　　　　　北京師範大學民國歷史文化與文學研究中心
總 編 輯　杜潔祥
副總編輯　楊嘉樂
編　　輯　許郁翎、王　筑　美術編輯　陳逸婷
出　　版　花木蘭文化出版社
社　　長　高小娟
聯絡地址　235 新北市中和區中安街七二號十三樓
　　　　　電話：02-2923-1455／傳眞：02-2923-1452
網　　址　http://www.huamulan.tw 信箱 hml 810518@gmail.com
印　　刷　普羅文化出版廣告事業
初　　版　2016 年 9 月
全書字數　154403 字
定　　價　六編 24 冊（精裝）新台幣 44,000 元
版權所有・請勿翻印

魯迅的「故事新編」
——「魯迅圈子」的歷史敘述與形象建構

陳華積　著

作者簡介

陳華積，男，廣東陽春人，中國現當代文學專業，2012 年獲中國人民大學文學博士學位，現任職於中國青年政治學院中文系。主要研究方向爲中國現當代文學史、魯迅研究與當代文學前沿問題。編著《中國當代文學資料長編》叢書中的《改革文學研究資料》與《文化散文研究資料》，在《魯迅研究月刊》、《中國現代文學研究叢刊》與《中國當代作家評論》等核心刊物發表論文二十餘篇，並有多篇論文被《人大複印資料・現代、當代文學研究》轉載。

提　　要

　　魯迅是二十世紀最重要的作家之一，對魯迅的重新探討涉及到對本學科中國現當代文學專業學科起源性的探討。在紛繁複雜的歷史背後，理清現當代文學發展的線索，無疑具有重要的學科意義。多年來，圍繞魯迅生平、作品、思想的研究、闡釋一直是現當代文學學科的熱門話題，關於魯迅方面的研究也汗牛充棟，良莠不齊，然而，少有人對魯迅周圍的人進行研究。事實上，涉及魯迅方面的史料，除了魯迅日記，以及魯迅作品中透露的一些重要論述以外，對魯迅的日常生活，作品產生的時代背景，作品內容的闡釋，魯迅當時的想法以及思想發展的全過程等方面的內容，一直都是魯迅周圍的人在提供各種各樣的歷史材料以達到闡釋魯迅的目的。其中重要人物的有許壽裳的回憶錄，馮雪峰的回憶錄，許廣平的回憶錄，周作人的回憶錄以及與魯迅有較多接觸的師生、朋友的回憶錄等，這些人的回憶文章與魯迅生前形成的「圈子效應」結合而成爲「魯迅圈子」的「歷史敘述」。在這些歷史敘述當中，由於意識形態方面的影響以及每個人的立場、出發點不同，其所產生的歷史敘述相互之間也有很大的分歧、差異，有些回憶錄甚至是因時代的需要而被「生產」出來的，因此，這些歷史敘述的客觀性及其所具有的史料價值就很值得懷疑。

　　本文正是在通讀各種歷史敘述的基礎上，以「魯迅圈子」的歷史敘述爲對象，重新對魯迅的思想內涵進行研究。「魯迅圈子」的歷史敘述在還原魯迅生活、思想狀況的同時，對魯迅形象的塑造也起著重要的作用，在二十世紀意識形態變動的過程中，「魯迅圈子」的歷史敘述主要塑造了兩種魯迅形象：一是魯迅逝世後幾年內塑造的「民族魂」、「啓蒙者」的歷史形象，二是建國後塑造的「革命者」魯迅的歷史形象。然而，「魯迅圈子」的歷史敘述又具有很大的不確定性，主要表現在歷史敘述具有很強的主觀性、偶然性以及意識形態化等特徵。海登・懷特告訴我們，「一個歷史學家作爲悲劇而編排的情節，在另一個歷史學家那裏可能成爲喜劇或羅曼司」，這表現「魯迅圈子」的歷史敘述上，正好印證了海登・懷特的說法，在許壽裳的歷史敘述中成爲「啓蒙者」的魯迅，在馮雪峰、許廣平的歷史敘述中則變成了「革命者」的魯迅。然而，問題還在於，這兩種魯迅形象是如何被塑造出來的？前一種魯迅形象又是如何被後一種魯迅形象替換的？面對這些問題，這將成爲本文重新探討魯迅、「魯迅圈子」、魯迅的歷史形象的重要切入點。

本文分爲三部分：緒論部分、主體部分以及結語。

　　緒論部分介紹本文選題的緣由、研究現狀、研究方法與論文提綱等，並對「魯迅圈子」的概念、範疇進行嚴密的界定，指出在魯迅的生前或死後，始終有一個龐大的社會群體團結在魯迅周圍，或聚集在「魯迅」名義之下，守護著魯迅精神與魯迅精神遺產。這些圍繞在魯迅周圍的人包括魯迅的親屬、朋友與學生等，他們自覺而形成一個個圍繞在魯迅周圍而存在的「圈子」，也即是「魯迅圈子」。這些「圈子」按其組織形式可以分爲傳統的「文人圈子」與現代的「社團圈子」，按其組成人員以及密切程度的不同又可分爲「親屬圈」、「朋友圈」、「師友圈」和「學生圈」等圈子。

　　主體部分分爲四章：第一章爲問題的提出，從兩部魯迅年譜談起；第二章探索「魯迅圈子」的形成與出現；第三章探索許壽裳版魯迅年譜是如何塑造魯迅形象的；第四章探討魯迅形象如何從「啓蒙者」的歷史形象過渡到「革命者」的歷史形象。

　　第一章以兩部魯迅年譜爲研究對象，通過分析、比較兩部魯迅年譜的編撰過程、編撰目的和原則，揭示「魯迅圈子」的歷史敘述存在著不同的意識形態取向，以及塑造了兩個不同歷史形象的魯迅。許壽裳版的魯迅年譜通過刪改、「去左翼化」的敘述策略塑造了一個「啓蒙者」魯迅的歷史形象，而魯博版魯迅年譜則通過放大魯迅後期思想，強化魯迅與共產黨精神、思想上的聯繫，壓縮魯迅前期思想等做法，從而塑造了一個「革命者」魯迅的歷史形象。從兩部魯迅年譜的分析對比可以看出，在兩種魯迅形象塑造的背後存在著一個龐大的「魯迅圈子」，而對「魯迅圈子」歷史敘述的探索則成爲我們今天重新來研究「魯迅」、「魯迅圈子」與魯迅形象重構的歷史起點。

　　第二章探索「魯迅圈子」是形成過程，出現的時機等。「魯迅圈子」對魯迅形象的建構起著重要的作用，其中「魯迅圈子」的重要成員有許壽裳、周作人、許廣平、馮雪峰等。「魯迅圈子」在魯迅逝世後通過對魯迅「民族魂」形象的建構而使魯迅在國民黨政府的統治下獲得了很大的政治合法性，同時也順利化解了魯迅逝世後出現的「身份危機」、「形象危機」與「出版危機」等，「魯迅圈子」也通過《魯迅先生紀念集》的集體亮相而在文壇上形成了一股強大的獨立於政治勢力之外的文學勢力。

　　第三章通過對許壽裳《魯迅的思想與生活》與《亡友魯迅印象記》等歷史敘述的深入分析，指出許壽裳在塑造「啓蒙者」魯迅的歷史形象過程中，首先是塑造了「民族魂」魯迅的歷史形象，其後通過一系列的政治顛簸和心裏體悟，來到臺灣推行新文化運動的許壽裳在精神氣度上越來越接近魯迅，最後終於達到與魯迅精神相通的境地，從而塑造出「啓蒙者」魯迅的歷史形象。然而，許壽裳對魯迅「啓蒙者」形象的塑造卻是以「去左翼化」的敘述策略爲代價的。

　　第四章與許壽裳竭力塑造的「啓蒙者」魯迅形象所不同的是，馮雪峰在建國後竭力塑造魯迅「革命者」的歷史形象。馮雪峰通過闡釋魯迅思想轉變以及強化魯迅與黨的親密關係，從而達到以「革命者」魯迅置換「啓蒙者」魯迅的目的。馮雪峰對魯迅形象的置換很大程度上受到建國後占主流地位的革命文化的影響。建國後，革命文化對其它文化一直處於整合當中，馮雪峰對魯迅形象的置換具有歷史的必然性。然而，在這種置換的過程中，馮雪峰卻遭到了另一派「啓蒙型」魯迅弟子的攻擊，但最終魯迅「革命者」的歷史性形象成爲主流的形象，而馮雪峰卻因爲在這一置換的過程中由於自己的不徹底性，最終也被主流意識形態打倒。

　　結語：「魯迅圈子」的歷史敘述與意識形態有著密切的聯繫，但也常常存在著一種博弈的關係。如何塑造魯迅的形象，塑造怎樣的魯迅形象都是個人的歷史敘述與意識形態之間的一個相互博弈的過程，在這一過程，許壽裳成功地塑造了「啓蒙者」的魯迅形象，而馮雪峰則留下了一個未完成的「革命者」魯迅形象，成爲其一生中最大的遺憾。塑造魯迅形象的過程，實則是一個與意識形態、個人認同相互博弈的過程。

作爲方法的「民國」
——第六輯引言

李　怡

　　「作爲方法」的命題首先來自日本著名漢學家竹內好，從竹內好 1961 年「作爲方法的亞洲」到溝口雄三 1989 年「作爲方法的中國」，其中展示的當然不僅僅是有關學術「方法」的技術性問題，重要的是學術思想的主體性追求。日本學人通過中國這樣一個「他者」的參照進行自我的反省和批判，實現從「西方」話語突圍，重新確立自己的主體性，這對同樣深陷「西方」話語圍困的中國學界而言也無疑具有特殊的刺激和啓發。1990 年代中期以後，中國（華人）學人如孫歌、李冬木、汪暉、陳光興、葛兆光等陸續介紹和評述了他們的學說，﹝註 1﹞特別是最近 10 年的中國思想文化與文學批評界，可以說出現了一股竹內──溝口的「作爲方法」熱，「作爲方法的日本」、「作爲方法的竹內好」、「亞洲」作爲方法，﹝註 2﹞以及「作爲方法的 80 年代」等等

﹝註 1﹞ 如 Kuang-ming Wu and Chun-chieh Huang （吳光明、黃俊傑）:〈關於《方法としての中國》的英文書評〉（《清華學報》新 20 卷第 2 期，1990 年），溝口雄三、汪暉:〈沒有中國的中國學〉（《讀書》第 4 期，1994 年），孫歌:〈作爲方法的日本〉（《讀書》第 3 期，1995 年），李長莉:〈溝口雄三的中國思想史研究〉（《國外社會科學》第 1 期，1998 年），葛兆光:〈重評九十年代日本中國學的新觀念──讀溝口雄三《方法としての中國》〉（《二十一世紀》12 月號，2002 年），吳震:〈十六世紀中國儒學思想的近代意涵──以日本學者島田虔次、溝口雄三的相關討論爲中心〉（《東亞文明研究學刊》第 1 卷第 2 期，2004 年）等。

﹝註 2﹞ 刊發於《臺灣社會研究季刊》12 月號，總第 56 期，2004 年。2005 年 6 月，陳光興參加了在華東師範大學舉行的「全球化與東亞現代性──中國現代文學的視角」暑期高級研討班，將論文〈「亞洲」作爲方法〉提交會議，引起了與會者的濃厚興趣。

在我們學術話語中流行開來，體現了一種難能可貴的自我反思、重建學術主體性的努力。竹內好借鏡中國的重要對象是文學家魯迅，近年來，對這一反思投入最多的也是從事中國現當代文學研究的學者，因此，對這一反思本身做出反思，進而探索真正作爲中國現代文學的「方法」的可能，便顯得必不可少。

在「亞洲」、「中國」先後成爲確立中國學術主體性的話語選擇之後，我覺得，更能夠反映中國現代文學立場和問題意識的話語是「民國」。作爲方法的民國，具體貼切地揭示了中國現代文學的生存發展語境，較之於抽象的「亞洲」或者籠統的「中國」，更能體現我們返回中國文學歷史情境，探尋學術主體性的努力。

一

日本戰敗，促成了一批日本知識分子的自我反省，竹內好（1908～1977）就是其中之一。在他看來，「脫亞入歐」的日本「什麼也不是」，反倒是曾經不斷失敗的中國在抵抗中產生了非西方的、超越近代的「東洋」。通常我們是說魯迅等現代中國知識分子從「東洋」日本發現了現代文明的啓示，竹內好卻反過來從中國這個「東洋」發現了一條區別於西歐現代化的獨特之路：借助日本所沒有的社會革命完成了自我更新，如果說日本文化是「轉向型」的，那麼中國文化則可以被稱作是「迴心型」，而魯迅的姿態和精神氣質就是這一「迴心型」的極具創造價值的體現。「他不退讓，也不追從。首先讓自己和新時代對陣，以『掙扎』來滌蕩自己，滌蕩之後，再把自己從裏邊拉將出來。這種態度，給人留下一個強韌的生活者的印象。像魯迅那樣強韌的生活者，在日本恐怕是找不到的。」「在他身上沒有思想進步這種東西。他當初是作爲進化論宇宙觀的信奉者登場的，後來卻告白頓悟到了進化論的謬誤；他晚年反悔早期作品中的虛無傾向。這些都被人解釋爲魯迅的思想進步。但相對於他頑強地恪守自我來說，思想進步實在僅僅是第二義的。」〔註3〕就此，他認爲自己發現了與西方視角相區別的「作爲方法的亞洲」，這裡的「亞洲」主要指中國。溝口雄三（1932～2010）是當代中國思想史學家，他並不同意竹內好將日本的近代描述爲「什麼也不是」，試圖在一種更加平等而平和的文化觀

〔註3〕 （日）竹內好：《近代的超克》，11、12 頁，李冬木、趙京華、孫歌譯，三聯書店，2005 年。

念中讀解中國近代的獨特性：「事實上，中國的近代既沒有超越歐洲，也沒有落後於歐洲，中國的近代從一開始走的就是一條和歐洲、日本不同的獨自的歷史道路，一直到今天。」〔註4〕作爲方法的中國，意味著對「中國學」現狀的深入的反省，這就是要根本改變那種「沒有中國的中國學」，「把世界作爲方法來研究中國，這是試圖向世界主張中國的地位所帶來的必然結果……這樣的『世界』歸根結底就是歐洲」。「以中國爲方法的世界，就是把中國作爲構成要素之一，把歐洲也作爲構成要素之一的多元的世界」。〔註5〕

　　海外漢學（中國學）長期生存於強勢的歐美文明的邊緣地帶，因而難以改變作爲歐美文化思想附庸的地位，這一局面在海外華人的中國研究中更加明顯。而日本知識分子的反省卻將近現代中國作爲了反觀自身的「他者」，第一次將中國問題與自我的重建、主體性的尋找緊密聯繫，強調一種與歐美文明相平等的文化意識，這無疑是「中國學」研究的重要破局，具有重要的學術啓示意義，同時，對中國自己的學術研究也產生了極大的衝擊效應。

　　在逐步走出傳統的感悟式文學批評，建立現代知識的理性框架的過程中，中國的學術研究顯然從西方獲益甚多，當然也受制甚多，甚至被後者裹挾了我們的基本思維與立場，於是質疑之聲繼之而起，對所謂「中國化」和保留「傳統」的訴求一直連綿不絕，至最近20餘年，更在國內清算「西化」的主流意識形態及西方後現代主義、西方馬克思主義的自我批判的雙重鼓勵下，進一步明確提出了諸如中國立場、中國問題、中國話語等系統性的要求。來自日本學者的這一類概括——在中國發現「亞洲」近代化的獨特性，回歸中國自己的方法——顯然對我們當下的學術訴求有明晰準確的描繪，予我們的「中國道路」莫大的鼓勵，我們難以確定這樣的判斷究竟會對海外的「中國學」研究產生多大的改變，但是它對中國學術界本身的啓示和作用卻早已經一目了然。

　　我高度評價中國學界「回歸中國」的努力與亞洲——中國「作爲方法」的啓示意義。但是，與此同時，我也想提醒大家注意一個重要的現實，所謂的「作爲方法」如果不經過嚴格的勘定和區分，其實並不容易明瞭其中的含義，而無論是「亞洲」還是「中國」，作爲一個區域的指稱原本也有不少的遊

〔註4〕 （日）溝口雄三：《作爲方法的中國》，12頁，孫軍悦譯，三聯書店，2011年。
〔註5〕 （日）溝口雄三：《作爲方法的中國》，130、131頁，孫軍悦譯，三聯書店，2011年。

移性與隨意性。比如竹內好將「亞洲」簡化爲「中國」，將「東洋」轉稱爲「中國」，臺灣學人陳光興也在這樣的「亞洲」論述中加入了印度與臺灣地區，這都與論述人自己的關注、興趣和理解相互聯繫，換句話說，僅僅有「作爲方法」的「亞洲」概念與「中國」概念遠遠不夠，甚至，有了竹內與溝口的充滿智慧的「以中國爲方法」的種種判斷也還不夠，因爲這究竟還是「中國之外」的「他者」從他們自己的需要出發提出的觀察，這裡的「中國」不過是「日本內部的中國」，而非「中國人的中國」，正如溝口雄三對竹內好評述的那樣：「這種憧憬的對象並不是客觀的中國，而是在自身內部主觀成像的『我們內部的中國』。」〔註 6〕那麼，溝口雄三本人的「中國方法」又如何呢？另一位深受竹內好影響的日本學者子安宣邦認爲，溝口雄三「以中國爲方法，以世界爲目的」的「超越中國的中國學」與日本戰前「沒有中國的中國學」依然具有親近性，難以真正展示自己的「作爲方法」的中國視點。〔註 7〕所以葛兆光就提醒我們，對於這樣「超越中國的中國學」，我們也不能直接平移到中國自己的中國學之中，一切都應當三思而行。〔註 8〕

問題是，中國學界在尋找「中國獨特性」的時候格外需要那麼一些支撐性的論述與證據，而來自域外的論述與證據就更顯珍貴了。在這個時候，域外學說的「方法」本身也就無暇追問和反思了。例如竹內好與溝口雄三都將近現代中國的獨特性描述爲社會革命：「中國的近代化走的是自下而上的反帝反封建社會革命、即人民共和主義的道路。」〔註 9〕在他們看來，太平天國至社會主義中國的「革命史」呈現的就是中國自力更生的道路。這的確道出了現代中國的重要事實，因而得到許多中國現代文學研究者的認同，當然，一些中國學者對現代中國革命的重新認同還深刻地聯繫著西方後現代主義對西方文化的自我批判，聯繫著西方馬克思主義及其它左派對資本主義的嚴厲批判，在這裡，「西洋」的自我批判和「東洋」的自我尋找共同加強了中國學者對「中國現代史＝革命史」的認識，如下話語所表述的學術理念以及這一理念的形成過程無疑具有某種典型意義：

〔註 6〕（日）溝口雄三：《作爲方法的中國》，6 頁，孫軍悅譯，三聯書店，2011 年。

〔註 7〕參看張崑將：〈關於東亞的思考「方法」：以竹內好、溝口雄三、子安宣邦爲中心〉，《臺灣東亞文明研究學刊》第 1 卷第 2 期，2004 年。

〔註 8〕葛兆光：〈重評九十年代日本中國學的新觀念——讀溝口雄三《方法としての中國》〉，《二十一世紀》12 月號，2002 年。

〔註 9〕（日）溝口雄三：《作爲方法的中國》，11 頁，孫軍悅譯，三聯書店，2011 年。

從 1993 年起，我逐步地對以往的研究做了兩點調整：第一是將自己的歷史研究放置在「反思現代性」的理論框架中進行綜合的分析和思考；第二是力圖將社會史的視野與思想史研究結合起來。在中國 1980 年代的文化運動和 1990 年代的思想潮流之中，對於近代革命和社會主義歷史的批判和拒絕經常被放置在對資本主義的全面的肯定之上；我試圖將近代革命和社會主義歷史的悲劇放置在對現代性的批判性反思的視野中，動機之一是爲了將這一過程與當代的現實進程一道納入批判性反思的範圍。……而溝口雄三教授對日本中國研究的批判性的看法和對明清思想的解釋都給我以啓發。也是在上述閱讀、交往和研究的過程中，我逐漸地形成了自己的一個研究視野，即將思想的内在視野與歷史社會學的方法有機地結合起來。〔註10〕

東洋與西洋的有機結合，鼓勵我們對現代性的西方傳統展開質疑和批判，同時對我們自身的現代價值加以發掘和肯定，在中國現代文學研究領域中，這些「我們的現代價值」常常也指向革命文學、左翼文學、延安文學與新中國建立至新時期以前的文學，有學者將之概括爲新左派的現代文學史觀。姑且不論「新左派」之說是否準確，但是其描述出來的學術事實卻是有目共睹的：「以現代性反思的名義將左翼文學納入現代性範疇，並稱之爲『反現代的現代主義文學』、『反現代的現代先鋒派文學』，高度肯定其歷史合理性，並認爲改革前的毛澤東時代可以定位爲『反現代的現代性』，其合法性來自於對西方資本主義現代性的批判。」〔註11〕爲了肯定這些中國現代文化追求的合理性，人們有意忽略其中的種種失誤，包括眾所周知的極左政治對現代文學發展的傷害和扭曲，甚至「文革」的思維也一再被美化。

理性而論，前述的「反思現代性」論述顯然問題重重：「那種忽略了具體歷史語境中強大的以封建專制主義文化意識爲主體的特殊性，忽略了那時文學作品巨大的政治社會屬性與人文精神被顛覆、現代化追求被阻斷的歷史内涵，而只把文本當作一個脫離了社會時空的、僅僅只有自然意義的單細胞來

〔註10〕 汪暉、張曦：〈在歷史中思考──汪暉教授訪談〉，《學術月刊》第 7 期，2005年。

〔註11〕 鄭潤良：〈「反現代的現代性」：新左派文學史觀萌發的語境及其問題〉，《福建論壇》第 4 期，2010 年。

進行所謂審美解剖。這顯然不是歷史主義的客觀審美態度。」〔註12〕

值得注意的現實是，爲了急於標示中國也可以有自己的「現代性」，我們學界急切尋找著能夠支持自己的他人的結論和觀點，至於對方究竟把什麼「作爲方法」倒不是特別重要了。

「悖論」是中國學者對竹內好等學者處境與思維的理解，有意思的是，當我們不再追問「作爲方法」的緣由和形式之時，自己也可能最終陷入某種「悖論」。比如，在肯定我們自己的現代價值之際，誕生了一個影響甚大的觀點：反現代的現代性。中國革命史被稱作是「反現代的現代性」，中國的左翼文學史也被描述爲「反現代性的現代性」，姑且不問這種表述來源於西方現代性話語的繁複關係，使用者至少沒有推敲：「反」的思維其實還是以西方現代性爲「正方」的，也就是說，是以它的「現代」爲基本內容來決定我們「反」的目標和形式，這是眞正的多元世界觀呢？還是繼續延續了我們所熟悉的「二元對立」的格局呢？這樣一種正／反模式與他們所要克服的思維中國／西方的二元模式如出一轍：把世界認定爲某兩種力量對立鬥爭的結果，肯定不是對眞正的多元文化的認可，依舊屬於對歷史事實的簡化式的理解。

二

「中國作爲方法」不是學術研究大功告成之際的自得的總結，甚至也還不是理所當然的研究的開始，更準確地說，它可能還是學術思想調整的準備活動。在這個意義上，眞正的「中國」問題在哪裏，「中國」視角是什麼，「中國」的方法有哪些，都亟待中國自己的學人在自己的歷史文化語境中開展新的探討。對於中國現代文學研究而言，我覺得，與其追隨「他者」的眼界，取法籠統的「中國」，還不如眞正返回歷史的現場加以勘察，進入「民國」的視野。「作爲方法的中國」是來自他者的啓示，它提醒我們尋找學術主體性的必要，「作爲方法的民國」，則是我們重拾自我體驗的開始，是我們自我認識、自我表達的眞正的需要。

海外中國學研究，在進入「作爲方法的中國」之後，無疑產生了不少啓發性的成果，即便如此，其結論也有別於自「民國」歷史走來的中國人，只有我們自己的「民國」感受能夠校正他者的異見，完成自我的表述。包括竹

〔註12〕董健、丁帆、王彬彬：〈我們應該怎樣重寫當代文學史〉，《江蘇行政學院學報》第 1 期，2003 年。

內好與溝口雄三這樣的智慧之論也是如此。對此，溝口雄三自己就有過眞誠的反思，他說包括竹內好在內他們對中國的觀察都充滿了憧憬式的誤讀，包括對「文革」的禮贊等等。〔註13〕因爲研究「所使用的基本範疇完全來自中國思想內部」，而且「對思想的研究不是純粹的觀念史的研究，而是考慮整個中國社會歷史」，溝口雄三的中國研究曾經爲中國學者所認同，〔註14〕例如他借助中國思想傳統的內部資源解釋孫中山開始的現代革命，的確就令人耳目一新，跳出了西方現代性東移的固有解說：

> 實際上大同思想不僅影響了孫文，而且還構成了中國共和思想的核心。

> 就民權來看，中國的這種大同式近代的特徵也體現在民權所主張的與其說是個人權利，不如說國民、人民的全體權利這一點上。

> 大同式的近代不是通過「個」而是通過「共」把民生和民權聯結在一起，構成一個同心圓，所以從一開始便是中國獨特的、帶有社會主義性質的近代。〔註15〕

雖然這道出了中國現代歷史的重要事實，但卻只是一部分事實，很明顯，「民國」的共和與憲政理想本身是一個豐富而複雜的思想系統，而且還可以說是一個動態的有許多政治家、思想家和知識分子共同參與共同推進的系統。例如在五四新文化運動前夕，出於對民初政治的失望，《甲寅》的知識分子群體就展開了「國權」與「民權」的討論辨析，並且關注「民權」也從「公權」轉向「私權」，至《新青年》更是大張個人自由，個人情感與欲望，這才有了五四新文學運動，有了郁達夫的切身感受：「五四運動的最大成功，第一要算『個人』的發現。從前的人是爲君而存在，爲道而存在，爲父母而存在的，現在的人才曉得爲自我而存在了。」〔註16〕不僅是五四新文學思潮，後來的自由主義者也一直以「個人權利」、「個人自由」與左右兩種政治主張相抗衡，雖然這些「個人」與「自由」的內涵嚴格說來與西方文化有所區別，但也不

〔註13〕（日）溝口雄三：《作爲方法的中國》，12頁，孫軍悅譯，三聯書店，2011年。
〔註14〕（日）溝口雄三、汪暉：〈沒有中國的中國學〉，《讀書》第4期，1994年。
〔註15〕（日）溝口雄三：《作爲方法的中國》，12、16、18頁，孫軍悅譯，三聯書店，2011年。
〔註16〕郁達夫：《〈中國新文學大系·散文二集〉導言》，上海良友圖書印刷公司，1935年。

是「大同」理想與「社會主義性質」能夠涵蓋的，它們的發展在不同的歷史時期各有限制，但依然一路坎坷向前，並在 20 世紀 80 年代的海峽兩岸各有成效，成為現代中國文化建設所不能忽略的一種重要元素，不回到民國重新梳理、重新談論，我們歷史的獨特性如何能夠呈現呢？

治中國社會歷史研究多年的秦暉曾經提出了一個耐人尋味的觀點：當前中國學術一方面在反對西方的所謂「文化殖民」，另外一方面卻又常常陷入到外來的「問題」圈套之中，形成有趣的「問題殖民」現象。〔註 17〕我理解，這裡的「問題殖民」就是脫離開我們自己的歷史文化環境，將他者研討中國提出來的問題（包括某些讚賞中國「特殊價值」的問題）當作我們自己的問題，從而在竭力掙脫西方話語的過程中再一次落入到他者思維的窠臼。如何才能打破這種反反覆復、層層疊疊的他者的圈套呢？我以為唯一的出路便是敢於拋開一些令人眼花繚亂的解釋框架，面對我們自己的歷史處境，感受我們自己的問題，對中國現代文學的研究而言，就是要在「民國」的社會歷史框架中醞釀和提煉我們的學術感覺，這當然不是說從此固步自封，拒絕外來的思想和方法，而是說所有的思想和方法都必須在民國歷史的事實中接受檢驗，只有最豐富地對應於民國歷史事實的理論和方法才足以成為我們研究的路徑，才能最後為我所用。在中國現代文學研究領域，並沒有異域學者所總結完成的「中國方法」，而只有在民國「作為方法」取得成傚之後的具體的認知，也就是說，是「作為方法的民國」真正保證了「作為方法的中國」。下述幾個中國現代文學研究中影響較大、也爭論較大的理論框架，莫不如此。

例如，在描述中國歷史從封建帝國轉入現代國家的時候，人們常常使用「民族國家」這一概念，中國現代文學也因此被視作「現代民族國家文學」，不斷放大「民族國家」主題之於中國現代文學的意義：「在抗戰文學中，由於抗日民族統一戰線的建立，民族國家成為了一個集中表達的核心的、甚至唯一的主題。」〔註 18〕甚至稱：「『五四』以來被稱之為『現代文學』的東西其實是一種民族國家文學。」〔註 19〕這顯然都不符合中國現代文學在「民國」

〔註17〕http：//www.360doc.com/content/10/0626/01/875791_35273755.shtml

〔註18〕曠新年：〈民族國家想像與中國現代文學〉，《文學評論》第 1 期，2003 年。

〔註19〕劉禾：《文本、批評與民族國家文學——〈生死場〉的啟示》，1 頁，北京大學出版社，2007 年。對中國現代文學研究中民族國家理論的檢討，已有學者提出過重要的論述，如張中良《中國現代文學的「民族國家」問題》，臺灣花木蘭文化出版社，2012 年。

的歷史事實，不必說五四新文學運動恰恰質疑了無條件的「國家認同」，民國時期文學前十年「國家主題」並不占主導地位，出現了所謂「民族國家意識的延宕與缺席」現象，[註20]第二個十年間的「民族主義」觀念也一再受到左翼文學陣營的抨擊，就是抗日戰爭時期的文學，也不像過去文學史所描繪的那麼主題單一，相反，多主題的出現，文學在豐富中走向成熟才是基本的事實。不充分重視「民國」的豐富意義就會用外來概念直接「認定」歷史的性質，從而形成對我們自身歷史的誤讀。

文學的「民國」不僅含義豐富，也不適合於被稱作是「想像的共同體」。近年來，美國著名學者本尼狄克特・安德森關於民族國家的概括──「想像的共同體」廣獲運用， 借助於這一思路，我們描繪出了這樣一個國家認同的圖景：中國知識分子從晚清開始，利用報紙、雜誌、小說等媒體空間展開政治的文化的批判，通過這一空間，中國人展開了對「民族國家」的建構，使國民獲得了最初的民族國家認同。誠然，這道出了「帝國」式微，「民國」塑形過程之中，民眾與國家觀念形成的某些狀況，但卻既不是中華民族歷史演變的眞相，[註21]也不是現實意義的民國的主要的實情，當然更不是「文學民國」的重要事實。現實意義的民國，在一個相當長的時間裏，依然處於殘留的「帝國」意識與新生的「民國」意識的矛盾鬥爭之中，專制集權與民主自由此漲彼消，黨國觀念與公民社會相互博弈，也就是說，「國家與民族」經常成爲統治者鞏固自身權利的重要的意識形態選擇，與知識分子所要展開的公眾想像既相關又矛盾。在現實世界上，我們的國家民族觀念常常來自於政治強權的強勢推行，這也造成了

〔註20〕李道新在剖析民國電影文化時指出：「南京國民政府成立以前，亦即從電影傳入中國至 1927 年之間，中國電影傳播主要訴諸道德與風化，基本無關民族與國家。民族國家意識的延宕與缺席，與落後保守的價值導向及混亂無序的官方介入結合在一起，使這一時期的中國電影幾乎處在一種特殊的無政府狀態，並導致中國電影從一開始就陷入目標／效果的錯位與傳者／受眾的分裂之境。」（李道新：〈民族國家意識的延宕與缺席：南京國民政府成立前中國電影的傳播制度及其空間拓展〉，《上海大學學報》第 3 期，2011 年。）這樣的觀察其實同樣可以啓發我們的文學研究。

〔註21〕關於中華民族及統一國家的形成如何超越「想像」，進入「實踐」等情形，近來已有多位學者加以論證，如楊義、邵寧寧：〈描繪中國文學地圖──楊義訪談錄〉（《甘肅社會科學》第 5 期，2004 年）、郝慶軍：〈反思兩個熱門話題：「公共領域」與「想像的共同體」〉（《中國現代文學研究叢刊》第 5 期，2005 年）、吳曉東：〈「想像的共同體」理論與中國理論創新問題〉（《學術月刊》第 2 期，2007 年）等。

知識分子國家民族認同的諸多矛盾與尷尬，他們不時陷落於個人理想與政治強權的對立之中，既不能接受強權的思想干預，又無法完全另立門戶，總之，「想像」並不足以獨立自主，「共同體」的形成步履艱難，「文學的民國」對此表述生動。這裡既有胡適「只指望快快亡國」的情緒性決絕，〔註22〕有魯迅對於民族國家自我壓迫的理性認識：「用筆和舌，將淪爲異族的奴隸之苦告訴大家，自然是不錯的，但要十分小心，不可使大家得著這樣的結論：『那麼，到底還不如我們似的做自己人的奴隸好。』」〔註23〕也有聞一多輾轉反側，難以抉擇的苦痛：「我來了，我喊一聲，迸著血淚，／『這不是我的中華，不對，不對！』」「我來了，不知道是一場空喜。／我會見的是噩夢，那裡是你？／那是恐怖，是噩夢掛著懸崖，／那不是你，那不是我的心愛！」〔註24〕

　　總之，進入文學的民國，概念的迷信就土崩瓦解了。

　　也有學者試圖對外來概念進行改造式的使用，這顯然有別於那種不加選擇的盲目，不過，作爲「民國」實際的深入的檢驗工作也並沒有完成，例如近年來同樣在現代文學研究界流行的「公共空間」（「公共領域」）理論。在西歐歷史的近現代發展中，先後出現了貴族文藝沙龍、咖啡館、俱樂部一類公共聚落，然後推延至整個社會，最終形成了不隸屬於國家官僚機構的民間的新型公共社區，這對理解西方近代社會歷史與精神生產環境都是重要的視角。不過，真正「公共空間」的形成必須有賴於比較堅實的市民社會的基礎，尚未形成真正的市民社會的民國，當然也就沒有真正的公共空間。〔註25〕可能正是考慮到了民國歷史的特殊性，李歐梵先生試圖對這一概念加以改造，他以「批判空間」替換之，試圖說明中國近現代知識分子也正在形成自己的「公共性」的輿論環境，他以《申報・自由談》爲例，說明：「這個半公開的園地更屬開創的新空間，它

〔註22〕胡適〈你莫忘記〉有云：「你莫忘記：／你老子臨死時只指望快快亡國：／亡給『哥薩克』，／亡給『普魯士』／都可以」。
〔註23〕魯迅：《且介亭雜文末編・半夏小集》，《魯迅全集》6 卷，617 頁，人民文學出版社，2005 年。
〔註24〕聞一多詩歌：〈發現〉。
〔註25〕對此，哈貝馬斯具有清醒的認識，他認爲，不能把「公共領域」這個概念與歐洲中世紀市民社會的特殊性隔離開，也不能隨意將其運用到其它具有相似形態的歷史語境中。（參見哈貝馬斯：《公共領域的結構轉型》初版序言，曹衛東譯，學林出版社，1999 年。）中國學者關於「公共領域」理論在中國運用的反思可以參見張鴻聲：〈中國的「公共領域」及其它──兼論現代城市文學研究的本土化〉，《首都師範大學學報》第 6 期，2006 年。

至少爲社會提供了一塊可以用滑稽的形式發表言論的地方。」魯迅爲《自由談》
欄目所撰文稿也成爲李歐梵先生考辨的對象，並有精彩的分析，然而，論者突
然話鋒一轉：「因爲當年的上海文壇上個人恩怨太多，而魯迅花在這方面的筆墨
也太重，罵人有時也太過刻薄。問題是：罵完國民黨文人之後，是否能在其壓
制下爭取到多一點言論的空間？就《僞自由書》中的文章而言，我覺得魯迅在
這方面反而沒有太大的貢獻。如果從負面的角度而論，這些雜文顯得有些『小
氣』。我從文中所見到的魯迅形象是一個心眼狹窄的老文人，他拿了一把剪刀，
在報紙上找尋『作論』的材料，然後『以小窺大』，把拼湊以後的材料作爲他立
論的根據。事實上他並不珍惜──也不注意──報紙本身的社會文化功用和價
值，而且對於言論自由這個問題，他認爲根本不存在。」「《僞自由書》中沒有
仔細論到自由的問題，對於國民黨政府的對日本妥協政策雖諸多非議，但又和
新聞報導的失實連在一起。也許，他覺得眞實也是道德上的眞理，但是他從報
屁股看到的眞實，是否能夠足以負荷道德眞理的眞相？」〔註26〕其實，魯迅對
「自由」的一些理論和他是否參與了現代中國「批判空間」的言論自由的開拓
完全是兩碼事。實際的情況是，在民國時代的專制統治下，任何自由空間的開
拓都不可能完全是「輿論」本身的功效，輿論的背後，是民國政治的高壓力量，
魯迅的敏感，魯迅的多疑，魯迅雜文的曲筆和隱晦，乃至與現實人事的種種糾
纏，莫不與對這高壓環境的見縫插針般的戳擊有關。當生存的不自由已經轉化
成爲「日常生活」的一部分（所謂「報屁股看到的眞實」），成爲各色人等的「無
意識」，點滴行爲的反抗可能比長篇大論的自由討論更具有「自由」的意味。這
就是現代中國的基本現實，這就是民國輿論環境與文學空間所具有的歷史特
徵。對比晚清和北洋軍閥時代，李歐梵先生認爲，1930 年代雖然「在物質上較
晚清民初發達，都市中的中產階級讀者可能也更多，咖啡館、戲院等公共場所
也都具備」，但公共空間的言論自由卻反而更小了。原因何在呢？他認爲在於像
魯迅這樣的左翼「把語言不作爲『中介』性的媒體而作爲政治宣傳或個人攻擊
的武器和工具，逐漸導致政治上的偏激文化（radicalization），而偏激之後也只
有革命一途」。〔註27〕這裡涉及對左翼文化的反思，自有其準確深刻之處，但是，

〔註 26〕李歐梵：〈「批評空間」的開創──從《申報》「自由談」談起〉，見《現代性
　　　　的追求》，19、20 頁，三聯書店，2000 年。
〔註 27〕李歐梵：〈「批評空間」的開創──從《申報》「自由談」談起〉，見《現代性
　　　　的追求》，21 頁，三聯書店，2000 年。

就像現代中國社會的諸多「公共」從來都不是完全的民間力量所打造一樣，言論空間的存廢也與政府的強力介入直接關聯，左翼文化的鋒芒所指首先是專制政府，而對政府專制的攻擊，本身不也是一種擴大言論自由的有效方式？

　　作爲方法的民國，意味著持續不斷地返回中國歷史的過程，意味著對我們自身問題和思維方式的永遠的反省和批判，只有這樣，我們的中國現代文學研究才是眞正屬於自己的。

<h1 style="text-align:center">三</h1>

　　「民國作爲方法」既然是在自覺尋找中國現代文學研究「自己的方法」的意義上提出來的，那麼，它究竟如何才能成爲一種與眾不同的「方法」呢？或者說，它對中國現代文學研究具體有哪些著力點與可能開拓之處呢？我認爲至少有這樣幾個方面的工作可以開展：

　　首先是爲「中國」的學術研究設立具體的「時間軸」。也就是說，所謂學術研究的「中國問題」不應該是籠統的，它必須置放在具體的時間維度中加以追問，是「民國」時期的中國問題還是「人民共和國」時期的中國問題？當然，我們曾經試圖以「現代化」、「現代性」這樣的概念來統一描述，但事實是，兩個不同的歷史階段有著相當多的差異性，特別是作爲精神現象的文學，在生產方式、傳播接受方式及作家的生存環境、寫作環境、文學制度等等方面都更適合分段討論。新時期文學曾經被類比爲五四新文學，這雖然一度喚起了人們的「新啓蒙」的熱情，但是新時期究竟不是「五四」，新時期的中國知識分子也不是「五四」一代的陳獨秀、胡適與周氏兄弟，到後來，人們質疑 1980 年代，質疑「新啓蒙」，連帶五四新文化運動一起質疑，問題是經過一系列風起雲湧的體制變革和社會演變，「五四」怎麼能夠爲新時期背書？就像民國不可能與人民共和國相提並論一樣；也有將「文革」追溯到「五四」的，這同樣是完全混淆了兩個根本不同的歷史文化情境。在我看來，今天的中國現當代文學研究，尚需要在已有的「新文學一體化」格局中（包括影響巨大的「20 世紀中國文學」）重新區隔，讓所謂的「現代」和「當代」各自歸位，回到自己的歷史情境中去，這不是要否認它們的歷史聯繫，而是要重新釐清究竟什麼才是它們眞正的歷史聯繫。研究中國現代文學，就必須首先回到民國歷史，將中國現代文學作爲民國時期的精神現象。晚清盡頭是民國，民國盡頭是人民共和國，各自的歷史場景講述著不同的文學故事。

其次是「中國」的學術研究也必須落實到具體的「空間場景」。「空間和時間是一切實在與之相關聯的架構。我們只有在空間和時間的條件下才能設想任何眞實的事物。」〔註 28〕民國及其複雜的空間分佈恰恰爲我們重新認識中國問題的複雜性提供了基礎。在過去一個相當長的時期內，我們習慣將中國的問題置放在種種巨大的背景之上，諸如「文藝復興」、「啓蒙與救亡」、「中外文化衝撞與融合」、「中國傳統文化」、「現代化」、「走向世界文學」、「全球化」、「現代民族國家進程」等等，這固然確有其事，但來自同樣背景的衝擊，卻在不同的區域產生了並不相同的效果，甚至有些區域性的文學現象未必就與這些宏大主題相關。詩人何其芳在四川萬縣的偏遠山區成長，直到 1930 年代「還不知道五四運動，還不知道新文化，新文學，連白話文也還被視爲異端」。〔註 29〕這對我們文學史上的五四敘述無疑是一大挑戰：中國的現代文化進程是不是同一個知識系統的不斷演繹？另外一個例證也可謂典型：我們一般都把白話新文學的產生歸結到外來文化深深的衝擊，歸結到一批留美留日學生的新式教育與人生體驗，所以「走異路，逃異地」的魯迅於 1918 年完成了〈狂人日記〉，留下了中國現代文學史上第一篇白話小說，但跳出這樣的中／西大敘事，我們卻可以發現，遠在內部腹地的成都作家李劼人早在尚未跨出國門的 1915 年就完成了多篇新式白話小說，這裡的文化資源又是什麼？

中國的學術問題並不產生自抽象籠統的大中國，它本身就來自各個具體的生活場景，具體的生存地域。有學者對民國文學研究不無疑慮，因爲民國不同於「一體化」的人民共和國，各個不同的政治派別、各個不同的區域差異比較明顯，更不要說如抗戰時期的巨大的政權分割（國統區、解放區及淪陷區）了，這樣一個「破碎的國家」能否方便於我們的研究呢？在我看來，破碎正是民國的特點，是這一歷史時期生存其間的中國人（包括中國知識分子）的體驗空間，只要我們不預設一些先驗的結論，那麼針對不同地域、不同生存環境的文學敘述加以考察，恰恰可以豐富我們的歷史認識。一個生存共同體，它的魅力並不是它對外來衝擊的傳播速度，而是內部範式的多樣性和豐富性，這就是我們所謂的「地方性知識」。民國時期的「山河破碎」，正好爲各種地方性知識的生長創造了條件，如果能夠充分尊重和發掘這些地方性知識視野中的精神活動與文學創造，那麼中國的現代文學研究也將再添不少新的話題、新的意趣。

〔註28〕 （德）恩斯特·卡西爾：《人論》，73 頁，甘陽譯，西苑出版社，2003 年。
〔註29〕 方敬、何頻伽：《何其芳散記》，22 頁，四川教育出版社，1990 年。

　　「破碎」的民國給我們的進一步的啓發可能還在於：區域的破碎同時也表現爲個人體驗的分離與精神趣味的多樣化。當代中國的大眾文化曾經出現了所謂的「民國熱」，在我看來，這種以時尚爲誘導、以大眾消費爲旨歸，充滿誇張和想像的「熱」需要我們深加警惕，絕不能與嚴肅的歷史探詢相混淆。其中唯一值得肯定的便是某種不滿於頹靡現狀，試圖在過去發掘精神資源的願望。今天的人們也或多或少地感佩於民國時代知識分子精神狀態的多樣性，如魯迅、陳獨秀、胡適一代新文化創造者般的不完全受縛於某種體制的壓力或公眾的流俗的精神風貌。〔註 30〕的確，中國現代作家精神風貌的多姿多彩與文學作品意義的多樣化迄今堪稱典範，還包括新／舊、雅／俗文學的多元並存。對應於這樣的文學形態，我們也需要調整我們固有的思維模式，未來，如果可能完成一部新的文學發展史的話，其內容、關注點和敘述方式都可能與當今的文學史大爲不同。

　　第三，「作爲方法的民國」的研究並不同於過去一般的歷史文化與文學關係的研究，有著自己獨立的歷史觀與文學觀。中國現代文學研究不乏從歷史背景入手的學術傳統，包括傳統文學批評中所謂的「知人論世」，包括中國式馬克思主義的社會歷史批評，也包括新時期以後的文化視角的文學研究。應該說，這三種批評都是有前提的，也就是說，都有比較明確、清晰的對歷史性質的認定，而文學現象在某種意義上都必須經過這一歷史認識的篩選。「知人論世」往往轉化爲某種形式的道德批評，倫理道德觀是它篩選歷史現象的工具；中國式馬克思主義的社會歷史批評在新中國建立後相當長的時間中表現爲馬克思主義普遍原理的運用，有時難免以論帶史的弊端；文化視角的文學研究曾經爲我們的研究打開了許多扇門與窗，但是這樣的文化研究常常是用文學現象來證明「文化」的特點，有時候是「犧牲」了文學的獨特性來遷就文化的整體屬性，有時候是忽略了作家的主觀複雜性來遷就社會文化的歷史客觀性——總之，在這個時候，作爲歷史現象的文學本身往往並不是我們呈現的對象，我們的工作不過是借助文學說明其它「文化」理念，如通過不同地域的文學創作證明中國區域文化的特點，從現代作家的宗教情趣中展示各大宗教文化在中國的傳播，利用文學作品的政治傾向挖掘現代政治文化在文學中的深刻印記等等。

〔註30〕丁帆先生另有「民國文學風範」一說可以參考，他說：「我所指的『民國文學風範』就是五四新文學傳統，特指五四前後包括俗文學在內的『人的文學』內涵。」見丁帆：〈「民國文學風範」的再思考〉，《文藝爭鳴》第 7 期，2011 年。

　　「作為方法的民國」就是要尊重民國歷史現象自身的完整性、豐富性、複雜性，提倡文學研究的歷史化態度。既往的中國現代文學研究充斥了一系列的預設性判斷，從最早的「中國新文學是反帝反封建的文學」、「五四新文學運動實施了對舊文學摧枯拉朽般的打擊」、「中國現代文學的發展與歷史的進步方向相一致」，到新時期以後「中國現代文學是走向世界的文學」、「中國現代文學是現代性的文學」、「20 世紀中國文學的總主題是改造民族靈魂，審美風格的核心是悲涼」等等。在特定的時代，這些判斷都實現過它們的學術價值，但是，對歷史細節的進一步追問卻讓我們的研究不能再停留於此，比如回到民國語境，我們就會發現，所謂「封建」一說根本就存在「名實不符」的巨大尷尬，文學批評界對「封建」的界定與歷史學界的「封建」含義大相徑庭，「反封建」在不同階段的真實意義可能各各不同；已經習用多年的「進步作家」、「進步文學」究竟指的是什麼，越來越不清楚，在包括抗戰這樣的時期，左右作家是否涇渭分明？所謂「右翼文學」包括接近國民黨的知識分子的寫作是不是一切都以左翼為敵，它有沒有自己獨立的文學理想？國民黨專制文化是否鐵板一塊，其內部（例如對文學的控制與管理）有無矛盾與裂痕？共產黨的革命文學是否就是為反對國民黨和「舊社會」而存在，它和國民黨的文學觀念有無某些聯通之處？被新文學「橫掃」之後的舊派文學是不是一蹶不振，漸趨消歇？因為，事實恰恰相反，它們在民國時代獲得了長足的發展，並演化出更為豐富的形態，這是不是都告訴我們，我們先前設定的文學格局與文學道路都充滿了太多的主觀性，不回到民國歷史的語境，心平氣和地重新觀察，文學中國（文學民國）的實際狀況依然混沌。

　　這就是我們主張文學研究「歷史化」，反對觀念「預設」的意義。當然，反對「預設」理念並不等於我們自己不需要任何理論視角，而是強調新的研究應該比以往任何時候都尊重民國社會歷史本身的實際情形，研究必須以充分的歷史材料為基礎，而不應當讓後來的歷史判斷（特別是極左年代的民國批判概念）先入為主，同時，時刻保持一種自我反思、自我警醒的姿態。回到民國，我們的研究將繼續在歷史中關注文學，政治、經濟、法律、教育等等議題都應當再次提出，但是與既往的研究相比，新的研究不是對過去的拾遺補缺，不是如先前那樣將文學當作種種社會文化現象的例證，相反，是為了呈現文學與文化的複雜糾葛，不再執著於概念轉而注重細節的挖掘與展示。例如「經濟」不是一般的政治經濟學原理，而是具體的經濟政策、經濟

模式與影響文學文化活動的經濟行為，如出版業的運作、經濟結算方式；「政治」也不僅僅是整體的政治氛圍概括，而是民國時期具體的政治形態與政治行為，憲政、政黨組織形式，官方的社會控制政策等等；在文學一方面，也不是抽取其中的例證附著於相應的文化現象，而是新的創作細節、文本細節的全新發現。回到文學民國的現場，不僅是重新理解了民國的文化現象，也是深入把握了文學的細節，這是一種「雙向互犁」的研究，而非比附性的論證說明。例如茅盾創作《子夜》，就絕非一個簡單的「中國道路」的文學說明，它是 1930 年代中國經濟危機、社會思想衝突與茅盾個人的複雜情懷的綜合結果。解析《子夜》決不能單憑小說中的理性表述與茅盾後來的自我說明，也不能套用新民主主義論的現成歷史判斷，而必須回到「民國歷史情境」。在這裡，國家的基本經濟狀況究竟如何，世界經濟危機與民國政府的應對措施，各種經濟形態（外資經濟、民營經濟、買辦經濟等）的真實運行情況是什麼，社會階層的生存狀況與關係究竟怎樣，中國現實與知識界思想討論的關係是什麼，文學家茅盾與思想界、政治界的交往，茅盾的深層心理有哪些，他的創作經歷了怎樣的複雜過程，接受了什麼外來信息和干預，而這些干預又在多大程度上改變了茅盾，茅盾是否完全接受這些干預，或者說在哪一個層次上接受了、又在哪一個層次上抵制了轉化了，作家的意識與無意識在文本中構成怎樣的關係等等，這樣的「矛盾綜合體」才是《子夜》，「回到民國歷史」才能完整呈現《子夜》的複雜意義。

民國作為方法，當然不會拒絕外來的其它文學理論與批評視角，但是，正如前文所說，這些新的理論與批評不能理所當然就進入中國現代文學研究之中，它必須能夠與文學中國——民國時期的文學狀況相適應，並不斷接受研究者的質疑和調整。例如，就我們闡述的歷史與文學互通、互證的方法而言，似乎與歐美的近半個世紀以來的「文化研究」頗多相近，因此不妨從中有所借鑒，但是，在另外一方面，我們必須認識到，歐美的「文化研究」的具體問題——如階級研究、亞文化研究、種族研究、性別研究、大眾傳媒研究等——都來自與中國不同的環境，自然不能簡單移用。對於我們而言，更重要的可能就是一種態度的啟示：打破了文學與各種社會文化之間的間隔，在社會文化關係版圖中把握文學的意義，文學的審美個性與其中的「文化意義」交相輝映。

作為方法的民國，昭示的是中國現代文學研究「學術自主」的新可能，

它不是漂亮的口號，而是迫切的學術願望，不是招搖的旗幟，而是治學的態度，不是排斥性的宣示，而是自我反思的眞誠邀請，一句話，還期待更多的研究者投入其中，以自己尊重歷史的精神。

目

次

緒　論

0.1　選題緣由與「魯迅圈子」的界定

魯迅是二十世紀最重要的作家之一，對魯迅的重新探討涉及到對中國現當代文學專業學科起源性的探討。在紛繁複雜的歷史背後，理清現當代文學發展的線索，無疑具有重要的學科意義。而多年來，隨著越來越多現代文學學科資料的呈現，眾多學者對二十世紀諸多重要文學現象、文學思潮的探索都取得了重要的研究成果，因此，在此基礎上借助現代文學學科的研究成果對魯迅進行重新的探討，無疑能對魯迅研究中一些重要的現象用更全面的視角去觀照，獲得一些更具詮釋力度的結論，這也是本人對魯迅進行重新研究的初衷。

多年來，圍繞魯迅生平、作品、思想的研究、闡釋一直是現當代文學學科的熱門話題，關於魯迅這些方面的研究也汗牛充棟，良莠不齊，然而，卻少有人對魯迅周圍的人進行整體的研究。在魯迅的生前或死後，始終有一個龐大的社會群體團結在魯迅周圍，或聚集在「魯迅」名義之下，守護著魯迅精神與魯迅精神遺產。這些圍繞在魯迅周圍的人包括魯迅的親屬、朋友與學生等，他們自覺而形成一個個圍繞在魯迅周圍而存在的「圈子」，也即是「魯迅圈子」。這些「圈子」按其組織形式可以分為傳統的「文人圈子」與現代的「社團圈子」。晚清、民初期間，傳統的「文人圈子」依然十分盛行，魯迅與他的朋友們雖然沒有常常舉辦傳統文人「曲水流觴」詩文薈萃式的盛會，但魯迅與許壽裳、陳師曾、張邦華、伍崇學、顧琅、丁文擢等人相互之間的詩

文酬唱也還一直保存著傳統文人的風雅，直到晚年的魯迅，也還寫過不少詩文贈給友人，可以說魯迅的「文人圈子」是伴隨他一生的重要外圍圈子。而魯迅的「社團圈子」則是在五四前後發展起來的「緊密接觸型」圈子，具體的有「新青年」社團圈子、「語絲」社團圈子、「莽原」社團圈子、「未明」社團圈子、「左聯」社團圈子、「青年木刻社」社團圈子等，每個社團圈子又由若干社員組成，因此，魯迅在極力促成這些社團圈子的同時，也團結了一大批文學、藝術青年在自己的周圍。

「魯迅圈子」按其組成人員以及密切程度的不同又可分為「親屬圈」、「朋友圈」、「師友圈」和「學生圈」等圈子。「親屬圈」包括周作人、周建人、許廣平、周海嬰、朱安、周玉田、周子京等直系親屬；「朋友圈」包括日本留學時期的許壽裳、陳師曾、張邦華、顧琅、陳儀、邵銘之、蔣抑卮、陶成章等，初次參加工作時期的宋紫佩、范愛農、陳子英、杜海生等，「新青年」時期的胡適、李大釗、陳獨秀、劉半農、錢玄同等，「『語絲』—『未明』」時期的孫伏園、孫福熙、林語堂、許欽文、韋素園、李霽野、高長虹、荊有麟、臺靜農、韋叢蕪、曹靖華、李小峰、章廷謙（川島）等，上海生活時期的茅盾、郁達夫、鄭振鐸、瞿秋白、蕭三、宋慶齡、楊杏佛、鄒韜奮、黎烈文、趙家壁、曹聚仁、史沫特萊、斯諾、內山完造、鹿地亘、佐藤春夫、陶元慶、司徒喬等志同道合或交往頗深的朋友；「師友圈」包括蔡元培、章太炎、沈鈞儒等魯迅尊敬的長輩；「學生圈」包括柔石、馮雪峰、蕭紅、蕭軍、胡風、聶紺弩、魏金枝、巴金、胡愈之、孔另境、唐弢、黃源、丁玲、徐詩荃、葉紫、陳煙橋等魯迅早期、中期和後期的學生輩朋友。

「魯迅圈子」中與魯迅接觸最早的人是魯迅的胞弟周作人與魯迅青年時期的摯友許壽裳，而交往時間最長的是許壽裳，長達34年，其次是周作人、蔡元培長達24年以上，再次是周建人、許廣平、孫伏園、章川島、錢玄同、茅盾、李小峰、郁達夫、馮雪峰、內山完造等人都長達 8 年以上。按其密切程度來排序則是周作人、許壽裳、許廣平、周建人、瞿秋白、郁達夫、馮雪峰、孫伏園、章廷謙、柔石、胡風、蕭紅、蕭軍、內山完造等，這些人都與魯迅有過深入的思想交流，對魯迅的思想狀況、生活起居等都有很深入的瞭解，尤其是許壽裳、許廣平、周作人、馮雪峰等人在很長的一段時間內都是魯迅生活與思想的見證人，魯迅對於他們是無話不說、無話不談的，因此在眾多「魯迅圈子」中人，就數他們對魯迅的生活與思想最為熟悉。

　　魯迅的一生具體可以分爲七個階段：第一階段從故鄉生活到南京上新學
堂以前爲幼學階段；第二階段從早年的江南水師學堂、礦務鐵路學堂到 1902
年的日本留學前爲新知識學習階段；第三階段從 1902 年初的日本留學到 1909
年回國前爲思想形成期的留學階段；第四階段從 1909 年 7 月的回國參加工做
到 1912 年初進入南京教育部工作爲思想沉澱階段；第五階段從 1912 年 6 月
隨教育部遷往北京上任到 1926 年 8 月離開北京南下爲思想沉澱與思想爆發階
段；第六階段從 1926 年 9 月到 1927 年 9 月輾轉廈門、廣州爲思想過渡階段；
第七階段爲 1927 年 10 月在上海定居到 1936 年 10 月逝世爲思想向左轉階段。
從魯迅一生的七個階段來看，他的生活一直處於不斷的變動當中，因此，極
少有人能從一而終地貫穿魯迅的生活，即便是與魯迅深入交往長達 34 年的許
壽裳，對魯迅幼年以及晚年的生活也是比較隔膜的，但也正因爲魯迅的生活
處於不斷的變動當中，這使得人們除了通過魯迅的作品、演講與社會活動來
瞭解魯迅的思想與生活以外，往往通過「魯迅圈子」或片言隻語或長篇宏論
的歷史敘述來瞭解魯迅，以達到深入瞭解魯迅思想與生活的目的，因此，在
魯迅生活史的頻繁變動當中，「魯迅圈子」的歷史敘述就顯得特別珍貴。

　　魯迅逝世後「魯迅圈子」的歷史敘述呈不斷爆發的趨勢，具體表現在兩
個階段：第一個階段是在魯迅逝世後到抗日戰爭以前，第二個階段在建國後
到「文革」以前。這些歷史敘述在還原魯迅思想、生活的同時還起著塑造魯
迅形象的重要作用，典型的就是第一階段塑造了「民族魂」的魯迅形象，而
第二階段塑造了「革命戰士」的魯迅形象。長期以來，由於「魯迅圈子」是
唯一能快速破譯魯迅著作思想密碼的人，而「魯迅圈子」的歷史敘述通過年
深日久的積累往往在人們的無意識當中形成一種「信史」的印象，認爲許壽
裳、許廣平、馮雪峰等人所敘述的「事實」就是魯迅經歷的生活本身或是魯
迅思想表達的「史實」，因此，這些「魯迅圈子」的歷史敘述往往具有很高的
史料價值和不容置疑的歷史地位，同時在魯迅研究界也確立了「可信」、「權
威」、「眞實」的歷史基礎。然而，就兩次爆發的「魯迅圈子」歷史敘述來看，
「啓蒙者」魯迅形象與「革命者」魯迅形象是兩個不兼容的歷史形象，一個
魯迅怎麼會同時有兩種不相容的歷史形象？而且這兩種魯迅形象還呈現出用
一種形象去置換另一種形象的動機和結果，那麼回到「魯迅圈子」的歷史敘
述，這些歷史敘述在還原魯生活、呈現魯迅的歷史意義當中究竟充當了什麼
角色？

　　本文選取「魯迅圈子」的歷史敘述爲研究對象，目的是想探究「魯迅圈子」的歷史敘述究竟是如何塑造魯迅的歷史形象的？爲什麼會有兩種魯迅形象出現？這兩種魯迅形象在意識形態的變動中爲什麼會出現相互替換的局面？它們之間是如何替換的？魯迅的形象塑造是一個系統的工程，它不僅僅表現爲一種意識形態的定位和文化符號標識，還需要魯迅生平思想、歷史著作與社會生活相適應的內容去支撐意識形態的宣傳才能達到令人信服的客觀效果，因此，「魯迅圈子」的歷史敘述在「魯迅」與「意識形態」的要求之間充當的闡釋作用也往往起著「移花接木」的作用，而從整個二十世紀魯迅形象演變史來看，「魯迅圈子」的歷史敘述很大程度上決定著魯迅形象的「合理性」，由此，對「魯迅圈子」歷史敘述的整體探究，就很有可能揭開歷史敘述與意識形態之間究竟是如何「移花接木」的，而對魯迅形象塑造的內部探究，也能從宏觀與微觀的角度進一步釐清魯迅研究中多年來懸而未決或極少探索到的話題，爲下一步的魯迅研究奠定堅實的基礎。

0.2　研究現狀與文獻綜述

　　本論題的研究對象爲「魯迅圈子」的歷史敘述，既包括對「魯迅圈子」整體歷史敘述的研究，也包括「魯迅圈子」對魯迅形象塑造的研究。

　　在「魯迅圈子」的整體歷史敘述研究方面，極少有研究者涉及到這一主題。魯迅研究界對魯迅生平、作品、思想內涵以及思想發展歷程的研究雖然汗牛充棟，但對於魯迅周圍的人也即「魯迅圈子」的整體研究卻是極少，與「魯迅圈子」歷史敘述有關的多爲史料性的整理。這方面著作影響較大的有薛綏之主持1981年至1986年出齊的《魯迅生平史料彙編》〔註1〕。全書分五輯六巨冊，三百萬字，由全國南北方專家、學者數十人歷時十幾年編撰而成，是一本公認的「系統、完整、豐富、信實」的魯迅生平資料選輯。該書輯錄了「魯迅圈子」在不同時期回憶魯迅的重要文章和片段，以時間推移爲線索，多角度呈現魯迅的生活、思想原貌。該書雖然資料豐富、涉及人物眾多，但「魯迅圈子」之間的回憶往往有相互衝突的地方，對歷時背景也缺乏交代，因而，在選取代表性的回憶文章時，也往往漏掉了其它人的一些歷史敘述，

〔註1〕薛綏之主編：《魯迅生平史料彙編》（共五卷），天津人民出版社，1981～1986出齊。

而對同一個人的回憶文章由於大多是資料性的截取，而不顧話語產生的語境，甚至缺乏個人前後回憶文章的連貫性，因此也容易造成肢解原意的後果。總的來說，在揭示魯迅生平資料方便是較爲完整的，但也可以看出編輯者的原意是用「魯迅圈子」的歷史敘述來爲魯迅生平資料服務的，而非對「魯迅圈子」歷史敘述一種系統性的研究和整理。

　　同一時期的史料性著作有 1985 年彭定安、馬蹄疾編著的《魯迅和他的同時代人》（上下卷）。彭定安在序言中稱，「魯迅和他的同時代人，這是一個廣博深厚的研究課題，在這個題目下，可以寫出許多的研究專著。不過，這裏呈獻給讀者的，基本上還是一本資料性專輯。」據包子衍對《魯迅日記》中出現人物的統計，日記中記載與魯迅交往的人一共有一千九百五十人，他們與魯迅的關係分別是親屬、師長、同事、同學、同鄉、學生、傭工和訪問者、求助者，而實際與魯迅交往的人多達兩千多人。該書選擇了有代表性的一百八十人作了具體的關係描述，「這裏有哺育魯迅成長的前輩家族；有啓迪開發魯迅才智的啓蒙老師；有獨具慧眼的『伯樂』；有走馬薦賢的『徐庶』；有攜手進退的同窗；有親如手足的戰友；有何魯迅有過筆墨之爭的論敵；有沒有見過面就引爲親密同志的共產黨人；有終生追隨的學生；有未謀一面爲之看稿作序的文學青年；有忘恩負義的小丑；有招搖撞騙的文販……從各個側面，各個角度，來反映魯迅和同時代人的戰鬥和生活的風貌。」〔註2〕該著作的優點在於呈現出魯迅與整個時代的人物關係網絡，勾勒出魯迅各個生活時期的人物交往與基本生活現狀。其缺點也是顯而易見的，由於人物眾多，編著者不可能對所有涉及到的文獻資料作出深入的梳理，僅僅概括性地提及魯迅與他所交往的人的主要事件，文獻資料整理方面也極爲粗糙。

　　近年來帶有研究性的魯迅史料整理著作有朱正的《魯迅的人脈》〔註3〕和耿傳明的《魯迅與魯門弟子》〔註4〕。朱正的《魯迅的人脈》一書選取了部分與魯迅有過交往的人作爲研究對象，分別有夏震武、陳獨秀、傅斯年、張鳳舉、左聯五烈士、邵洵美、曹聚仁、周佛海、三個美國朋友、建國後的右派分子、軍界人士等，分別呈現魯迅與這些人之間的關係。朱正的原意是要從

〔註2〕彭定安、馬蹄疾編著《魯迅和他的同時代人》「内容摘要」，春風文藝出版社 1985 年版。
〔註3〕朱正《魯迅的人脈》，東方出版中心 2010 年 8 月。
〔註4〕耿傳明：《魯迅與魯門弟子》，大象出版社 2011 年 1 月。

魯迅一生的交遊來看魯迅這個人，「要瞭解一個人，可以看看他身邊所交的朋友。要想瞭解魯迅，我們可以看看魯迅的交遊。魯迅一生交遊甚廣，很多有關魯迅的著作中都有魯迅交遊的介紹，但眞正把它作爲一個專題來做且最後成書的，大概只有這一本《魯迅的人脈》。從《魯迅的人脈》當中，『人們看他（魯迅）交往的是些怎樣的人，看他爲友爲仇的是些怎樣的人，豈不也可以更清楚地看到他的形象，他的性格，以及他所處的時代了麼？』（朱正語）」〔註5〕，該書大多是從考證史實出發，從各個側面對魯迅與他同時代的個別人的關係進行考察，從而起到對史實補遺的作用，但顯然，朱正對魯迅交遊的揭示也是不全面的，大量與魯迅有過深層交往的人如許壽裳、許廣平、周作人、周建人等都沒有進入朱正的視野，因而，這本雖名爲《魯迅的人脈》一書，揭示的也僅僅是魯迅的部分人脈而已，對於魯迅所處時代錯綜複雜的人脈關係、歷史敘述都沒有一個很好的整理和概括。

耿傳明的《魯迅與魯門弟子》一書爲目前研究部分「魯迅圈子」的最新著作。該書以「魯迅圈子」的中後期「魯門弟子」爲主要研究對象，揭示魯迅與「魯門弟子」之間深層的精神傳承、影響，以及「魯門弟子」胡風、馮雪峰、聶紺弩、蕭軍等人在建國後被打倒的命運。該書主要還是以魯迅與其弟子的人事關係、精神影響以及人物命運爲探索對象，而非側重於「魯迅圈子」對魯迅形象的整體塑造，因而，其所提供的借鑒作用也極爲有限。由此，要想對本論題進行深入的探究，還必須自己從清理大量的史料開始，才能對這一論題進行推進式的研究。

在魯迅的形象塑造研究方面，可供借鑒的研究成果也不多。魯迅的形象塑造涉及到魯迅生平、作品內涵、思想發展狀況等方面的內容，但大多魯迅研究專著、論文都停留在對魯迅作品、魯迅思想方面單方面的研究，而沒有上陞到魯迅形象塑造包括生平、作品內涵與思想發展的整體性研究。魯迅的思想發展與作品內涵的闡釋一直是魯迅研究界爭論不休的話題，這關係到魯迅形象的整體塑造，關係到意識形態的文化秩序要求與個人對魯迅精神的認同等複雜的問題，但大多數魯迅研究專著對魯迅思想、魯迅作品內涵的研究往往忽略對魯迅形象塑造關聯性的研究，因而對魯迅作品內涵、魯迅思想發展的研究也只能局限於在意識形態內部的研究，而不能跳出意識形態的框架，從二十世紀整個意識形態不斷變動的系統中來看待魯迅的問題，因此，

〔註5〕朱正《魯迅的人脈》「出版者的話」，東方出版中心 2010 年 8 月。

魯迅的形象塑造問題實則關係到魯迅思想、作品內涵等方面的整體性問題。

　　對魯迅形象塑造的研究比較突出的研究成果有大衛‧霍爾姆的《一個中國高爾基的形成──1936～1949 的魯迅》〔註6〕，錢理群的《遠行以後──魯迅接受史的一種描述（1936～2001）》〔註7〕，羅崗的《魯迅形象的當代塑造》〔註8〕，徐妍的《新時期以來魯迅形象的重構》〔註9〕，潘磊的《「魯迅」在延安》〔註10〕，傅學敏的《魯迅影像與魯迅形象的塑造》〔註11〕，程振興的《魯迅紀念研究 1936～1949》〔註12〕，這些研究成果大都注意到意識形態對魯迅形象的塑造，並深入探討某一時段意識形態對魯迅形象塑造的過程以及影響等，但同時，這些研究成果也沒有對魯迅形象的塑造進行更深層的挖掘。在魯迅形象形成與變動的過程中，實際上我們可以注意到這樣一個現象，即每次意識形態變動的背後，都伴隨著「魯迅圈子」歷史敘述的爆發。這從兩次「魯迅圈子」歷史敘述的爆發期就可以看出來，意識形態雖然在更高層面上規定了魯迅形象的方向，但對於魯迅形象起支撐作用的魯迅作品內涵、思想發展歷程實則也經歷一個比較大的變動過程。而正是由於魯迅思想、魯迅作品內涵闡釋的變化，才讓新確立的魯迅形象以更「合理」的形式確定下來，並進行更廣泛的傳播。「魯迅圈子」的歷史敘述對魯迅形象的塑造起著重要的支撐和轉換作用，因而對魯迅形象塑造的研究也就必須回到對「魯迅圈子」歷史敘述的研究，才能把魯迅形象的塑造過程探討清楚。

　　由此，只有把「魯迅圈子」的歷史敘述與魯迅形象塑造問題結合起來，我們才能更清楚地看到魯迅在歷史變動中的位置，以及為什麼會產生這些變動。

〔註 6〕大衛‧霍爾姆：《一個中國高爾基的形成──1936～1949 的魯迅》，樂黛雲主編《當代英語世界魯迅研究》，江西人民出版社 1993 年版。

〔註 7〕錢理群：《遠行以後──魯迅接受史的一種描述（1936～2001）》，貴州教育出版社 2004 年 5 月版。

〔註 8〕羅崗：《魯迅形象的當代塑造》杭州師範學院學報（社會科學版）2005 年第 1 期。

〔註 9〕徐妍：《新時期以來魯迅形象的重構》，安徽教育出版社 2008 年 6 月版。

〔註 10〕潘磊：《「魯迅」在延安》，廣西師範大學出版社 2008 年 8 月版。

〔註 11〕傅學敏：《魯迅影像與魯迅形象的塑造》，《現代中國文化與文學》 2010 年第 1 期。

〔註 12〕程振興：《魯迅紀念研究 1936～1949》，中國社會科學出版社 2011 年 3 月版。

0.3　研究方法和研究思路

　　研究方法歷來是魯迅研究最重要的一部分，魯迅研究有可能是中國作家作品中採用研究方法最多的一位作家，如五十年代的庸俗社會學的研究法、馬克思美學──歷史批評分析法、八十年代的精神分析法、系統論研究方法、新批評文本細讀法、巴赫金的複調研究法等。恰當的研究方法不僅能較好地詮釋魯迅精神歷程、作品內涵，還能給後來的研究者提供更多的啓迪。本文采用程光煒文學社會學的「歷史化」研究方法。所謂「歷史化」，指的是「在拉開一段時間距離之後，用『歷史性』眼光和方法，去研究和分析一些創作中的問題。正因爲其是『歷史性』的研究，所以研究對象已經包含了『歷史感』的成分」〔註13〕，「歷史化」還指既處身於歷史場域之中，又能脫離歷史風暴氣流的控制，用歷史旁觀者的眼光來重新打量歷史。在八十年代初，王富仁就提出「回到魯迅本身」的歷史研究命題，這一提法獲得了很多研究者的共鳴。然而，這一提法雖然好，但卻少有研究者能夠用客觀的眼光，重新來打量魯迅的歷史。大部分魯迅研究者都有這樣一個共同特徵，就是很容易被魯迅「同化」，在情感上自然而然地就會站在魯迅的立場上說話，分析等，因此，這樣就很難真正做到魯迅研究的「歷史化」。

　　「回到魯迅」，不僅是要回到魯迅生活的歷史場域，不帶偏見地看待魯迅與時代的關係，還要防止用現有的眼光去分析和評價過去的問題，如八十年代的王富仁雖然提出「回到魯迅」，但是他同樣是用八十年代「去政治化」的眼光來重新看待在五十年代以來就已經被「意識形態化」的魯迅，其方法就是用「非左翼」的立場去評判「左翼」的魯迅，這樣的結果同樣不是「回到魯迅」的一種真正的做法，王富仁回到的只是三、四十年代的魯迅，而不是回到二十世紀的魯迅立場，由此，「歷史化」不僅僅意味著歷史的還原，還要求研究者真正具有歷史的視野去看待問題，正如程光煒所說研究者首先要擁有「歷史感」，在這樣的前提下，我們重新來研究魯迅，仔細梳理魯迅、魯迅圈子、魯迅研究演變的歷史脈絡，這實際上是用一種「三維」的視角來重新看待魯迅的存在以及存在的各種問題：第一維視角是魯迅本身，第二位視角是魯迅周圍的人，也即是魯迅生活的時代環境、氛圍，第三維是理論化的研究視角。通過這「三維」的視角重新來看待魯迅的問題，我們發現，很多原

〔註13〕　程光煒《詩歌研究的歷史觀》，《新詩評論》2007 年第 2 期。

本隱蔽的歷史語境、被遮蔽的歷史話語等等都慢慢地浮出水面。由此，「歷史化」作為一種研究方法，其所帶來的衝擊力是顯而易見的，本文也正是借助「歷史化」的研究方法，來重新看待魯迅存在的問題。當然，在具體的理論、方法應用上，本文還借助了海登・懷特的新歷史主義的研究方法，福柯的知識考古學，韋勒克的新批評文本細讀、弗洛伊德的精神分析學等理論資源，在綜合運用各種理論的基礎上，以期對魯迅進行更加貼切而有效的解讀。

0.4　論文大綱及主要內容

　　本書分為三部分：緒論部分、主體部分以及結語。

　　緒論部分介紹本文選題的緣由、研究現狀、研究方法與論文提綱等，並對「魯迅圈子」的概念、範疇進行嚴密的界定，指出在魯迅的生前或死後，始終有一個龐大的社會群體團結在魯迅周圍，或聚集在「魯迅」名義之下，守護著魯迅精神與魯迅精神遺產。這些圍繞在魯迅周圍的人包括魯迅的親屬、朋友與學生等，他們自覺而形成一個個圍繞在魯迅周圍而存在的「圈子」，也即是「魯迅圈子」。這些「圈子」按其組織形式可以分為傳統的「文人圈子」與現代的「社團圈子」，按其組成人員以及密切程度的不同又可分為「親屬圈」、「朋友圈」、「師友圈」和「學生圈」等圈子。

　　主體部分分為四章：第一章為問題的提出，從兩部魯迅年譜談起；第二章探索「魯迅圈子」的形成與出現；第三章探索許壽裳版魯迅年譜是如何塑造魯迅形象的；第四章探討魯迅形象如何從「啟蒙者」的歷史形象過渡到「革命者」的歷史形象。

　　第一章問題的提出：從兩部魯迅年譜談起。以兩部魯迅年譜為研究對象，通過分析、比較兩部《魯迅年譜》的編撰過程、編撰目的和原則，揭示「魯迅圈子」的歷史敘述存在著不同的意識形態取向，以及塑造了兩個不同歷史形象的魯迅。許壽裳版的魯迅年譜通過刪改、「去左翼化」的敘述策略塑造了一個「啟蒙者」魯迅的歷史形象，而魯博版魯迅年譜則通過放大魯迅後期思想，強化魯迅與共產黨精神、思想上的聯繫，壓縮魯迅前期思想等做法，從而塑造了一個「革命者」魯迅的歷史形象。「啟蒙者」魯迅的「建構」與許壽裳的價值觀、歷史認識、意識形態立場等方面有很大的關係，而「革命者」魯迅的「重構」則與共產黨在建國後的文化秩序整合等有很大的關係。從這

兩種魯迅形象塑造過程的差異可以看出，關於魯迅的歷史敘述具有很大的不確定性，其眞實程度不免令人產生懷疑，這正如海登‧懷特所指出的，「歷史學家對編年史中的『事件』進行選擇、排除、強調和歸類，從而將其變成一種特定類型的故事，也就是通過『發現』、『識別』、『揭示』或『解釋』而爲編年史中掩藏的故事『編排情節』，從而把編年史中羅列的『事件』變成一個個可以辨認的『故事』，許版的魯迅年譜與魯博版的魯迅年譜正是通過對歷史材料進行重新的「編排情節」、「意識形態化」敘述等手段，把魯迅的形象變成一種特定類型的「故事」。從這裏也可以看出，「魯迅圈子」的歷史敘述對塑造魯迅的歷史形象具有決定性的作用。

　　第二章：「魯迅圈子」的形成與出現。中國自古以來就有「文人圈子」的傳統，發展到近現代，「文人圈子」的組織形式與傳播方式都發生了很大的變化。刊物的出現，文人知識分子角色的轉換等因素，都促使「文人圈子」向現代組織更嚴密、傳播更迅速、影響更大的「社團」轉變。魯迅早在留學日本期間就參加了各種各樣的圈子組織。其中對魯迅影響最大的是「浙江同鄉會」，這使得魯迅早年就投入到愛國學生的救國運動中去，其後魯迅通過自己創辦雜誌、出版刊物等形式來形成自己的文藝圈子，推行「文藝救國」的理想。五四新文化運動以後，魯迅借助《新青年》的團體組織，逐步擴大了個人在文藝界、思想界的影響，其後又通過與眾多文藝青年組織社團、創辦雜誌等文藝活動，而把「魯迅圈子」的影響力擴大，到三十年代初，圍繞著魯迅已經形成了文學、藝術、政治的多重「文人圈子」與「社團圈子」。「魯迅圈子」雖然在魯迅生前已經形成，並產生了很大的影響，但「魯迅圈子」作爲一股獨立的文學勢力還要在魯迅逝世後才出現。當時通過編輯一部《魯迅先生紀念集》的形式，把魯迅的生前好友、學生等人都集中在一起，以集體亮相的形式，形成一股強大的文學勢力。

　　第三章：「啓蒙者」形象的確立。「啓蒙者」魯迅的歷史形象是「魯迅圈子」在魯逝世以後，共同建構的魯迅形象，其中許壽裳對這一形象的建構起著主要的構築作用。許壽裳首次提出魯迅從 1902 年的日本留學時期起，就已經開始關注「探討國民性」的三個問題：一、怎樣才是理想的人性？二、中國國民性中最缺乏的是什麼？三、它的病根何在？而正是許壽裳提出魯迅對國民性探討的三個問題，使人們把魯迅與他一生的「啓蒙」事業聯繫起來，從而塑造了魯迅「啓蒙者」的經典形象。然而，許壽裳對魯迅「啓蒙者」形象的塑造也並非

是一揮而就的，許壽裳最初塑造魯迅的歷史形象是「民族魂」的魯迅形象，在他經歷過更多的政治顛簸以後，許壽裳對魯迅「啓蒙」精神的體會更加深刻，從而把魯迅的「民族性」與「啓蒙精神」緊密地聯結在一起，從而塑造了「啓蒙者」的歷史形象。許壽裳所塑造的「啓蒙者」形象也與他「去左翼化」的敘述策略有很大的關係，通過人爲的「斬斷」或「淡化」魯迅與「左翼」革命的關係，從而更加突出魯迅「啓蒙者」的身份與獻身精神。

　　第四章：從「啓蒙者」到「革命者」的歷史置換。與許壽裳「去左翼化」敘述策略形成鮮明對照的是，作爲魯迅後期生活與思想的重要見證人之一的馮雪峰，在其建國前後的《魯迅回憶錄》、《回憶魯迅》、《黨給魯迅以力量》、《魯迅生平及他思想發展的梗概》、《中國文學從古典現實主義到社會主義現實主義發展的一個輪廓》等歷史敘述當中更強化了魯迅與左翼、共產黨人之間千絲萬縷的聯繫。馮雪峰通過對魯迅1927年前後思想轉變的深入考察，從而揭示出魯迅思想上「向左轉」的艱難歷程。魯迅「從進化論躍進到馬克思主義，從革命的小資產階級躍進到無產階級，從一般進步的唯物論躍進到革命的、歷史辯證的唯物論」以後，在三十年代成爲了黨的親密戰友和偉大的共產主義戰士。魯迅與共產黨人的頻繁交往以及並肩作戰，是魯迅與黨的深厚情誼的見證，也是魯迅作爲一個「革命者」的見證。馮雪峰通過大量史實的披露確定了魯迅與共產黨的同盟關係，魯迅的歷史形象也從許壽裳塑造的「啓蒙者」形象被馮雪峰置換爲「革命者」的歷史形象。馮雪峰對魯迅形象的置換有著深刻的歷史必然性，在中國建國前後整體的文化轉軌中，「魯迅」必將成爲社會主義思想文化整合的對象，從而更好地爲社會主義文學、文化服務。魯迅歷史形象的置換在許廣平的歷史敘述中將得到進一步的置換，從而徹底完成從「啓蒙者」到「革命者」形象的轉換。

　　結語：歷史敘述、意識形態與個體存在的博弈。「魯迅圈子」的歷史敘述與意識形態有著密切的聯繫。「魯迅圈子」的歷史敘述往往受到意識形態的極大影響，不如許壽裳的「啓蒙者」魯迅的形象塑造與馮雪峰、許廣平的「革命者」魯迅形象的塑造，分別受到自由主義與社會主義意識形態的影響。在個人化的歷史敘述與意識形態的影響之間，存在著一種博弈的關係，其博弈的結果最終決定歷史敘述的結果。在歷史敘述與意識形態的博弈之間，還存在著一個歷史的「個體」，如何更接近魯迅的歷史「個體」則是魯迅研究留給我們一個永遠的課題。

第 1 章　問題的提出：從兩部魯迅年譜談起

　　1937 年許壽裳版的《魯迅先生年譜》在魯迅研究史上無疑佔有重要的地位，它不僅僅是完整地介紹魯迅生平的第一部年譜，而且也因許壽裳作為魯迅一生中患難相交、榮辱與共的摯友之一，使得這部帶有詮釋意向的《魯迅先生年譜》有著無可代替的地位。有研究者指出，「許壽裳所掌握的材料，既豐富，且可信，這是他研究魯迅的優勢。他的研究文章，不僅材料豐富、新鮮，而且對魯迅的認識也深切，其論述有許多新的發現。因此，他的文章為魯迅研究者所重視，並樂於引證。在他們相交的 35 年中，前 20 年是晨夕相見的，許壽裳所掌握的第一手材料也就更為豐富，因此，他的關於前期魯迅的研究文章，就更有重要價值，甚至可以說，凡是要研究前期魯迅的研究者，都不能不參考許壽裳的研究論著。」〔註 1〕而孫玉石在紀念許壽裳逝世五十週年的文章《「民族魂」的知音——重溫許壽裳對魯迅闡釋的一個側面》中不無真切地提到「許壽裳對於魯迅精神的闡釋，雖然已經過了近五六十年，因為它的逼近人格真實和沒有現代流行理論形成的主觀臆造性，今天讀起來，仍然給人以異常的親切感與無限的啟發性」〔註 2〕，則是顯示了 1937 年的許壽裳版《魯迅先生年譜》自編撰以來，依然具有鮮活的生命力。

　　作為第一部完整、平實、可信而又具有鮮活生命力的魯迅年譜，許壽裳

〔註 1〕周蔥秀：《談許壽裳的魯迅研究》，《魯迅研究月刊》1990 年第 8 期。
〔註 2〕孫玉石：《「民族魂「的知音——重溫許壽裳對魯迅闡釋的一個側面》，《魯迅研究月刊》1998 年第 6 期。

的首創之舉實在是功不可沒，然而，也因其「首創」及其「年譜貴簡潔」的編撰態度，許壽裳的這部魯迅年譜因其粗線條勾勒、簡略敘述而備受研究者詬病〔註3〕，許壽裳也多次爲其倉促編就的《魯迅先生年譜》「太簡」而引爲平生憾事〔註4〕，許廣平在《〈魯迅年譜〉的經過》一文中坦承了許壽裳的《魯迅先生年譜》編撰過於「簡略」，但她同時也對未來編撰出一部更爲完備的《魯迅年譜》充滿了信心和期待：「可見就是大家覺得簡略的年譜，也經過不少的波折、安排、增刪和訂正，並不是一揮而就，隨隨便便算了的。將來一定還是要有更詳細的年譜，如果有許多種更好。假使客觀一點，不要家族觀念太重，站在中國文化史上，我想豈明先生和喬峰先生以及他的朋友們，一定在比較安定的生活上，肯從事這一方面更詳細的寫作的，這是義不容辭的責任。」〔註5〕

　　1981年魯迅博物館魯迅研究室編的四卷本《魯迅年譜》（以下簡稱「魯博版魯迅年譜」），可謂是最大限度彌補了許壽裳和許廣平當年「過於簡略」的《魯迅年譜》。這部由魯迅博物館館長李何林主持，以魯迅研究室成員爲編撰主體的《魯迅年譜》編撰工作〔註6〕，從撰寫到出齊歷時七年，四卷共

〔註3〕周黎庵《關於魯迅年譜——爲魯迅先生六十年祭作》認爲：「許著《魯迅先生年譜》最大的缺點，是在於『簡略』兩字，概括其缺點爲三個「忽略」：「忽略生前與死後」、「忽略時代背景」、「忽略同時代人的關係」。「上述三點，實是許著年譜最不能滿人意的地方，按『附見的年譜』貴略的學說，實乃指不必於譜中附錄譜主的詩文而言，舉凡時代背景家世及交遊，均非文集所有；或雖有而散處艱於尋找者，皆應在標示之列。許著年譜，我們決不能視爲完備的著作，只能視爲一種綱要，如史學中的——『綱目』然者，重要「紀事」的完成，實有待來者。」1940年8月1日《宇宙風》（乙刊）第27期。

〔註4〕1937年5月21日，許壽裳在致許廣平信中談到自己所編年譜時說：「起孟與裳分編之部分，實嫌太簡。」直到1940年10月19日，魯迅逝世已經四年，許壽裳依然因當年所撰《魯迅先生年譜》「過於簡略」而耿耿於懷，在當天的日記中許壽裳寫道：「魯迅逝世已四週年，追念故人，彌深悵惻，其學問文章，氣節德行，吳無間然，其知我之深，愛我之切，並世亦無第二人，曩年匆促間成其年譜，過於簡略，不□於懷，思爲作傳，則又苦於無暇，其全集又不在行篋，未能著手，只好俟諸異日耳。」

〔註5〕許廣平《〈魯迅年譜〉的經過》，《宇宙風》（乙刊），1940年9月16日，第三十九期。

〔註6〕魯迅研究室於1976年2月成立。1975年10月28日，魯迅之子周海嬰上書毛澤東同志，提出了「關於魯迅書信的處置和出版」、「關於魯迅著作的注釋」和「關於魯迅研究」三個問題，並建議「將一九五八年下放到北京市文化局的魯迅物博館重新劃歸文物局領導，在該館增設魯迅研究室，調集對魯迅研

計一百二十四萬字，第一卷於魯迅誕生百週年前夕出版，第四卷於 1984 年出版〔註7〕。當年的編撰者之一的陳漱渝指出，由於『四卷本』是利用魯迅博物館豐富的館藏資料並依靠集體力量編成的，在編寫過程中除了借鑒國內外其它年譜（如清代蔡上翔的《王荊公年譜考略》、今人湯志鈞的《章太炎年譜長編》以及蘇聯的《普希金年譜》、《高爾基年譜》等）的編寫經驗外，還吸收了同類年譜——特別是復旦大學、上海師大、上海師院合編的《魯迅年譜》的不少成果，因此基本上達到了觀點比較正確、資料比較翔實的預期目標，是六種〔註8〕魯迅年譜中較好的一種。〔註9〕

　　這部耗時「七個春秋」、「觀點比較正確」、「資料比較翔實」的大型魯迅年譜，不但彌補了許壽裳版魯迅年譜編年史料不足的缺點，還糾正了不少的史實錯誤。如在魯迅的留學派遣機構上，許版魯迅年譜是「由江南督練公所派赴日本留學」，魯博版魯迅年譜則根據周作人日記手稿，更正為「由兩江總督批准赴日本留學，於本日乘日輪『大貞丸』號離南京，經上海轉赴日本，由路礦學堂總辦俞明震帶領，同行的有礦路學堂張協和、芮石臣、伍仲文等。」〔註10〕在編撰原則上，許版魯迅年譜由於是周作人、許壽裳、許廣平三個人分段合編在一起，而周作人與許壽裳在編撰原則上難以達成一致，因此，許版魯迅年譜並沒有列出明確的編撰原則。而魯博版魯迅年譜則在開篇的「編

　　究有相當基礎的必要人員，並請一些對魯迅生平熟悉瞭解的老同志作顧問，除和出版局共同負責《魯迅全集》的注釋外，專門負責魯迅傳記和年譜的編寫工作，爭取在一九八一年魯迅誕辰一百週年時能把上述幾種書（即全集注釋本、年譜、傳記）以及全部魯迅手稿影印本出齊。」一個月後，毛澤東批示贊成這一意見，並建議立即實行。因此，魯迅研究室於 1976 年 2 月成立後，就把編撰《魯迅年譜》作為一項重點科研任務來抓。《魯迅年譜》「先後參加這一工作的有 20 餘人，其中主要撰稿者九人」。

〔註7〕陳漱渝：《〈魯迅年譜〉（四卷本）得失談》，《辭書研究》1989 年第 3 期。

〔註8〕曹聚仁：《魯迅年譜》，香港三育圖書文具公司，1972 年；王觀泉：《魯迅年譜》，黑龍江人民出版社，1979 年；復旦大學、上海師大、上海師院合編，《魯迅年譜》，安徽人民出版社，1979 年；鮑昌、邱文治：《魯迅年譜》，天津人民出版社，1979〜1980 年；魯迅博物館魯迅研究室：《魯迅年譜》，人民文學出版社1981〜1984 年；蒙樹宏：《魯迅年譜稿》，廣西師大出版社，1987 年；另有文革時期內部印行的兩部魯迅年譜：吉林師大中文系編《魯迅年譜簡編》鉛印本；毛居青編《魯迅年譜》油印本。

〔註9〕陳漱渝：《〈魯迅年譜〉（四卷本）得失談》，《辭書研究》1989 年第 3 期。

〔註10〕魯迅博物館魯迅研究室等編，《魯迅年譜》，人民文學出版社 1981 年 9 月，第 87 頁。

寫說明」中就明確地標示出其編撰原則：「毛澤東同志指出：『魯迅是中國文化革命的主將，他不但是偉大的文學家，而且是偉大的思想家和偉大的革命家』，是『在文化戰線上，代表全民族的大多數，向著敵人衝鋒陷陣的最正確、最勇敢、最堅定、最忠實、最熱忱的空前的民族英雄』〔註11〕……爲了貫徹這一精神和使大家能夠更好地瞭解、學習與研究魯迅的生平事跡及其思想發展的過程，我們編寫了這部《魯迅年譜》。爲了體現魯迅革命的光輝形象和不凡的一生，我們力求掌握能夠得到的材料，運用辯證唯物主義和歷史唯物主義的觀點進行分析，希望能夠符合上述精神。」〔註12〕

而在編排體例上，許壽裳版年譜按編年順序，摘編〔註13〕魯迅的生平事跡，社會活動經歷等，魯博版魯迅年譜則在廣泛搜羅魯迅事跡、社會活動經歷的基礎上，以大量的史料來呈現魯迅生活中的各個側面，不但逐年逐月列出事例，在1913年以後還精確到每日的思想行爲與生活狀況。而在考據魯迅的生平事跡方面，魯博版年譜廣泛地搜羅史實，不僅認眞閱讀了魯迅本人的著譯、日記、書信等第一手文字資料，參考了魯迅保存的聘書、剪報、來函、契約等大量文物，還又查閱了大量當時的報刊和魯迅同時代人的日記、回憶錄等。比如魯博版年譜在介紹魯迅青少年時期的活動時，就充分利用了周作人日記提供的線索；而在介紹魯迅留日時期的活動時，就首次大量採用了日本「魯迅在仙臺的記錄調查會」從仙臺醫專舊存檔案中搜尋到的有關檔案資料；而在介紹魯迅從辛亥革命至五四前夕的活動時，查閱了《通俗教育會報告書》、《平報》、《愛國報》、《大自由報》、《亞細亞日報》等北京舊報刊，填補了魯迅生平史實中的若干空白。〔註14〕

本著編著一部通俗易懂的魯迅年譜，魯博版魯迅年譜還仿照新時期以來的前三種魯迅年譜，在「本事」之前不但增加了相關的背景介紹，還在「本事」後面增添了詳細的「注釋」。「頗具特色」的「注釋」具體又可以分爲四

〔註11〕《毛澤東選集第二卷》，人民出版社1991年，第698頁。

〔註12〕魯博版《魯迅年譜》「編寫說明」，魯迅博物館魯迅研究室等編，人民文學出版社1981年9月。

〔註13〕對於許壽裳「摘編」式的編撰法，竹內好作了評價：「許壽裳編寫的年譜。雖然是極其簡單的東西，但是作爲年譜卻是唯一的，而且許壽裳是魯迅的同鄉同輩，所以他所記載的是可以確信的。那些材料取捨本身都具有意味，都是經過嚴密考慮而選取的，卻也因此變得過於簡單。」——竹內好：《蔡元培眼中的魯迅與傳記材料》，靳叢林等譯，《魯迅研究月刊》2009年第1期。

〔註14〕參考陳漱渝：《〈魯迅年譜〉（四卷本）得失談》，《辭書研究》1989年第3期。

種類型：一是評介與魯迅有關的人物、書刊、社團、事件等。二是介紹引文出處和提供資料線索。三是介紹有關爭鳴意見。比如四種不同的魯迅《自題小像》一詩的寫作時間，兩種魯迅參加光復會的時間，魯迅參與發起的「中國自由運動大同盟」成立的時間、地點，魯迅與陳賡將軍秘密會見的次數，魯迅在 1930 年初與中共中央宣傳部長李立三談話的內容，魯迅七絕《偶成》的主題等等。四是訂正魯迅的疏漏。比如《明天》、《一件小事》、《狹的籠》等作品的寫作時間，以及《譯後附記》等譯作的寫作日期都明顯有誤，後根據魯迅作品發表的原刊、魯迅書信等有充分說服力的材料給予訂正，並通過注釋說明了情況。〔註 15〕另外，魯博版魯迅年譜，還增加了不少與魯迅相關的插圖，不但起著活躍版面的裝飾作用，還向讀者展示了不少珍貴文物，使得魯博版《魯迅年譜》顯得圖文並茂，極具收藏價值。〔註 16〕

比較起來，1981 年魯博版魯迅年譜雖然還存在著如編撰者說的「新史料未被採用」、「還存在一些史實性錯誤」、「個別『時代背景』條目的取捨」等問題，但比起前幾種魯迅年譜，其在史料訂正、補充、體例安排、圖文並茂等方面確實是如其中一個編者所說的「是六種魯迅年譜中較好的一種」，而其在史料、史實方面比起許壽裳版的魯迅年譜也遠爲豐富。但同時也應該注意到一個容易被忽略的問題，那就是年譜作爲史書的一種，其「歷史敘述」都不免帶有「闡釋」成分和傾向性。論述歷史修撰的理論家海登·懷特認爲，「所有歷史敘事都包含著不可簡約的和無法抹掉的闡釋因素。歷史學家必須闡釋他的材料以便建構形象的活動結構，用鏡象反映歷史進程的形式。」〔註 17〕他同時也指出，「歷史學家必須『闡釋』他的材料，以假定的或純理論的東西填補信息中的空白。因此，一個歷史敘事必然是充分解釋和未充分解釋的事件的混合，既定事實和假定事實的堆積，同時既是作爲一種闡釋的一種再現，又是作爲對敘事中反映的整個過程加以解釋的一種闡釋。」〔註 18〕歷史敘述中「闡釋」成分不可避免的存在使得一切的歷史解釋必然具有一定的主觀傾向性。福柯認爲，「歷史的首要任務已不是解釋文獻」，而是「對文獻進行組

〔註 15〕 參考陳漱渝：《〈魯迅年譜〉（四卷本）得失談》，《辭書研究》1989 年第 3 期。
〔註 16〕 參考陳漱渝：《〈魯迅年譜〉（四卷本）得失談》，《辭書研究》1989 年第 3 期。
〔註 17〕 （美）海登·懷特（Hayden White）著，陳永國、張萬娟譯，《後現代歷史敘事學》，中國社會科學出版社 2003 年。
〔註 18〕 （美）海登·懷特（Hayden White）著，陳永國、張萬娟譯：《後現代歷史敘事學》，中國社會科學出版社 2003 年。

織、分割、分配、安排、劃分層次、建立體系、從不合理的因素中提煉出合理的因素、測定各種成分、確定各種單位、描述各種關係。因此，對歷史來說，文獻不再是一種無生氣的材料」〔註 19〕，這就把歷史編撰、歷史闡釋中的主觀「傾向性」說得更加明白了。新時期以來的魯迅年譜的編撰者都普遍認識到這個問題，這正如魯博版《魯迅年譜》編撰者所打成的共識一樣，「年譜既然是一種史書，它就必然要求編撰者具有『史識』。事實上，無論對材料的取捨，對人物的褒貶，對事件的評價，對作品的分析，乃至對要義警句的摘取，都無不反映出編者的立場、觀點和傾向性」〔註 20〕。

許壽裳版的魯迅年譜與魯博版的魯迅年譜在「材料的取捨，對人物的褒貶，對事件的評價」等方面無疑都具有一定的主觀傾向性，所不同的是其程度深淺不一而已。許壽裳版魯迅年譜歷史敘述的主觀傾向性雖然並不明顯，許壽裳在其與許廣平、周作人等人的書信往來及其平時的文章中都極少提及魯迅年譜編撰的思想傾向，但也並非無跡可尋。許廣平在談到她所執筆的一部分魯迅年譜的編撰過程時提到，「對於年譜，雖然三個人執筆，許先生是總其成的，也許因為早期生活比較簡單，沒有什麼可以記載，而末期的生活，對於民族解放思想的努力，各方面的人事關係，是沒法簡單化的，所以，第一次我的草稿拿來和許先生寄下的對照一下，為了體裁一律，就刪去了一大半，後來又刪了不止一次」〔註 21〕。許廣平顯然是以「民族解放思想」來統攝魯迅末期的生活與思想行為，而「為了體裁一律」刪去的大量材料，不僅沒有削弱魯迅「對於民族解放思想的努力」，反而更突出了這一思想主題。比如許廣平對魯迅後期外出演講的重視，在其編撰的年譜中就有多處提到，不但佔有很大的篇幅並且貫穿魯迅後期的社會活動，而在一九二七年至一九三二年的條目下，關於演講有如下記錄：

　　1927 年：

　　二月　往香港演說，題為《無聲的中國》，次日演題：《老調子已經唱完》；

〔註 19〕（法）米歇爾・福柯（Michel Foucault）著，謝強、馬月譯：《知識考古學・引言》，生活・讀書・新知三聯書店 1998 年，第 6 頁。

〔註 20〕陳漱渝：《〈魯迅年譜〉（四卷本）得失談》，《辭書研究》1989 年第 3 期。

〔註 21〕許廣平《〈魯迅年譜〉的經過》，《宇宙風》（乙刊），1940 年 9 月 16 日，第三十九期。

　　七月　　演講於知用中學，及市教育局主持之『學術講演會』，題目爲《讀書雜談》，《魏晉風度及文章與藥及酒之關係》；

　　本年　　滬上學界，聞先生至，紛紛請往講演，如勞動大學，立達學院，復旦大學，暨南大學，大夏大學，中華大學，光華大學等；

　　1928 年：

　　五月　　往江灣實驗中學講演，題曰：《老而不死論》

　　1929 年：

　　五月十三日　　北上省親。並應燕京大學，北京大學，第二師範學院，第一師範學院等校講演。

　　十二月　　往暨南大學講演

　　1930 年：

　　二月　「自由大同盟」開成立會

　　三月二日　　參加「左翼作家聯盟」成立會

　　八月　　往「夏期文藝講習會」講演

　　1931 年：

　　四月　　往同文書院講演，題爲《流氓與文學》

　　六月　　往日人「婦女之友會」講演

　　八月二十四日　　爲一八藝社木刻部講演

　　1932 年：

　　十一月二十二日　　在北京大學，輔仁大學，北平大學，女子文理學院，師範大學，中國大學等校講演。〔註22〕

　　許廣平對魯迅多次演講活動及演講題目的細緻記錄，無疑是爲了對應魯迅「對於民族解放思想的努力」這一編撰主題，細察許壽裳版的整部魯迅年譜，「民族解放思想的努力」也是整部魯迅年譜的中心主題。這從年譜中許壽裳對魯迅不同時期的思想發展與參與社會活動的描述中就可以看出來。如魯

〔註22〕許壽裳《魯迅年譜》，收於許壽裳《魯迅傳》，國際文化出版公司，2010 年，第 236～238 頁。

迅幼年時期對《二十四孝圖》的反感，青年時期留學日本對人性及國民性問題的關注，中年時期參與「新文化運動」而從事《狂人日記》等文學創作，「掊擊家族制度與禮教之弊害，實為文學革命思想革命之急先鋒」，及至晚年除了大量的文學創作以外，又多以「演講」這一更有轟動效應的社會媒體方式，致力於「民族解放思想」的傳播等等，許壽裳對魯迅「民族解放思想」主題的勾勒雖若隱若現但卻是貫穿始終的。

　　與許壽裳版魯迅年譜隱晦的歷史敘述傾向性相比而言，魯博版魯迅年譜歷史敘述的傾向性可謂是鮮明得多，這不但是在周海嬰上書毛澤東時提到「我們到現在還沒有拿出一部按照主席對魯迅的評價寫出來的觀點明確，材料詳細可靠的魯迅傳記」，而成為魯迅博物館設立魯迅研究室的因由和重要任務之一，也在《魯迅年譜》的「編寫說明」中作了明確的表述。「編寫說明」首先以毛澤東對魯迅的高度評價為「旗幟」，指出「魯迅是中國文化革命的主將，他不但是偉大的文學家，而且是偉大的思想家和偉大的革命家」，「在文化戰線上，代表全民族的大多數，向著敵人衝鋒陷陣的最正確、最勇敢、最堅定、最忠實、最熱忱的空前的民族英雄」〔註 23〕，繼而指出「為了貫徹這一精神和使大家能夠更好地瞭解、學習與研究魯迅的生平事跡及其思想發展的過程，我們編寫了這部《魯迅年譜》。為了體現魯迅革命的光輝形象和不凡的一生，我們力求掌握能夠得到的材料，運用辯證唯物主義和歷史唯物主義的觀點進行分析，希望能夠符合上述精神。」〔註24〕

　　魯博版魯迅年譜的編撰，明顯是遵從毛澤東對魯迅所作的「三家」（文學家、思想家和革命家）、「五最」（最正確、最勇敢、最堅定、最忠實、最熱忱）的評價來進行編撰的，其目的是要「體現魯迅革命的光輝形象和不凡的一生」。作為編撰者之一的陳漱渝在評價這部《魯迅年譜》的得失時就曾「承認」編撰年譜時存在著明確的「傾向性」：「我們在編寫『四卷本』的過程中，力圖以歷史唯物主義和辯證唯物主義觀點為指導，體現出魯迅作為『偉大的文學家』的輝煌業績和作為『偉大的思想家和偉大的革命家』的本質特徵，同時也不迴避魯迅思想（特別是早期、前期思想）中的某些局限性」。〔註25〕

〔註23〕毛澤東《新民主主義論》，收於《毛澤東選集（第二卷）》，人民出版社，1966年，第 658 頁。

〔註24〕魯迅博物館、魯迅研究室編《魯迅年譜·編寫說明》，人民文學出版社，1983年，第 1 頁。

〔註25〕陳漱渝：《〈魯迅年譜〉（四卷本）得失談》，《辭書研究》1989 年第 3 期。

　　通過上述比較，許壽裳版魯迅年譜歷史敘述的傾向性指向魯迅的「啓蒙者」角色，而魯博版魯迅年譜歷史敘述的傾向性則指向魯迅的「革命者」角色，可謂是不言而喻的。這兩種不同的「傾向性」，在其各自編撰的過程中客觀上逐步形成了兩種類型的故事：一個是關於「啓蒙者」啓蒙思想形成、發展到發揚傳播的故事，而另一個則是關於「革命者」如何從初具民族解放思想轉變成具有共產主義「思想戰士」的成長故事。我們很容易就能從許壽裳版的魯迅年譜分辨出一個「啓蒙者」魯迅的「故事」，而從魯博版的魯迅年譜中分辨出一個「革命者」魯迅的「故事」。由於許壽裳版魯迅年譜所「建構」的魯迅形象在前，相對於 1937 年許壽裳所「建構」的「啓蒙者」魯迅形象而言，1981 年魯博版魯迅年譜無疑是在許壽裳版魯迅年譜以及其它魯迅年譜的基礎上，重新構築了另一個「異質」的「革命者」魯迅形象，從而完成了五十年代初以來在新民主主義的歷史敘述框架內對魯迅歷史內涵與形象的「重構」。

　　然而，考察許壽裳版與魯博版兩部魯迅年譜歷史敘述的構成，我們不難發現，許壽裳版魯迅年譜與魯博版魯迅年譜存在著不少的共通之處。首先，二者在框架結構上幾乎完全一致，都以魯迅思想的形成、發展為中心來勾勒魯迅的一生主要經歷；其次，在編撰魯迅經歷的依據上，二者都把魯迅的著作和日記作為重要的參證，許廣平在描述魯迅年譜的編撰過程中就詳細地披露了這一細節，「豈明先生擔任了第一期，即民元以前用陰曆記載的一部分。除了記憶所及，豈明先生還有自己的日記可查，是很方便的。從民元到十四年，是魯迅先生在南京、北京教育部就職的時候，不久許先生也在通部辦公，以後生活，都時常見面，中間女師大掌教，也是因許先生做該校校長而以友誼關係入校相助的，所以這一期的年譜，許先生擔任是最適合的了。而且這時按年都有日記，存在北平，許先生參考執筆，也幫助不少。至於十五年以後的日記，則在上海，所以許先生叫我可先寫草稿，請他改正」〔註 26〕，而魯博版年譜在這方面則下了更大的工夫，不但認真閱讀了魯迅本人的著譯、日記、書信等第一手文字資料，還參考了魯迅保存的聘書、剪報、來函、契約等大量文物」〔註 27〕。

〔註 26〕許廣平《〈魯迅年譜〉的經過》，《宇宙風》（乙刊），1940 年 9 月 16 日，第三十九期。

〔註 27〕陳漱渝：《〈魯迅年譜〉（四卷本）得失談》，《辭書研究》1989 年第 3 期。

　　而在搜集魯迅思想與生活的旁證資料上，許壽裳版年譜與魯博版年譜都
非常重視從魯迅身邊親近之人的回憶中搜集材料，許壽裳曾因周作人所提供
的魯迅早期年譜太簡單，而特意從魯迅母親那裏挖掘出「哭妹」、「均贏」、「胡
羊尾巴」三則材料編入年譜中，這三則在當年曾被周作人批評為「讚揚塗飾
之辭」而產生「爭議」〔註28〕的材料毫無疑義地被收錄進魯博版的魯迅年譜
中；而周作人、許壽裳、許廣平作為魯迅青年、中年和晚年三段生活時期的
重要見證人，其敘述本身就是作為「第一手材料」而存在的重要旁證資料，
魯博版年譜的編撰者們都意識到與魯迅同時代的周作人、許壽裳和許廣平等
人歷史敘述的重要性，「原版《魯迅年譜》的主編李何林先生和曾擔任顧問的
王瑤先生不時告誡編撰者：年譜的史料必須翔實可靠，儘量採用第一手材料。
所以我們不僅看了大量回憶者和研究者的文章，而且儘量去核對、查找、挖
掘最原始的第一手材料」〔註29〕。

　　再次，在具體的編排上，許壽裳版年譜中周作人、許壽裳與許廣平三人
合編的次序分別對應了魯迅三個時期的生活，而魯博版年譜在魯迅民元前的
這段經歷誠如編撰者所說的，「充分利用了周作人日記提供的線索」和許壽裳
對魯迅日本留學時期的部分回憶，在民國初年到 1926 年魯迅南下以前，則以
魯迅的日記、著作還有其它魯迅周圍的親友回憶、書信為主，而在魯迅南下
廣州，到最後定居上海以後則以許廣平的《欣慰的紀念》、《關於魯迅的生活》、
《魯迅回憶錄》和馮雪峰的《回憶魯迅》、《魯迅回憶錄》等人的幾本回憶敘
述為主，在魯迅一生思想、生活的轉折點上，魯迅身邊的親人、朋友、學生
的回憶敘述都充當了重要的旁證，而使得魯迅在各個時期思想發展變化上的
根據變得清晰可尋。

　　由此可見，通過幾本提綱挈領式的回憶錄與歷史敘述，魯迅與其同時代

〔註28〕許壽裳給許廣平的一封信件詳細地披露了這次魯迅年譜編撰原則之爭，「年譜
　　　　前期敘述太略，裳因於星期日特往謁太夫人，新得若干材料，加入後，送宣
　　　　明核定，不料回信云：『尊稿奉還，唯為添注一處，乞察收。鄙意此譜還以由
　　　　兄單獨出名為宜，已擅將凡例塗改矣。蓋弟所寫者本只百分之一二，只算供
　　　　給材料，不必列名，且讚揚塗飾之辭，係世俗通套，弟意以家族立場，措辭
　　　　殊苦不稱，如改為外人口氣，則不可笑也。』（我不知何其所見而云然。哭妹
　　　　及均贏及胡羊尾巴，均得之於太夫人口授材料，非我之私言也。）裳意不欲
　　　　勉強，徑由個人出名亦可。」
〔註29〕原版指 1981 年版《魯迅年譜》，姚錫佩《增訂本〈魯迅年譜〉的遺憾》，《魯
　　　　迅研究月刊》2001 年第 3 期。

人所提供的歷史材料、歷史敘述已經成為魯博版魯迅年譜的重要支撐，而許版魯迅年譜的歷史敘述由於是周作人、許壽裳與許廣平三人所組成，這更體現出魯迅同時代人對其敘述已經成為了魯迅年譜的主體敘述，也就是說「魯迅圈子」〔註 30〕的各種歷史敘述實際上已經充當了描述許壽裳版魯迅年譜與魯博版魯迅年譜關於魯迅思想進程的一個重要來源和旁證，甚至可以不無誇張地說，整部魯迅年譜都是由「魯迅圈子」的「歷史敘述」所「建構」起來的。然而，問題在於，許壽裳版魯迅年譜與魯博版魯迅年譜同樣都是以「魯迅圈子」中的大量歷史敘述為主體的年譜，何以會出現「兩個魯迅」：作為「啟蒙者」的魯迅與作為「革命者」的魯迅？而 1981 年魯博版的魯迅年譜又是通過什麼方式來完成對魯迅「異質」的重構？它是如何重構的？

　　海登·懷特曾指出，「歷史學家對編年史中的『事件』進行選擇、排除、強調和歸類，從而將其變成一種特定類型的故事，也就是通過『發現』、『識別』、『揭示』或『解釋』而為編年史中掩藏的故事『編排情節』，從而把編年史中羅列的『事件』變成一個個可以辨認的『故事』」〔註 31〕。具體應用到魯迅年譜的編撰過程中，我們發現，魯迅年譜編撰者們正是通過把「編年史」中最小的單位「事件」，重新進行「選擇、排除、強調和歸類」，從而把魯迅的「編年史」變成一種特定類型的故事的。這從許壽裳版魯迅年譜對魯迅後期生活中傾向於「革命」的「事件」剪裁的過程中就很能說明許壽裳版年譜是如何把魯迅的「編年史」變成一種特定類型的「故事」的。許廣平為了「體裁一律」而通過幾次「刪減」〔註 32〕而成的後期魯迅年譜，就連魯迅在上海參加過帶有革命傾向的「三盟」活動，並且作為主要發起人都顯得語焉不詳〔註 33〕，

〔註30〕特指魯迅同時代人與魯迅在生活上、思想上關係密切的人。

〔註31〕（美）海登·懷特（Hayden White）著，陳永國、張萬娟譯，《後現代歷史敘事學》，中國社會科學出版社 2003 年。

〔註32〕「而末期的生活，對於民族解放思想的努力，各方面的人事關係，是沒法太簡化的，所以第一次我的草稿拿來和許先生寄下的對照一下，為了體裁一律，就刪去了一大半，後來又刪了不止一次。關於實際參加工作方面，還請了和他一通參加過的 F 君訂正了不少，然後再寄給許先生改正。所以結果雖然通體一律，細看還是後來較繁的。」見許廣平《〈魯迅年譜〉的經過》，《宇宙風》（乙刊），1940 年 9 月 16 日，第三十九期。

〔註33〕如在「自由大同盟」的「事件」下，並沒有列出魯迅的參與和作為列名的發起人，僅記述為「二月『自由大同盟』開會成立」，把「自由大同盟」的成立看作是與魯迅無關的一個社會事件，而在接著的「左聯」事件中，僅記述為「三月二日參加『左翼作家聯盟』成立會」，魯迅作為「左聯」的領袖在當時

更不用說到 1936 年持續了幾個月的「兩個口號之爭」之類敏感的政治事件，而「兩個口號之爭」作為魯迅與左翼文學陣營矛盾的激化，同時作為最能體現魯迅的文學與政治傾向的事件，在許壽裳版年譜中竟然沒有「記述」，這確實不能不體現出許壽裳編撰年譜時的儘量「剪除」魯迅與革命活動有關的事件，淡化與革命事件關係的總體傾向有關。

　　相對於許壽裳版魯迅年譜在材料上所做的「減法」，魯博版魯迅年譜則是在與魯迅「革命」傾向相關的材料上大做「加法」，在魯迅後期的生活中，不但大量地挖掘、補充魯迅與「革命」有關的人事關係、社會活動等材料，把魯迅後十年上海的生活膨脹成為佔據年譜中一半的分量，而且把魯迅在北京、廈門、廣州與上海時期的寫作活動、社會活動緊密地與「革命」的傾向聯繫在一起，這在敘述 1975 年中山大學發現魯迅 1927 年 4 月 10 日的佚文《慶祝滬寧克復的那一邊》這一事件上體現得最為明顯。魯博版魯迅年譜對此評價說：

> 在一片歡慶的鑼鼓聲中，魯迅清醒地看到在北伐高潮中依然潛伏著失敗的危機，他以列寧的觀點作為立論的指導，指出，在勝利的「那一邊」，在「黑暗的區域裏，反革命者的工作也正在默默地進行」；「最後的勝利，不在高興的人們的多少，而在永遠進擊的人們的多少」。他高度稱讚「俄國究竟是革命的世家，列寧究竟是革命的老手，不是深知道歷來革命成敗的原因，自己又積有許多經驗，是說不出來的」。……這篇文章整段轉引了列寧的觀點，並用以分析中國革命的形勢，總結階級鬥爭的歷史經驗和教訓，是魯迅思想發展的鮮明標誌之一。〔註 34〕

　　魯博版年譜在對魯迅佚文「斷章取義」式的「引述」中，把魯迅變成了一個能預知國民黨將要發動「四一五」反革命政變的預言者，又因魯迅文章中「整段引了列寧的觀念」，而認為這是魯迅思想上轉向「共產主義」信仰的一個重要證據。在魯博版魯迅年譜對魯迅佚文、社會活動關係的挖掘、補充之中，魯迅新文化運動以後的思想從逐步馬克思主義化到一躍而成為馬克思

　　上海的各大報刊報導中，可謂是盡人皆知的事件，而許壽裳版年譜卻「故意」把魯迅的這些革命傾向都刪減掉。

〔註 34〕魯迅博物館、魯迅研究室編《魯迅年譜》第二卷，人民文學出版社，1983 年，第 388～389 頁。

主義者的轉變是毫無疑義了，而魯迅在上海時期與左翼文學陣營中的矛盾卻也通過淡化魯迅與左翼文人之間的矛盾而使魯迅的「革命」思想與從事「革命」活動取得了很好的一致性。

　　編年史中「事件」的取捨固然能產生歷史敘述的傾向性並將其精心塑造成「一個特定類型的故事」，從而把魯迅的「故事」變成關於一個純粹「啓蒙者」的故事或「革命者」的故事。而兩部魯迅年譜對同一範疇的事件重新「編排情節」，並賦予其不同的意義，卻更能消除這種「編造」痕跡的影響。如在對魯迅新文化運動時期代表作之一的《阿 Q 正傳》的解釋上，魯博版魯迅年譜不但與許壽裳的解釋分歧很大，也與魯迅的原意相去甚遠。魯迅在《阿 Q 正傳》的創作緣由時提到：

> 據我的意思，中國倘若不革命，阿 Q 便不做，既然革命，就會做的。我的阿 Q 的運命，也只能如此，人格也恐怕並不是兩個。民國元年已經過去，無可追蹤了，但此後倘再有改革，我相信還會有阿 Q 似的革命黨出現。我也很願意如人們所說，我只寫出了現在以前的或一時期，但我還恐怕我所看見的並非現代的前身，而是其後，或者竟是二三十年之後。〔註35〕

　　許壽裳對《阿 Q 正傳》及魯迅寫《阿 Q 正傳》的成因作了高度的概括和引申，「魯迅在創作裏面，暴露社會的黑暗，鞭策舊中國病態的國民性，實在很多。例如有名的《阿 Q 正傳》是一篇諷刺小說。魯迅提煉了中國民族傳統中的病態方面，創造出這個阿 Q 典型。阿 Q 的劣性，彷彿就代表國民性的若干面，俱足以使人反省。魯迅對於阿 Q 的劣性如『精神勝利法』等等，固然寄以憎惡，然而對於另外那些阿 Q 如趙太爺之流，更加滿懷敵意，毫不寬恕。他利用了阿 Q 以詛咒舊社會，利用了阿 Q 以襯托士大夫中的阿 Q，而回頭看一向被趙太爺之流殘害榨取，以至赤貧如洗，無復人形的阿 Q 本身，反而起了同情。但是爲了整個民族的前途著想，要蕩滌舊污，創造出『中國歷史上未曾有過的第三樣時代』（從前只有兩樣時代：一、想做奴隸而不得的時代，二、暫時做穩了奴隸的時代。——見《墳・燈下漫筆》），阿 Q 的劣性必須首先剷除淨盡，所以非徹底革命不可。」〔註36〕

〔註35〕魯迅，《〈阿 Q 正傳〉的成因》，《魯迅全集》第三卷，人民文學出版社，2005年，第 397 頁。

〔註36〕許壽裳《魯迅與民族性研究》，收於倪墨炎、陳九英《許壽裳文集》上卷，百

　　而魯博版年譜則更為看重阿 Q 的「農民」身份特徵與《阿 Q 正傳》關於「階級鬥爭」的內容，「小說通過主人公流浪雇農阿 Q 的命運，深刻反映了辛亥革命前後江南農村的生活面貌。它揭露了地主階級對農民的殘酷的剝削和壓迫，批判了由於長期的屈辱地位和統治階級思想的毒害而造成的阿 Q 的變態性格和心理──『精神勝利法』。作者是把這種精神上的弱點，當作當時大多數國民所具有的弱點來批判的，目的是希望加以改革。作品著力描寫了阿 Q 在辛亥革命消息的激發下『神往』革命，要求『造反』，但終於連阿 Q 式的幼稚的革命要求也遭到投機革命的反動勢力的扼殺，被推上了斷頭臺的悲劇，批判了辛亥革命的不徹底性。作品還塑造了趙秀才、錢洋鬼子等從害怕革命到投機革命以至破壞革命的反面形象，從而向讀者揭示：革命必有投機者的潛入，要提高警惕。總之，《阿 Q 正傳》以生動形象的藝術畫面，總結了辛亥革命要求的歷史教訓，尖銳地提出了啟發農民革命覺悟和滿足農民的革命要求的問題，這在我國由舊民主主義革命轉變到新民主主義革命時期，無疑有著重大的現實意義和深刻的歷史意義。」〔註37〕

　　《阿 Q 正傳》從魯迅著重對國民性的批判，到許壽裳對魯迅「國民性批判」意義的闡發，再到魯博版年譜對阿 Q 式「農民革命」的強調，魯博版年譜在對魯迅作品的重新闡釋時，賦予了其以新的內涵，而其在對《吶喊》、《彷徨》、《野草》等帶有農民身份特徵的人物都用以「階級鬥爭」的標準來揭示其所受的階級壓迫時，「通過『發現』、『識別』、『揭示』或『解釋』而為編年史中掩藏的故事『編排情節』，從而把編年史中羅列的『事件』變成一個個可以辨認的『故事』」〔註38〕，進而把魯迅作品中原有的內涵極大地簡化成關於「革命」與「階級鬥爭」的「故事」。這正如海登·懷特所說的，「一個歷史學家作為悲劇而編排的情節，在另一個歷史學家那裏可能成為喜劇或羅曼司」〔註39〕，而這與魯博版魯迅年譜對魯迅形象的重構有異曲同工之妙。

　　通過對兩部魯迅年譜的細緻剖析，我們發現，魯博版魯迅年譜這種「內

　　　　家出版社，2003 年，第 221 頁。
〔註37〕魯迅博物館、魯迅研究室編《魯迅年譜》第二卷，人民文學出版社，1983 年，第 60 頁。
〔註38〕海登·懷特（Hayden White）著，陳永國、張萬娟譯，《後現代歷史敘事學》，中國社會科學出版社 2003 年。
〔註39〕海登·懷特（Hayden White）著，陳永國、張萬娟譯，《後現代歷史敘事學》，中國社會科學出版社 2003 年，第 75 頁。

化」的「情節編排」，把魯迅的「編年史」進一步「故事化」，不但賦予了魯迅編年史中的事件以新的意義，而且還讓後來的讀者、研究者更容易相信這才是他們所接觸到的真實的魯迅，從而達到其重構魯迅形象的目的。從這裏我們也可以看到，「情節編排」模式在「魯迅圈子」歷史敘述中對於「故事內核」的「形成」與「建構」所發揮的巨大作用，然而，同樣不可忽視的是「魯迅圈子」中被意識形態化的歷史敘述也會對「形塑」另一個「異質」的魯迅起著不可替代的「橋接」作用。「意識形態」作為歷史敘述更深層的本質構成之一，其影響幾乎無處不在。盧卡契早在 1936 年論述意識形態與敘述的關係就曾指出，「沒有意識形態，作者永遠不能敘述或建構一個可理解的、結構清晰的、多層面的史詩性作品」〔註 40〕，在強調「意識形態」對話語敘述的作用方面，盧卡奇的觀點雖然不無偏激，認為敘述是「意識形態」在話語中的反映，敘事話語是意識形態生產的手段，把話語敘述完全淪為「意識形態」的附庸，但從「意識形態」對話語敘述尤其是歷史敘述的統攝力來看，「歷史敘述」與「意識形態」的關係也確如克羅齊所言的「一切歷史都是當代史」一樣密不可分。魯博版魯迅年譜的編撰者們無疑受到當下意識形態的影響，其歷史敘述的傾向性也相當的明顯，但作為「史料」部分的「魯迅圈子」歷史敘述如果沒有與編撰者們的意圖相結合的話，其「真實性」則大打折扣，因此「魯迅圈子」歷史敘述的「橋接」功能就顯得非常的重要了。20 世紀以來，「意識形態」在歷史中頻繁的變動才讓我們得以窺探到「魯迅圈子」歷史敘述與當下意識形態「橋接」時所留下的「縫隙」。

　　許廣平在 1961 年版的《魯迅回憶錄》中「悲憤」地敘述了魯迅 1927 年 9 月離開廣州時的心情：「為了新的勝利，他痛心疾首地離去了當時由革命策源地一變而為反革命策源地的廣州。面對著這座由共產黨員和革命青年的鮮血染遍，由反革命劊子手的血手污染的城市，魯迅餘怒未息地對我說：『一同走吧！還有什麼可留戀的！』就這樣，我們終於在一九二七年九月二十七日離開廣州，共同向未來的戰鬥陣地——上海去了。」〔註 41〕魯博版魯迅年譜在敘述魯迅這一段「歷史」時，原封不動地採用了這段許廣平的敘述，並且與魯迅對國民黨反動派發動「四一五」反革命政變的態度連接起來，從而順理

〔註40〕盧卡契《敘述與描寫——為討論自然主義和形式主義而作》，《盧卡契文學論文集》，中國社會科學出版社 1980 年 7 月版

〔註41〕許廣平《魯迅回憶錄》，作家出版社，1961 年版。

成章地表達了魯迅的「悲憤」與堅決反對國民黨的立場。但是，我們對照周
海嬰在 2010 年主編出版的許廣平 1961 年《魯迅回憶錄》的手稿，許廣平所
描述的魯迅「悲憤」心情卻是另外一個版本：「『爲了走向共同的事業，爲了
訣別這革命策源地成爲當時黑暗的舊的惡勢力所佔有，他勸我也走出廣東，
1927 年的 10 月我們指向上海的目標前進。』（手稿注明：手稿末頁左旁白處
標注有某人評點的若干意見：對清黨？？有準備　發揮目瞪口呆這一段　著
作爲證　對清黨　一同走吧尚有何留戀　對清黨之痛恨）」〔註42〕。在周海嬰
所提供的許廣平原稿中清晰地顯示了《魯迅回憶錄》被修改的過程以及如何
被修改的，原稿中並沒有出現的「面對著這座由共產黨員和革命青年的鮮血
染遍，由反革命劊子手的血手污染的城市，魯迅餘怒未息地對我說：『一同走
吧！還有什麼可留戀的！』」等話語，卻爲適應當時意識形態的需要而「恰如
其分」地被添加進去，而魯博版魯迅年譜卻不加區分地採用了許廣平的歷史
敘述，甚至可以說，正是這本被修改了的《魯迅回憶錄》「暗合」了年譜編撰
者的意圖，從而成爲編撰者們敘述魯迅思想轉變的一個重要「依據」。這種內
在於「意識形態化敘述」內部的「歷史敘述」若非因意識形態在歷史中頻繁
變動，以及八十年代以來歷史敘述的去意識形態化，我們也是難以窺探出「魯
迅圈子」歷史敘述中「橋接」的秘密。

　　由此可見，「情節編排」模式與被「意識形態化」的歷史敘述是魯博版魯
迅年譜重構魯迅形象於內涵的重要方式和途徑，而這一切都是建立在「魯迅
圈子」歷史敘述的基礎之上才得以實現的。「魯迅圈子」的歷史敘述在魯迅研
究史上扮演著支撐起魯迅歷史內涵與形象的作用，其重要性不言而喻，然而
需要進一步追問的是，這些歷史敘述是在何種歷史背景下形成的？對於它們
在還原魯迅歷史的同時又被摻雜進「當下魯迅」意識形態建構過程中的特殊
性，是像以往一樣把它看作魯迅研究的「客觀材料」還是應該予以重新的認
識？而這種在蕪雜而多重力量角逐下的歷史敘述是否眞的能讓我們更接近
1881 至 1930 年代的魯迅，還是又一種關於魯迅歷史的「故事新編」？這些問
題的提出，都成爲我們今天重新來研究「魯迅」、「魯迅圈子」與魯迅形象重
構的起點。

〔註42〕注：周海嬰版原文如此。周海嬰主編、許廣平著《魯迅回憶錄》，長江文藝出
　　　　版社，2010 年出版，第 89 頁。

第 2 章 「魯迅圈子」的形成與出現

2.1 「魯迅圈子」的形成

　　「圈子」一詞在漢語大詞典中解釋爲「集體的範圍或活動的範圍」，有明顯的界限之分。所謂「物以類聚，人以群分」，動物界與人類社會都有著各種不同的「圈子」的存在。人類社會「圈子」中的「文人圈子」是中國知識群體中一種獨特的文化現象。中國的文人群體自古以來就有聚會結社之風。早在春秋戰國時期，曾子的「以文會友，以友輔仁」之說就賦予了文人聚會道義上極高的合法性。東漢末年以後，傳統的文人聚會結社制度開始正式形成規模，西晉的「竹林七賢」、南朝的「竟陵八友」等文人團體的相繼出現，不但使文人會社有了典範的模仿對象，也使得文人聚會結社的風氣從最初宮廷、貴族間詩文唱和式的自娛自樂開始在民間得以廣爲流佈。明清之際，由於有錢、有閒的市民階層知識分子的增多與文人聚會結社制度的逐步完善，文人群體間的聚集開始有了自覺的群體歸屬意識，也即是「圈子」、「群體」〔註1〕

〔註 1〕明清時期的文人群體開始有了明確的「結社」的意識，「如明代的『小瀛洲詩社』（嘉靖年間，海鹽人徐咸致仕後所辦）、『海岱詩社』（嘉靖年間青州人石存李、藍田致仕後所辦）、『應社』（明末太倉人張溥、張采主辦）、『復社』（爲應社之後身，具有政治傾向）等，都已以『社』定名，且一般都帶有相當明確的宗旨，從總體上完備了文人結社的基本制式。清代的文人會社最爲繁密，有比較大影響的可以百計。即順治間的浙江鄞縣這樣一個小地方，幾乎同時就有『南湖五子社』、『西湖七子社』、『西湖八字社』、『南湖九子社』等文人會社。」（朱壽桐《中國現代社團文學史》，人民文學出版社，2004 年，第 26 頁。）

的歸屬意識，明代文學家方九敘在《西湖八社詩帖序》一文中很明確地指出了文人的「人以群分」這一群體特徵：「士必有所聚。窮則聚於學，達則聚於朝，及其退也，又聚於社，以託其悠閒之跡，而忘乎闃寂之懷，是蓋士之無事而樂焉者也。」〔註2〕

埃斯卡皮在《文學社會學》一書中也曾指出文人群體作爲一個特殊的社會階層而具有「封閉的」「圈子」屬性：「早先，文人們組成了某種封閉的等級社會，今天，它既不與某一階級、也不與某一階層同化，甚至也不加入一個社會職業團體。也許可以這樣給文人們下定義：這些人接受過智力培養，有相當高深的美學造詣，因而有能力作出個人的文學評判，並有足夠的閑暇時間從事閱讀，有經濟條件經常購買書籍」，「這個文人群體從前是屬於貴族的。後來它又同有文化教養的市民階層融爲一體，而市民階層的文化堡壘就是古典式的中學教育。如今，這一群體中又補充進了腦力勞動者（特別是從事教育的人，它們組成了文人群體的主力），藝術勞動者，以及由初級教育或現代教育培養出來的一部分體力勞動者（其實是很小一部分）。這個文人群體同我們所說的『文學階層』相符合，這一階層中聚集著大多數作家，以及所有同文學事實有關的人。即從作家到大學裏的文學史家，從出版商到文學批評家。這些『搞』文學的人統統都是文人。文學事實以封閉方式在這個群體內展開著」。〔註3〕文人群體內部存在著這種「天然」的「圈子」屬性，不但是文人間渴望更多思想交流，促進文學發展的需要，同時也是市民階層不斷發展、壯大的結果。

「文人圈子」作爲一個知識群體出現，有其特殊的形成機制和組織形式。朱壽桐在《中國現代文學社團史》一書中指出，中國古代文人會社組織的基本條件和基本模式一般有四個條件，即有閑（情逸致）、有權、有錢與有資質（資格或資歷）。其中有閑情逸致是共同的條件，也是必須具備的條件。至於其它的三個條件，即有權、有錢和有資質，則是組織者和參與者的備選條件。也就是說，組織者和參與者只要有了聚會結社的興趣和閑情逸致，其它三個條件只要有一項滿足即可：有權威者可以贏得文人們的擁戴，有財力者可以

〔註2〕方九敘《西湖八社詩帖序》，轉引自孫立群著《中國古代的士人生活》，商務印書館，2003年，第196頁。
〔註3〕埃斯卡皮《文學社會學》，王美華、于沛譯，安徽文藝出版社，1987年，第53頁。

通過獎募和金錢刺激的方式吸引讀書人，有相當資質者可以憑藉自己的名望招致有雅興的人士〔註4〕。而「文人圈子」發展到近現代社會，其形成條件不再依賴於傳統文人的閒情逸致和特殊的經濟基礎等條件，「圈子」同人的文學理想〔註5〕、文學主張等因素反而更容易促成文人群體緊緊團結在一起，因而其組織形式和傳播方式也相應地發生了很大的變化。

　　首先，「圈子」的組織形式變得更爲嚴密，出現了更爲成熟的社團組織形式。傳統的文人會社成員結構鬆散，自由隨意，大多數沒有明確的宗旨和規章制度，而現代的文學社團不僅有明確的結社宗旨，致力的目標，社員之間還實行分工負責制，具有明確的規章制度和管理制度等。文學研究會的成立宣言就聲明，「我們發起這個會，有三種意思，要請大家注意。一，是聯絡感情。我們發起本會，希望不但成爲普通的一個文學會，還是著作同業的聯合的基本，謀文學工作的發達與鞏固：這雖然是將來的事，但也是我們的一個重要的希望。二，是增進知識。我們發起本會，希望漸漸造成一個公共的圖書館研究室及出版部，助成個人及國民文學的進步。三，是建立著作工會的基礎。我們發起本會，希望大家時常聚會，交換意見，可以相互理解，結成一個文學中心的團體」〔註6〕，最後，「文學研究會」還大聲呼籲，「希望同志

〔註4〕朱壽桐《中國現代社團文學史》，人民文學出版社，2004年，第27頁。

〔註5〕程光煒在分析二十世紀二十年代初至四十年代末出現眾多「文人圈子」、「文人集團」的成因時指出，「形成上述『派別』或『集團』的，不外是這幾個因素：一是文學觀念的分化，導致了現代文人的『聚合』，在此基礎上出現了一個新的作家群體；二是相近的『大學』、『籍貫』和『留學』背景，也容易形成相同的社會意識、審美觀念，孕育出一個個『文學圈子』；三是政治、市場、文學的運作和傳播方式，也會促發一個文學流派、文人集團的生成和發展。這樣的例子，在1917到1949年間風雲變幻的中國現代文學中，是不勝枚舉的。」「簡單地說，這20年間因文學觀念的分裂而促成的文人圈子有《新青年》群體、《甲寅》群體和《學衡》群體，因『大學』、『籍貫』和『留學』背景而聚合的，有『語絲』派（浙江）、『現代評論』派（湖南）、清華作家群、『自由主義』作家（留學歐美）、『左翼』作家（留學日俄），因政治、市場和文學的傳播方式而形成的文人團體，則有『延安文人』、『國民黨派作家』、『鴛鴦蝴蝶派』、『新通俗文學』、『京派』作家和『海派』作家等。觀察和研究不同的文人集團形成的各種複雜原因，對我們瞭解中國現代文學發展中的矛盾和衝突，有很大的參照價值。」程光煒《多元共生的時代——試論四十年代的文人集團》，《海南師範大學學報》，2003年第4期。

〔註6〕《文學研究會宣言》，原載《小說月報》第12卷第1號，1921年1月10日，收於賈植芳等主編《文學研究會資料（上）》，知識產權出版社，2010年，第3頁。

的人們贊成我們的意思，加入本會，賜以教誨，共策進行」〔註7〕。朱壽桐指出，文學研究會成立時的文獻與組織機構都相當完備，發表了《文學研究會宣言》、《文學研究會簡章》（即章程），改革了《小說月報》，創辦了《文學旬刊》等刊物，「還規定了相當嚴密的組織程序，包括公佈 12 個發起人，包括設立『書記幹事，會計幹事』之類的組織機制，包括『組織讀書會』，『設立通信圖書館』等，此外還試圖建立各種專題研究機構。可見這是一個有組織、有計劃且有相當規模的文學社團。」〔註8〕

　　其次，「文人圈子」文學傳播形式的改變，使「文人圈子」間的文學與思想傳播得更快更廣，其受眾也越來越多。傳統的文學傳播是集會上的詩文酬唱、結集流傳等方式，這種傳播方式也僅限於圈子內流傳。而現代的文學社團主要以辦報紙、辦雜誌等公開出版物的方式傳播，其受眾是文人知識群體中的大部分讀者，傳播範圍明顯要比前者廣得多。刊物這一新媒體的出現，可以說引發了文學傳播的一場革命。刊物作為現代文人圈子向讀者與社會發言的載體，起著凝聚社會成員精神的作用。劉納指出，「刊物對於文學社團的重要性是不言而喻的。有了刊物才有『社』，刊物是『社』的凝聚力之所在，刊物是『社』的形象的體現，刊物是使『社』立足於文壇的唯一方式，刊物幾乎就是社團的一切」〔註9〕，而朱壽桐在對比傳統文會與現代文學社團的區別上則進一步指出，傳統的文會以文人雅集或詩文薈集為基本運行方式，而現代文學社團則以現代傳播媒體為基本運作載體。作為一種文學存在方式的刊物已經從純粹的文本流傳轉為現代的傳播媒體，文學傳播方式的改變使得現代文人之間的交往更方便、更頻繁，同時也使得傳統文人集會的那種情趣橫生的雅集方式失去了存在的理由和條件。報紙刊物等現代傳媒為現代文人發表各自言論與作品提供了很大便利，迫使文學遠離了悠閒自在的運行模態，文學不再僅是精神餘裕的產物，還與現實生活、時事等聯繫越來越緊密，所有的文人以及文學社團都不得不處於「有所為」的狀態。〔註10〕晚清《時

〔註7〕《文學研究會宣言》，原載《小說月報》第 12 卷第 1 號，1921 年 1 月 10 日，收於賈植芳等主編《文學研究會資料（上）》，知識產權出版社，2010 年，第 3 頁。

〔註8〕朱壽桐《中國現代文學社團史》，人民文學出版社，2004 年，第 74 頁。

〔註9〕劉納：《社團、勢力及其它——從一個角度介入五四文學史》，《中國現代文學研究叢刊》，1999 年第 3 期。

〔註10〕朱壽桐《中國現代社團文學史》，人民文學出版社，2004 年。

務報》、《國聞報》、《新民叢報》、《民報》等各大報刊的創辦在宣傳各種政論主張的同時，也帶動了文學的翻譯和傳播。而各種文學社團的成立，更有著自己的刊物。創造社成立之初就是由於幾個在日本的中國留學生一拍即合地想要創辦文學刊物，發表自己的聲音，而創造社在 1924 年 5 月 9 日《創造周報》出終刊號，同樣是因爲刊物的難以爲繼而自行解散。由此可見，刊物是社團的靈魂和核心所在。

再次，報刊批評空間的開創與知識分子「承擔」意識的覺醒，使文人的身份意識發生了極大的變化。晚清報業的發展極爲迅速，「從 1873 年到 1894 年的 20 年間，是中國近代報紙實踐初步建立並日趨活躍的一個時期。這一實踐形式改變了傳統知識分子著書立說和書函往來的單向而又有限的思想交流和知識傳播方式，儘管上述 20 年間，清政府的報禁依然很嚴，近代新型知識者的報紙實踐在數量上也相當有限，但作爲一種實踐形式和實踐領域，它的開創意義是重大的。」〔註 11〕而報紙上「文藝副刊」欄目的開闢，在給報紙增添活潑氣氛的同時，也引進了各類針砭時弊的文體，形成一種帶有批評性的話語空間，如《申報·自由談》上的「遊戲文章」，往往在幽默詼諧的調侃當中諷刺當下的時政。李歐梵認爲，報紙上這種批評話語空間的開創〔註 12〕，不僅「將作家從小作坊式的、自產自銷的歷史寫作狀態下解放出來，使他本人和其作品進入哈貝馬斯所說的『公共空間』之中。作家第一次不是以『末技』和『小道』，而是以社會批判家的姿態出現在社會大眾的閱讀視野，它們不僅參與到創建現代民族國家，同時也參與到公眾的大到道德反省、小到日常敘事的過程當中」，而且「還以它巨大的魅力將二三十年代的文壇才子們從大學和個人書齋中吸引出來，投身到它們的生產當中」。〔註 13〕與此同時，傳

〔註11〕 程光煒、劉勇、吳曉東等著：《中國現代文學史》（第 2 版），中國人民大學出版社，2008 年，第 24 頁。

〔註12〕 李歐梵《「批評空間」的開創——從〈申報·自由談〉談起》，見李著論文集《中國現代文學與現代性十講》，復旦大學出版社，2002 年版。他認爲，戊戌變法失敗後，梁啓超等維新分子開始把注意力轉向「社會」這一新的領域，並將之與民風結合在一起，「這種論述方式，事實上已經在開創一種新的社會空間」。到了「五四」，雜誌和報紙副刊的「媒介」作用更爲凸顯，「知識分子的精英心態更強，總覺得自己可以說大話、成大事，反而不能自安於社會邊緣，像早期『遊戲文章』的作者們一樣，一方面以旁敲側擊的方式來作時政風尚的批評，一方面也借助遊戲和幻想的文體來參加『新中國』——一個新的民族群體——的想像的締造。」

〔註13〕 李歐梵《「批評空間」的開創——從〈申報·自由談〉談起》，同上。

統知識分子在變法圖強的要求下「冒死進諫」卻不被理睬的遭遇，則使他們意識到，救國更應該從自我做起，以喚醒更廣大的人民群眾，改變亡國滅種的命運。這種自覺「承擔」國家、民族命運的意識，使傳統的知識分子很快完成了身份意識的轉變，最終走上了救亡圖存的道路。孫中山早年向清王朝上書卻不被採納的遭遇〔註14〕可以很清楚地看出這代最早覺醒的知識分子，正是其自我承擔的意識，改變了他們的身份和救國意識，而意識到「以和平手段，漸進方法」，請求「朝廷」推行「新政」已經沒有希望，要救國只有傾覆清王朝。傳統知識分子「承擔」意識的覺醒以及近現代傳播媒體的誕生，兩者的結合使傳統文人的「身份」和「社會意識」發生了劇烈的變化，他們不再把自己安於原來「衛道」、「盡忠」的附屬角色，而是一變而成為強烈的民族自救的主體。這種意識的覺醒，其結果是促使知識分子紛紛創辦各種社團、刊物，吸引更多的有志青年投入到「救亡圖存」的宏大敘事中去。

在近現代傳媒發展的推動下，以雜誌和報紙副刊為中心的現代文人社團、文人圈子開始逐步形成。自1895年康有為的「強學會」成立以後〔註15〕，「僅在1899年至1911年間，各種公開的結社就多達六百餘個」〔註16〕，而到五四新文化運動後，全國各地興起的學會社團更是呈級數增長，僅文學社

〔註14〕 「1894年，孫中山曾上書給李鴻章，向清王朝提出了『人盡其才，地盡其利，物盡其用，貨暢其流』（《上李鴻章書》）的主張，希望清王朝改革內政，使中國走上獨立富強的道路。個人上書失敗後，他到檀香山，組織了興中會，在華僑中進行救國工作。1895年，在中日甲午戰爭失敗的刺激下，他感到『以和平手段，漸進方法』，請求『朝廷』推行『新政』已經沒有希望，要救國，只有友傾覆清王朝（《倫敦被難記》）」《中國哲學史·孫中山》（第二版）第486頁。

〔註15〕 1895年，中日戰爭失敗給正在京城應試的康有為帶來了很大的刺激，他聯合一千三百多應考的舉人，聯名給皇帝上書，反對賣國投降的條約。這就是近代史上有名的「公車上書」。之後，他自己花錢辦了一個《萬國公報》，又組織了學術團體「強學會」，刊譯外國書報，宣傳新學。

〔註16〕 張玉法《戊戌時期的學會運動》，《歷史研究》1998.（5）。另據桑兵統計，1901～1904年間幾十種報刊雜誌的報導，全國各地「先後建立各種新式社團271個（不含分會）」，「上列271個社團中，127個設於各大都市，州縣以下62個，其餘則設在中小城市」，「從功能上區分，其中教育會21個，不纏足會34個，演說會25個，體育會17個，學生會26個，愛國團體17個，科學研究會18個，文學、戲曲、寫真等藝術團體16個，婦女團體16個，實業團體17個，衛生及風俗改良組織8個，師範研究會5個，宗教性社會團體1個，其餘為混合型，幾乎涉及各個領域」（桑兵《清末新知識界的社團與活動》，生活、讀書、新知三聯書店，1995年，第276頁）。

團、文學圈子就已經大有遍地開花之勢，據茅盾的不完全統計，到 1925 年全國各地就有一百多個文學社團成立。〔註 17〕二十世紀「五四」時期的《新青年》文人團體、「新潮社」北大學生團體、《甲寅》文人團體、20 年代「語絲派」文人團體、「現代評論」派文人團體，30 年代的「左翼」作家群、「京派」作家群、「現代主義」作家群和「通俗文學」作家群等規模較大社團的相繼出現，使得「文人圈子」的活動既透露出「山頭主義」、「宗派林立」的硝煙味同時又給新文學的發展帶來了蓬勃的生機。

社團的紛紛興起給近現代的知識分子提供了更多、更大的發展空間，知識分子們也因各種社團的創辦從而有了更多選擇的餘地。魯迅作為近現代的一名愛國知識分子，在其留學日本之初就受到各種愛國學生運動思潮的影響，從而迅速被一些愛國知識分子團體吸納進去，開啟了魯迅的「文人圈子」生涯。

魯迅最早參與的文人團體是「浙江同鄉會」。該會為浙江籍留學生及在日本遊歷或僑居日本者所組織，於 1902 年 11 月由魯迅與許壽裳、陶成章、厲綏之、張邦華等浙江籍留日學生一百零一人在東京共同組成的，並於 1903 年 2 月 17 日出版會刊《浙江潮》。「浙江同鄉會」的成立不但使初到日本不久的魯迅找到了一個大集體，同時也使他結識了不少志同道合的朋友，許壽裳作為魯迅一生中重要的摯友，正是在這一時期與魯迅建立了良好友誼關係，並於日後給予魯迅極大的幫助，成為「魯迅圈子」中重要的人物。而其它的同鄉如張邦華、陳衡恪、顧琅、伍崇學等人或成為魯迅日後重要的文友，或成為教育部的同事，都與魯迅建立了比較深厚的友誼關係，成為後來「魯迅圈子」中人的組成部分。

「浙江同鄉會」對魯迅產生的影響遠遠不限於此，隨著「浙江同鄉會」的不斷擴大，一些有名望的浙江鄉賢也迅速被吸納進來，蔡元培與章太炎的相繼到來，不但為「浙江同鄉會」帶來了兩位思想領袖，增強了「同鄉會」的凝聚力，他們所擁有高等的社會地位與強大的政治權力同時也改變了不少「同鄉會」會員的人生道路走向，魯迅就是其中的一員。魯迅與蔡元培最早的接觸大概始於 1904 年冬，蔡元培與龔寶銓等在上海成立反清革命團體光復

〔註 17〕據茅盾根據《小說月報》各期的《國內文壇消息》統計，到 1925 年間，全國各地先後成立的社團，僅「文學團體及刊物」，就「不下一百餘」個，「而當時《小說月報》則只據收到的刊物或通訊，未嘗有意去搜集，因此實際上從民國十一年到十五年這時期內全國各地新生的文學團體和刊物也許還要多上一倍」，（茅盾《新文學大系·小說一集導言》）。

會時，而他們的直接交往則要到 1912 年初蔡元培被孫中山任命爲國民政府的
教育總長時，魯迅通過許壽裳向蔡元培的推薦，於 1912 年 4 月到南京教育部
上任，從而擺脫了在紹興光復後受排擠的命運。1912 年後的《魯迅日記》記
錄了魯迅與蔡元培長達 24 年的交往歷史〔註18〕，也給世人展現了魯迅與蔡元
培深厚的友誼。蔡元培在人事關係上對魯迅影響頗深，如果沒有蔡元培對魯
迅的器重以及關懷，魯迅很可能在 1912 年教育部遷往北京時就被教育部次長
暗中「刷掉」，而難以進入北京的文化圈。1916 年蔡元培被任命爲北大的校長，
蔡元培請魯迅設計北大的校徽，其後又聘請他擔任北大教授，講授中國小說
史。也正是由於蔡元培的從中穿插，魯迅才得以順利地進入北大的文化圈子，
包括進入後來產生影響很大的《新青年》文化社團等，蔡元培對魯迅的提攜
與幫助直接改變了魯迅的任職生涯與文化環境，以至有不少研究者認爲，「沒
有蔡元培就沒有魯迅」〔註19〕。1906 年，章太炎進入日本的「浙江同鄉會」，
同樣給魯迅帶來了深遠的影響。早在 1903 年，魯迅就已從轟動全國的「蘇報
案」〔註20〕中瞭解到章太炎的爲人、性格與治學，對章太炎獨立不倚的革命
精神敬仰不已，在其後 1907 年創作的《科學史教篇》中，魯迅就曾深受章太
炎思想的影響，而在 1908 年，魯迅更是與幾位朋友一起「從章先生學」。章
太炎曾一度影響過魯迅的革命思想，儘管後來魯迅超越了章太炎的革命思
想，但魯迅在後來的回憶中也曾時時想起這位給他帶來巨大思想影響的革命
先驅〔註21〕。從「浙江同鄉會」這兩位領袖人物可以看出，「同鄉會」中相互

〔註18〕 關於《魯迅日記》中記錄魯迅與蔡元培的交往，可以參考王景山《魯迅日記
和書信中的蔡元培》，《首都師範大學學報》1995 年第 5 期。

〔註19〕 趙朕，王一心著《文化人的人情脈絡》，第 227 頁，團結出版社 2009 年 2 月。

〔註20〕 「章太炎於一九○三年六月（清光緒二十九年，癸卯，閏五月）因在《蘇報》
發表《駁康有爲論革命書》、《〈革命軍〉序》……等文，鼓吹排滿，被清政府
轉請上海租界當局逮捕，囚禁三年，於一九○六年六月（光緒三十二年，丙
午，五月）期滿出獄，即赴日本，任《民報》編輯。同月，魯迅正巧亦由家
重赴日奉，在東京研究文藝。他過去曾讀過章太炎所著的《訄書》和在《蘇
報》發表的文字，這時，又很愛看《民報》，對章的人格和學問，極爲敬仰。
到了一九○八年（光緒三十四年，戊申），《民報》被禁，章太炎集留學生十
餘人，開國學講習會於神田大成中學，魯迅便於此時和幾個朋友，另請章太
炎於民報社講《說文解字》。於是，魯迅和章太炎，由此遂締結了不同於平常
的師生的深厚關係了。」林展《魯迅與章太炎及其同門諸弟子》，朱正《魯迅
史料考證》第 10 頁。

〔註21〕 「我的知道中國有太炎先生，並非因爲他的經學和小學，是爲了他駁斥康有
爲和作鄒容的《革命軍序｝，竟被監禁於上海的西牢。……一九○六年六月出

提攜、深入交流的風氣甚爲盛行，這對於初到日本、人地生疏的魯迅來說，
其所提供的人脈關係網與精神交流所產生的影響就是讓魯迅直接、快速地融
入整個時代氛圍當中，成爲其中的一個活躍分子。

「浙江同鄉會」的「圈子」意識不但給魯迅提供了一個巨大的社交網絡，
同時也對魯迅文學思想的形成產生了一些重要的影響。1903 年「浙學會」在
東京的成立以及籌辦光復會、加入光復會等一系列革命事件進一步激發了魯
迅的革命志向，而 1905 年在浙江同鄉會集會上關於留學生革命何去何從的討
論則使魯迅進一步認清了「激進派」革命存在的危機，魯迅在接觸到秋瑾、
陳天華、王金髮、陶煥章等更多的革命黨人後，對辛亥革命雖有暴力形式卻
沒有充分發動群眾的革命有了更深刻的認識，這些都對魯迅後來「改造國民
性」思想的形成都有著重要的參考作用。

《浙江潮》作爲「浙江同鄉會」的會刊也對魯迅革命思想的形成提供了
一個重要的平臺。《浙江潮》在其創辦之初就顯出浙江籍留學生群體要求參
政、議政的鮮明特色，在其發刊詞中，曾發出振聾發聵的聲音：「嗚呼亡國，
其痛矣！不知其亡，勿痛也；知之而任其亡，勿痛也。不忍任其亡，而言之
而勿聽，而以身殉之而卒勿聽，而國卒以亡，嗚呼！」〔註 22〕「願我青年之
勢力如浙江潮，我青年之氣魄如浙江潮，我青年之聲譽如浙江潮，吾願吾雜
誌亦如之」〔註 23〕，而尤其是許壽裳接編後的《浙江潮》，其「革命」之聲更
是風起雲湧。魯迅對《浙江潮》的關注和投稿，成爲了魯迅進入東京留學生
群體中「文人圈子」的開端。在許壽裳主編的《浙江潮》期間，魯迅自第五
期開始至第十期一連發表文章五篇：第五期的《斯巴達之魂》、《哀塵》；第八
期的《說鈤》、《中國地質略論》；第九期的《斯巴達之魂》與第十期的《地底
旅行》，這些文章體現了魯迅豐富的知識、過人的膽識以及眞摯的愛國熱情，
每發表一篇都會在當時的留學生群體當中引起了極大的轟動，魯迅當年的室
友沈瓞民就曾見證過《斯巴達之魂》誕生時的情形：

> 獄，即日東渡，到了東京，不久就主持《民報》。我愛看這《民報》，但並非
> 爲了先生的文筆古奧，索解爲難，或說佛法，談「俱分進化」，是爲了他和主
> 張保皇的梁啓超鬥爭，和「XX」的 XXX 鬥爭，和「以《紅樓夢》爲成佛之
> 要道」的 XXX 鬥爭①，眞是所向披靡，令人神旺。前去聽講也在這時候，但
> 又並非因爲他是學者，卻爲了他是有學問的革命家。」（《且介亭雜文末編・
> 關於太炎先生二三事》）

〔註 22〕《浙江潮・發刊詞》，《浙江潮》，1903 年 2 月 17 日第一期。
〔註 23〕《浙江潮・發刊詞》，《浙江潮》，1903 年 2 月 17 日第一期。

　　同學寫好一篇文章，首先奇文共欣賞，大家圍攏來看，還高聲
朗誦。此文以斯巴達人誓死不屈的堅強意志，來喚醒國人沉睡的靈
魂，刺激性相當大，讀到「披髮大叫，抱書獨行，無淚可揮，大風
滅燭」，「世有不甘自下於巾幗之男子乎？必有擲筆而起者矣！」一
段公認為是妙句，用筆加上密圈，傳誦一時。有的各抒己見，有的
手執日文書，一邊說，一邊補充。那時風尚，不分你我，只要對革
命省利，於願已足。〔註24〕

　　在這種熱烈的革命風潮影響下，同學間的激賞與鼓勵，留日學生群體日
益高漲的愛國熱潮等事件，無疑更能激起魯迅的革命思想與文學作品的創作
欲望，而魯迅對革命形勢的準確判斷以及革命思想的逐步形成也使他與朋
友、師長之間的交往有了更明確的自我意識。

　　魯迅思想的逐步形成反過來又為魯迅形成自我圈子提供了重要的思想依
據。魯迅初到日本時就已表現出很強的圈子意識，「除學習日文，準備進專門
的學校之外，就赴會館，往集會，聽講演」〔註25〕，而隨著這種「圈子」意
識的不斷強化，魯迅的革命熱情也隨之被點燃，不但主動去思考一些如「怎
樣才是理想的人性」，「中國國民性中最缺乏的是什麼？」「它的病根何在」等
關係民族命運的大問題，同時還以巨大的熱情投入到「科學救國」的革命實
踐當中，「醫學救國」就是魯迅當時想通過「科學」而「救國」的典型事件之
一〔註26〕，然而，「幻燈片事件」〔註27〕卻是徹底摧毀了魯迅原先樂觀、盲從
的救國思想。

　　「幻燈片事件」使魯迅第一次真切地意識到，學醫並非一件最緊要的事，
因為凡是愚弱的國民，即使體格再健壯，也只能做毫無意義的示眾的材料和
看客，病死多少是不必以為不幸的。而更為重要的是要改變國人麻木不仁的
精神面貌，所以魯迅認為第一重要的是要改變他們的精神，而最善於改變精

〔註24〕沈瓞民《回憶魯迅早年在弘文學院的片段》，《文匯報》，1961年9月23日。
〔註25〕魯迅：《因章太炎先生而想起的二三事》，《魯迅全集》第六卷，人民文學出版
　　　　社，2005年，第578頁。
〔註26〕「他學醫的動機：（一）恨中醫耽誤了他的父親的病。（二）確知日本明治維
　　　　新是大半發端於西醫的事實。以上兩點，參閱《吶喊》序文和《朝花夕拾・
　　　　父親的病》便知。」許壽裳《魯迅的生活》，收於倪墨炎、陳九英《許壽裳文
　　　　集》上卷，百家出版社，2003年，第33頁。
〔註27〕魯迅《〈吶喊〉自序》，《魯迅全集》第一卷，人民文學出版社，2005年，第
　　　　438～439頁。

神的當然要首推文藝，於是魯迅和他的團隊想要提倡文藝運動。〔註 28〕1906
年 1 月至 3 月間，魯迅「改造國民性」思想的形成，徹底改變了魯迅「科學
救國」的方案，這爲魯迅「棄醫從文」並著手從事文藝事業，藉以形成自己
的文藝圈子提供了重要的思想依據和行動綱領：「刊行雜誌，開始一種文學運
動，這是魯迅在丙午年（一九〇六年）春天，從仙臺醫學校退學以後，所決
定的新方針。在這以前他的志願是從事醫藥，免除國人的病苦；至是翻然變
計，主張從思想改革下手，以爲思想假如不改進，縱然有頑健的體格，也無
濟於事。」〔註 29〕而伴隨著魯迅「改造國民性」、推行文藝思想運動的形成，
魯迅對未來的文學運動也有了更強的「圈子」意識。當時在東京的留學生逐
年增多，但大多數人都選擇學法、政、理、化以至警察工業的，幾乎沒有人
選學文學和美術。然而，即便在當時冷淡的藝術氛圍中，魯迅還是幸運地尋
到了幾個志同道合的人，此外又邀集了必須的幾個人，大家商量之後，第一
步決定出一本文藝雜誌，取名爲《新生》，是取其「新的生命」的寓意，「因
爲我們那時大抵帶些復古的傾向，所以只謂之《新生》」〔註 30〕。

　　《新生》的籌辦計劃充分體現了魯迅藉以形成自我圈子的決心。自 1906
年 3 月底，魯迅從仙臺醫學校退學、回到東京開始籌劃辦文學雜誌事情始，
在 3 月到 8 月間，魯迅涉獵、搜羅了多國文藝作品，爲籌備稿件而作積極準
備。而計劃中籌辦的刊物，也是想採用同人辦刊、多人撰稿的方式，魯迅「邀
集了必須的幾個人」包括擔任文字的周作人、許壽裳、袁文藪、蘇曼殊等人
以及擔任美術設計的陳師曾，在商量出版文藝雜誌期間，魯迅分別與周作人、
許壽裳、袁文藪等人有過較多的精神溝通，尤其是袁文藪，魯迅對他的期望
很高〔註 31〕，魯迅與他周圍的人取得了很高的共識，出版物的名稱也從最初

〔註 28〕魯迅的原文爲：「所以我們的第一要著，是在改變他們的精神，而善於改變精
　　　　神的是，我那時以爲當然要推文藝，於是想提倡文藝運動了。」魯迅《〈吶喊〉
　　　　自序》，《魯迅全集》第一卷，人民文學出版社，2005 年，第 439 頁。
〔註 29〕周作人：《知堂回想錄》安徽教育出版社，2008 年，第 174 頁。
〔註 30〕魯迅《〈吶喊〉自序》，《魯迅全集》第一卷，人民文學出版社，2005 年，第
　　　　439 頁。
〔註 31〕周作人在回憶籌辦《新生》的經過時說，「最初原只有四個人，魯迅把我拉去
　　　　也充了一個，此外是許季茀和袁文藪。魯迅當初對於袁文藪期望很大，大概
　　　　彼此很是談得來，我卻不曾看到過，因爲他從日本轉學英國留學，等得我到
　　　　日本的時候，他已經往英國去了。可是袁文藪離開日本以後，就一直杳無消
　　　　息，本來他答應到英國後就寫文章寄去，結果不但沒有文章，連通信都不曾
　　　　有過一封。」周作人《知堂回想錄・七三籌備雜誌》，止菴校訂《周作人自編

擬定的「赫戲」、「上征」而最後確定爲「新生」，而出版一期雜誌所需的部分
稿件、封面設計、插圖以及印刷用的紙張等前期準備，魯迅都已經安排得井
井有條，只待出版資金以及其它稿件一到，就可以順利出版了。從魯迅的這
些前期準備來看，魯迅籌備的文藝雜誌可謂是「萬事俱備，只欠東風」，然而，
意料不到的情況最後還是發生了，最先是幾個擔任供稿的人悄然隱沒了，「接
著又逃走了資本」，結果只剩下魯迅、周作人兄弟以及許壽裳三個人。爲此，
魯迅不免概歎：「創始時候既已背時。失敗時候當然無可告語。而其後卻連這
三個人也都爲各自的運命所驅策。不能在一處縱談將來的好夢了。這就是我
們的並未產生的《新生》的結局。」〔註32〕

　　《新生》的夭折給魯迅帶來的精神打擊可謂是空前的，魯迅由此也深刻
地反省自己。而《新生》夭折所帶來的精神創傷以及辛亥革命勝利果實被篡
奪的事實，更讓魯迅曾經慷慨激昂的革命熱情逐漸化爲莫名的悲哀，精神上
處於極度地消極、悲觀狀態：「我感到未嘗經驗的無聊。是自此以後的事。我
當初是不知其所以然的；後來想。凡有一人的主張。得了贊和。是促其前進
的。得了反對。是促其奮鬥的。獨有叫喊於生人中。而生人並無反應。既非
贊同。也無反對。如置身毫無邊際的荒原。無可措手的了。這是怎樣的悲哀
呵。我於是以我所感到者爲寂寞。」〔註33〕然而，更爲致命的打擊是，魯迅
卻因此而對自己的救國熱情和號召力都產生了懷疑，在深刻地反省與自剖
中，魯迅得出了一個冷靜的結論：「就是我決不是一個振臂一呼應者雲集的英
雄」〔註34〕。魯迅因此而變得無端的悲哀起來，爲了驅除寂寞、痛苦，他用
了種種方法來麻醉自己的靈魂，「使我沉入於國民中。使我回到古代去。後來
也親歷或旁觀過幾樣更寂寞更悲哀的事。都爲我所不願追懷。甘心使他們和
我的腦一同消滅在泥土裏的。但我的麻醉法卻也似乎已經奏了功。再沒有青
年時候的慷慨激昂的意思了。」〔註35〕

　　　文集・知堂回想錄》，河北教育出版社，2002 年，230 頁。
〔註32〕魯迅《〈吶喊〉自序》，《魯迅全集》第一卷，人民文學出版社，2005 年，第
　　　439 頁。
〔註33〕魯迅《〈吶喊〉自序》，《魯迅全集》第一卷，人民文學出版社，2005 年，第
　　　439 頁。
〔註34〕魯迅《〈吶喊〉自序》，《魯迅全集》第一卷，人民文學出版社，2005 年，第
　　　439～440 頁。
〔註35〕魯迅《〈吶喊〉自序》，《魯迅全集》第一卷，人民文學出版社，2005 年，第
　　　440 頁。

　　《新生》的創辦以及翻譯、出版域外小說集的失敗，使魯迅「文藝救國」的主張沉寂了將近十年，魯迅除了把準備發表在《新生》上的幾篇稿件：《人之歷史》、《摩羅詩力說》、《科學史教篇》、《文化偏至論》、《破惡聲論》等改投了《河南》雜誌，以及翻譯作品彙聚在《域外小說集》第一、二冊以外，此外沒有進行更多文學創作上的努力。在北平教育部的任職前期，魯迅都把自己的精神世界放逐到佛經、古碑的抄寫、校對上，而少有對現實發言，在沉悶的民國初期，也很少關注到世界文學的發展以及傳播，更是消退了重組文藝圈子，以浪漫派詩人「反抗」的精神來警醒國人，擺脫受奴役命運的雄心壯志。然而，1917 年 8 月 9 日，錢玄同的來訪還是打破了魯迅沉悶的精神世界的僵局，這便是著名的「鐵屋子」對話〔註36〕。

　　錢玄同的多次造訪以及書信來往，把魯迅逐步帶進了《新青年》的編輯圈子當中。早在 1917 年初，魯迅就曾把《新青年》從創刊到最近的一期共十本雜誌寄給二弟周作人閱讀，而當時的魯迅對《新青年》頗為冷漠，用魯迅的話來說，「我那時對『文學革命』，其實並沒有怎樣的熱情」，周作人也回憶道，魯迅開始「對《新青年》總是態度很冷淡，即是並不如許壽裳說的覺得文謬」，可是也「並不怎麼看得它起」〔註37〕。1917 年十月革命的勝利，以及《新青年》倡導思想革命的文章頻頻出現〔註38〕，又經錢玄同對《新青年》的不斷提起，使魯迅對《新青年》開始重新關注起來。上述錢玄同與魯迅關於「鐵屋子」的對話便是他們多次深入交談中的一次，然而，這一次的談話卻是深深地觸動了魯迅曾被佛經古籍麻醉了的靈魂，使他對「希望」一詞所蘊含的人性之光重新煥發了巨大的熱情：「說到希望，卻是不能抹殺的，因為希望是在於將來，決不能以我之必無的證明，來折服他之所謂可有，於是我終於答應他也做文章了，這便是最初的一篇《狂人日記》。從此以後，便一發而不可收，每寫些小說模樣的文章，以敷衍朋友們的囑託，積久就有了十餘篇。」〔註39〕

〔註36〕 魯迅《〈吶喊〉自序》，《魯迅全集》第一卷，人民文學出版社，2005 年，第441 頁。

〔註37〕 周作人《魯迅的故家》，止菴校訂《周作人自編文集・魯迅的故家》，河北教育出版社，2002 年，355 頁。

〔註38〕 1917 年 8 月《新青年》三卷六號發表陳獨秀《尊孔與復古》，李大釗「今」等文章的都批判尊孔復古，倡導思想革命，鼓動人們以革命改變黑暗卑污的社會。

〔註39〕 魯迅《〈吶喊〉自序》，《魯迅全集》第一卷，人民文學出版社，2005 年，第441 頁。

　　魯迅的思想轉變看似突兀，如同火山爆發般，然而，對當時魯迅思想狀況
更爲瞭解的周作人卻揭開了其中的秘密：「魯迅對於文學革命即使是改寫的白話
文的問題，當時無甚興趣，可是對思想革命卻看得極重，這是他從辦《新生》
那時代起所有的願望，現在經錢君來舊事重提，好像是埋著的火藥線上點了火，
便立即爆發起來了。這旗幟是打倒吃人的禮教。」〔註40〕恰逢《新青年》1918
年 1 月份編輯部的重新改組，變陳獨秀的一人主編爲《新青年》社同人共同組
成的編輯部，輪流主編，魯迅在 1918 年 5 月份的《新青年》四卷五號發表《狂
人日記》前後，開始成爲《新青年》編輯部的重要成員之一，參與雜誌稿件的
撰寫與編輯工作。

　　魯迅與《新青年》編輯部同人陳獨秀、胡適、陶孟和、周啓明、錢玄同、
劉半農等人〔註41〕的交往成爲魯迅在五四新文化運動時期重要的社會交際，
1917 年 1 月從上海遷移到北京的《新青年》也爲魯迅提供了一個觀察當時社會、
政治與思想文化的重要平臺，而更爲重要的是，魯迅又重新找到了一個致力於
社會思想變革，反對舊道德提倡新道德、反對舊文學提倡新文學的反對封建文
化運動的青年文化團體。魯迅在《新青年》的主編陳獨秀的再三邀請之下，決
定參與這一青年文化團體，而在《新青年》的編委會議上，魯迅認識了更多志
同道合的朋友，比如說李大釗、陳獨秀、胡適之等文學革命的主將，魯迅就是
在《新青年》的編輯會議上認識他們的，並對他們的發言留下了深刻的印象〔註
42〕。而魯迅與陳獨秀、胡適、李大釗等人的深入交往，也進一步激發了魯迅當
年「文藝救國」的雄心。在倡導「文學革命」、打倒封建禮教、生氣勃勃的《新
青年》同人面前，魯迅也一改以往消沉、頹唐的精神氣息，與《新青年》的同
人一同並肩作戰，以其洪鐘大呂般「吶喊」聲發表了揭露封建禮教「吃人」本
質的《狂人日記》，從而正式成爲《新青年》新文化運動陣營中一員猛將。從魯
迅進入《新青年》編輯圈子，發表《狂人日記》的 1918 年 5 月 15 日出版的四
卷五號起，到 1921 年終刊的九卷四號止，魯迅在《新青年》上共發表了隨感錄

〔註40〕周作人《魯迅的故家》，止菴校訂《周作人自編文集·魯迅的故家》，河北教
　　　　育出版社，2002 年，355 頁。
〔註41〕劉半農《作揖主義》，1918 年 11 月載《新青年》五卷五號。
〔註42〕「我最初看見守常先生的時候，是在獨秀先生邀去商量怎樣進行《新青年》
　　　　的集會上」（《南腔北調集·〈守常全集〉題記》），「《新青年》每出一期，就開
　　　　一次編輯會，商定下一期的稿件。其時最惹我注意的是陳獨秀和胡適之」（魯
　　　　迅《且介亭雜文·憶劉半農君》，《魯迅全集》第六卷，人民文學出版社，2005
　　　　年，第 73～77 頁。）

二十七篇，思想批判論文兩篇，小說五篇，新詩六首，通信三則，翻譯文學作品四篇等，共五十篇。另外，魯迅還輯錄了《什麼話》五條〔註43〕。

魯迅在《新青年》上的創作實績不但重新激發了其致力於思想變革的「文藝救國」熱情，而且也逐步樹立起他在文學創作界的權威。魯迅的文學創作不僅獲得了新文化運動陣營的高度認同而且還獲得了《新青年》同人的高度肯定。「隻手打倒『孔家店』」的吳虞在《吃人與禮教》一文中說，「我讀《新青年》裏魯迅君的《狂人日記》，不覺得發生了許多感想。……我覺得他這日記，把吃人的內容，和仁義道德的表面，看得清清楚楚。那些戴著禮教假面具吃人的滑頭伎倆，都被他把黑幕揭破了。」〔註44〕《新潮》雜誌給予了《狂人日記》極高的評價：「用寫實手法，達寄託的旨趣，誠然是中國近來第一篇好小說」〔註45〕。錢玄同也稱讚「魯迅君的小說」算是《新青年》「同人做的白話文學的成績品」〔註46〕，而作為新文化運動主將的陳獨秀對魯迅的創作更是讚賞有加，「魯迅君做的小說，我實在五體投地的佩服。」〔註47〕

借助《新青年》這一當時最具有思想衝擊力的文化平臺，魯迅的思想權威開始逐步形成。不少研究者都認為，「正是《新青年》這一巨大的文化平臺成就了魯迅，魯迅也憑藉小說創作的實力獲得新青年社團的認可，並逐漸融入新青年社團」〔註48〕。而當時同是《新青年》編輯的劉半農在新詩的創作與批評上也深受魯迅影響〔註49〕，則不無顯示出魯迅在《新青年》同人以及在新文化運動陣營中舉足輕重的地位，尤其是《新青年》同人在辦刊方針出

〔註43〕孫玉石：《魯迅與〈新青年〉》，《北京大學學報（哲學社會科學版）》1979年第 2 期。

〔註44〕吳虞《吃人與禮教》，1919 年 11 月，《新青年》六卷六號。

〔註45〕《期刊介紹·新青年》，1919 年 2 月 1 日，《新潮》一卷二號。

〔註46〕《新青年》六卷六號。

〔註47〕陳獨秀，一九二 0 年八月二十二日致周作人信。魯迅博物館供稿、陸品晶注釋：《陳獨秀書信》之二，載《歷史研究》1979 年第 5 期。又收入《中國現代文藝資料叢刊》第 5 輯，第 309 頁。

〔註48〕莊森《新青年社團中的魯迅與陳獨秀》，《學術論壇》2008 年第 11 期。

〔註49〕劉半農做了一首斗方派的歪詩《寒食指》，寄請魯迅指教。魯迅在接到該詩後作了尖銳的批評，認為「形式舊，思想也平常。我覺得——稍偏於感情的，傷感的一面，也不大好。」對魯迅的批評，劉半農是首肯的。他後來在給一個人的覆信中，就以同樣的標準批評了作者的一首詩，是「偏於傷感一面」，正和魯迅「批評我的《寒食指》一樣。」劉半農《答 Y·Z 君》，載《新青年》五卷六號。

現分歧，《新青年》逐步轉向政治批評而社團趨於分裂時，魯迅的意見獲得了大多數人的支持，只可惜陳獨秀最終還是一意孤行，從而導致了《新青年》的停刊和社團的解散。

魯迅與陳獨秀、胡適、李大釗、劉半農、錢玄同等人的交往成爲了五四新文化運動時期最重要的社團活動與文人圈子活動，而魯迅與《新青年》三年多的親密接觸也爲他積累了豐富而寶貴的辦刊經驗。有研究者指出，魯迅在文學革命期間參與了《新青年》的編輯工作，既是貫穿他一生報刊實踐活動的開始，也爲他以後編輯《語絲》、《莽原》等雜誌的第二個時期編輯活動作了必要的準備，而《新青年》團體中同人雜誌的組織形式，獨立的辦刊風格以及知識分子共同旨趣的取向都對魯迅以後獨立創辦刊物產生了很大的影響，特別是在「言論自由」這一點上，魯迅與《新青年》同人都已達成共識〔註50〕。

《新青年》團體解散以後，魯迅曾經同一塹壕的「戰友」發生了很大的變化，「有的高升，有的退隱，有的前進」，魯迅又經驗了一次失敗的「戰鬥」體驗，這次與《新生》的不同在於《新青年》的同人已經布好了陣，開始了對封建禮教發起了猛烈的攻擊，並且落得一個『作家』的頭銜，依然在沙漠中走來走去〔註51〕，但魯迅明顯消退了先前頹唐的精神氣息，更沒有《新生》夭折時的極度苦悶，而新形成的用文章對社會現象發言的習慣使魯迅「已經逃不出在散漫的刊物上做文字」〔註52〕。在經歷了《野草》與《彷徨》時期後，魯迅對於「新的戰友」的尋找顯然已經不再像先前那樣消極悲觀了，而「語絲社」、「莽原社」、「未名社」的相繼創辦及勃興與文學青年的不斷成長則使魯迅看到了打破「鐵屋子」的新希望。

「語絲社」、「莽原社」與「未名社」都是在魯迅的指導和支持下創辦的。1924 年 11 月，原《晨報》副刊的編輯孫伏園因魯迅《我的失戀》一詩被撤而

〔註50〕 「《新青年》是一個同人雜誌，是一個由共同旨趣的知識分子自由結合而成的提倡個人本位主義的各自獨立又趨於同氣相契的鬆散的捆綁式團體。魯迅的短暫輪流編輯階段是他以後的貫穿一生報刊實踐生涯的開始，是他報刊活動的追求或者說思想啓蒙、文藝救國的自發狀態，爲《語絲》、《莽原》第二個時期編輯活動的必要準備。」王吉鵬《魯迅與〈新青年〉》，《徐州教育學院學報》，2008 年第 23 卷第 3 期。
〔註51〕 魯迅：《〈自選集〉自序》，寫於 1932 年 12 月 14 日，《魯迅全集》第四卷，人民文學出版社，2005 年，第 469 頁。
〔註52〕 魯迅：《〈自選集〉自序》，寫於 1932 年 12 月 14 日，《魯迅全集》第四卷，人民文學出版社，2005 年，第 469 頁。

與總編輯發生意見分歧，憤而辭職，後邀集了魯迅、周作人、川島、斐君女士、王品青、衣萍（章衣萍）、曙天女士、李小峰、淦女士（馮沅君）、江紹原、錢玄同、林語堂、春苕（孫福熙），顧頡剛、林蘭女士等 16 人爲長期撰稿人而創辦該社，定《語絲》爲社刊。《語絲》創辦之初，魯迅曾給予極大的經濟援助，而「《語絲》的形式、內容，以及稿件的處理，我們都去徵求魯迅先生的意見。」〔註53〕在此後魯迅也以大量的稿件支持《語絲》的發展和壯大，1927 年 10 月《語絲》因被查禁而南遷使魯迅從《語絲》的幕後策劃成爲前臺的編輯。1925 年 4 月成立的莽原社與 1925 年 8 月成立的未名社都是由魯迅發起而成立的，兩個文學社團分別由莽原社的成員高長虹、向培良、韋素園、李霽野、曹靖華與未名社的成員韋素園、李霽野、臺靜農、韋叢蕪、曹靖華組成，而魯迅實際領導兩個相近的青年文學社團從事文學批評與翻譯等工作。

　　魯迅對青年文學社團的支持與扶植在魯迅的周圍逐漸形成了一股強大的文學勢力，而魯迅也逐漸掌握了創辦社團的主動權。魯迅對文學青年以及青年社團提供大量無償的幫助都在有意或無意促成文學新軍的誕生，而這一文學的生力軍正是未來新文學以及社會思想革新的希望所在。早在 1925 年初創辦莽原社時魯迅就對青年們的新生力量有過熱切的期許，他很希望中國的青年能站出來，對中國的社會與文明都加以猛烈的批判，因此，魯迅聯合了一些青年的力量，編印了《莽原周刊》，令人可惜的是，能投這樣稿件的青年卻非常少〔註54〕。而在此後未名社、淺草—沉鐘社、湖畔詩社等青年文學社團的創辦，越來越多的文學青年加入到魯迅倡導的「社會批評」、「文明批評」以及變革社會思想的陣營中去，在 1926 年前後，在魯迅的周圍實際上形成了以魯迅爲中心的青年「社團圈子」以及魯迅同時代人的「文人圈子」，「魯迅圈子」從此作爲一股巨大的社團勢力、文學勢力，開始正式登上了現代文學的舞臺。

　　1927 年 10 月，魯迅定居上海以後，魯迅與創造社主將郁達夫聯合創辦的《奔流》雜誌以及魯迅與左翼文藝青年茅盾、馮雪峰、柔石、鄭振鐸、魏金枝、朱鏡我、李一氓、樓適夷等人的聯合則將已有的「魯迅圈子」進一步擴大化。「左聯」的成立以及以魯迅爲主編相繼創辦的《萌芽月刊》、《文藝研究》

〔註53〕川島《憶魯迅先生和〈語絲〉》，揚州師範學院中文系、揚州師範學院圖書館編《魯迅研究資料選編》，1976 年，第 197 頁。

〔註54〕「我早就很希望中國的青年站出來，對於中國的社會，文明，都毫無忌憚地加以批評，因此曾編印《莽原周刊》，可惜來說話的竟很少。」魯迅《華蓋集·題記》，《魯迅全集》第三卷，人民文學出版社，2005 年，第 4 頁。

季刊、《巴爾底山》旬刊、《前哨》月刊、《十字街頭》半月刊等「政治——文化型」〔註 55〕刊物確立了魯迅在「左聯」以及中國文壇的核心地位，同時團結了一大批左翼文學青年，使得在魯迅的周圍又形成了一個龐大的革命文學青年圈子，而《文學》、《譯文》、《海燕》等「文學——文化型」〔註 56〕刊物的創辦則使魯迅在三十年代被政治性包圍圈子當中又重新開闢出一個文學青年的文化圈子，及至後來魯迅掀起的「青年木刻會」的藝術運動，魯迅周圍藝術圈子的氛圍漸濃。至此，由於魯迅一直以來對文學、藝術「生力軍」的苦心經營，在魯迅周圍已經逐步形成了一個集文學、藝術、政治的多重「文人圈子」與「社團圈子」。

2.2 魯迅逝世後的「身份危機」與初步形象建構

　　1936 年 10 月 19 日晨 5 時 25 分，魯迅在上海北四川路施高塔路大陸新村 9 號寓所裏逝世，噩耗傳出後，一時之間人們無不悲悼慟哭「中國文壇巨星隕落」〔註 57〕、「中國文壇失巨星」〔註 58〕、「文化巨人魯迅逝世」〔註 59〕、「文化界痛失領導，世界前進文學家魯迅先生逝世！高爾基逝世後又一震驚世界的噩耗，中國民族解放運動突失一英勇戰士」〔註 60〕，蘇聯致中蘇文化協會唁電稱：「中國傑出作家魯迅氏之逝世，爲中國文化界與全人類之極大損失」〔註 61〕。魯迅的逝世無疑對中國文化界、文學界與民族解放運動都是一個極大的損失，人們也以其悲痛的心情表達了對魯迅的愛戴與懷念〔註 62〕。然而，也不能不看到，魯迅逝世後所留下的精神眞空地帶，使魯迅生前所積聚的矛盾、衝突在其死後以更集中的方式爆發出來了，同時也使魯迅逝世後的文壇呈現出更多元駁雜的局面。

〔註 55〕劉增人《論魯迅系列文學期刊》，《魯迅研究月刊》2005 年 10 期。
〔註 56〕劉增人《論魯迅系列文學期刊》，《魯迅研究月刊》2005 年 10 期。
〔註 57〕1936 年 10 月 19 日《大滬晚報》（上海）。
〔註 58〕1936 年 10 月 19 日《華美晚報》（上海）。
〔註 59〕1936 年 10 月 20 日《鐵報》（上海）。
〔註 60〕1936 年 10 月 20 日《港報》（香港）。
〔註 61〕1937 年 1 月 10 日《伯力太平洋之星報》。
〔註 62〕「從一九三六年十月十九日至十二月底，報刊雜誌連篇累牘登載著魯迅逝世的紀念文章。據不完全統計，在這短短三個半月裏，全國各大小報刊發表的魯迅逝世紀念文章，計一千餘篇」（張夢陽《魯迅研究學術史概述·四》，廣東教育出版社，2002 年）

　　首先出現的是魯迅政治「身份」認定問題。魯迅生前對自己的政治身份一直非常敏感，在和敵人交鋒時從來就主張用「壕塹戰」保護自己，而在上海定居後，面對文壇上流言橫飛的險惡現狀，魯迅也是主張上陣前「留幾片鐵甲在胸前」，以預備防不勝防的「冷箭」射來，因此，魯迅「左傾」的政治身份即便是在成為「左聯」盟主、「民盟」發起人之後，也都掩藏得很好。魯迅沒有加入共產黨的事實使得魯迅的政治身份一直都處於模棱兩可的狀態，從而也更好地保護了自己，而魯迅在上海對國民黨反動派借刀殺人的警惕，以及在國民黨政府內部尚有不少昔日教育部的好友暗中保護他，也使得國民黨右派的激進分子多次陷害甚至是暗殺他的陰謀都不能得逞。但是，魯迅逝世以後，在國共兩黨還處於政治、軍事對峙的大環境中，魯迅政治「身份」歸屬問題隨之也成為了一個「大問題」。對於魯迅是否是「共產黨」的討論也隨之在國民黨官員內部爭論起來了，這從馮雪峰遭遇到一個國民黨官員自發式的「憤慨」裏可以看出，國民黨內部對於魯迅政治身份的論爭，甚至在一些公共場所也時有發生：

　　　　第三天，我就因事被派到揚子江上游的某地去；大約過了十天，當我事情完了回上海的時候，我是坐的民生公司輪船的所謂大菜間的艙位，在那喝茶和用餐的大菜間，桌子上有和報紙等放在一起的一本新出的畫報，裏面登有魯迅先生的遺容和出殯時盛況的照相，一個國民黨軍官在看著。他突然抬起頭來對著我——我正坐在他對面喝茶——好像非要我相信不可似的說：「魯迅是一個危險分子。他不是共產黨，你槍斃我！」然後把那畫報推向我這一面來讓我看。聽他的口音，這一個生了氣的軍官好像是湖北人。我沒有怎樣去理他，他也沒有一定要人回答的意思；但我禁不住微笑起來了。當然，眼前這個渺小的反動軍官，是不足道的。不過，這時候，我自然會想得遠一點，覺得魯迅先生不僅生前使敵人害怕，就是死後也還使敵人害怕的，所以我微笑了。〔註63〕

　　馮雪峰的這則軼事或多或少向我們勾勒了 1936 年魯迅逝世後的政治環境。在魯迅逝世十多天後，一個國民黨官員因看見「登有魯迅先生的遺容和出殯時盛況的照相」畫報，就會向陌生的過客發出「魯迅是一個危險分子。他不是共產黨，你槍斃我！」這樣的「憤慨」，可見其在國民黨政府、軍隊內部，也是常常參與討論魯迅的政治身份問題，以至於在一些公共場合見到魯

　　〔註63〕馮雪峰《回憶魯迅》，人民文學出版社，1952 年，第 167～168 頁。

迅的畫像就會情緒失控而產生失態的言行，或是更想邀人討論關於魯迅的「共產黨」身份問題，這從一個側面也反映了魯迅的政治身份問題在社會上所引起的「軒然大波」。

對魯迅政治身份以及歷史功績的認定在中共中央政府要求國民黨政府「國葬」魯迅這一事件上，體現得更為微妙。魯迅逝世的當天，馮雪峰作為守護在魯迅身邊的親密友人就已接到黨中央發來的電報，要求馮雪峰主持治喪工作〔註64〕。第二天黨中央發來了《致許廣平女士的唁電》、《為追悼魯迅先生告全國同胞和全世界人士書》、《為追悼與紀念魯迅先生致中國國民黨委員會與南京國民黨政府電》三封電報。在《為追悼魯迅先生告全國同胞和全世界人士書》與《為追悼與紀念魯迅先生致中國國民黨委員會與南京國民黨政府電》兩封電報中，中共中央不但公佈了己方紀念魯迅的方式，還以嚴肅而誠摯的態度請求國民黨政府對魯迅偉大的歷史功績予以崇高的紀念，其首要的一條是「魯迅先生遺體舉行國葬，並付國史館立傳」〔註65〕。而對魯迅這樣偉大的文學家、思想家舉

〔註64〕 馮雪峰：「不久宋先生也就到了，當即商量成立了治喪委員會，由治喪委員會發出了訃文給各報記者。毛澤東同志的名字也是列在治喪委員會裏面的，此外是宋慶齡、蔡元培、沈鈞儒、茅盾等先生，還有其它幾個人；但毛澤東同志的名字，當時除了一個報紙曾經披露過一次以外，其它報紙都不敢披露；後來，我看見別人記錄魯迅先生喪事的文章，也沒有把毛澤東同志的名字列入，這是因為當時上海是反動國民黨政權統治之下的緣故。第二天，我黨中央的弔唁的電報就到上海了；同時，我黨中央曾經代表人民向南京國民政府發去一個電報，要求國葬魯迅先生，並要求明令撤銷對於他的著作的禁令，這個電報也有一個副本發到上海來，但這兩個電報當時也不可能公開發表。國民黨政府不但不曾照我黨中央所主張的做，並且還派了特務分子監視魯迅先生的喪事。對於魯迅著作的禁令也始終未曾撤銷過。我是尊奉我黨的指派去參與喪事的處理的，但我只能藏在周建人先生的家裏同沈鈞儒先生以及許廣平先生、周建人先生等商量問題，連出殯我都不可能參加。」馮雪峰《回憶魯迅》，人民文學出版社，1952年，第165〜166頁。

〔註65〕 「中國國民黨中央委員會南京國民黨政府公鑒：靈耗傳來，魯迅先生病歿於上海，我國文學革命的導師、思想上的權威、文壇上最燦爛光輝的巨星，竟爾殞落，此乃我中華民族之大損失，尤其當前抗日運動的大損失。魯迅先生畢生以犀利的文章，偉大的人格，救國的主張，正直的言論為中華民族功績之偉大不亞於高爾基氏之於蘇聯。今溘然長逝，理應予以身後之殊榮，以慰死者而示來茲。敝黨敝政府已決定在全蘇區內實行（一）下半旗誌哀，並在各地方與紅軍部隊中舉行追悼大會；（二）設立魯迅文學獎金基金十萬元；（三）改蘇維埃中央圖書館為魯迅圖書館；（四）在中央政府所在地設立魯迅紀念碑；（五）搜集魯迅遺著，翻印魯迅著作；（六）募集魯迅號飛機基金。貴黨與貴政府為中國最大部分領土的統治者，敝黨敝政府敬向貴黨貴政府要求：（一）魯迅先生遺

行國葬，顯然也是民眾的共同心聲，這在沈鈞儒在魯迅的墓前演講時因國民黨未能「國葬」魯迅一事表達了他強烈的「憤慨」：

> 在外國有許多像魯迅先生那樣的大文豪，到了死的時候，都由政府方面替他舉行國葬，例如高爾基，在他出柩的那一天，由斯太林之流的一等要人替他舉行國葬。而我們的魯迅先生呢，在他出柩的今天，有政府的代表沒有？誰是政府的代表？魯迅先生是我們的為民族解放而努力了一生的文學巨子，他的死，雖引不起國家當局者的重視，但在我們人民方面，同時在世界被壓迫的大眾看來，卻是個巨大的損失。所以我們一方面覺得非常的哀痛，但另一方面，在哀悼之餘，應該負起他未完成的救亡使命。〔註66〕

　　在國民黨一方，「國葬」魯迅是絕無可能的事。儘管在此之前，中國共產黨不計前嫌向國民黨發出《停戰議和一致抗日》、《中國共產黨致中國國民黨書》〔註67〕等電報和公開信，多次呼籲「停止內戰，建立抗日民族統一戰線」，國共兩黨的關係有了較大的改善，但對於魯迅的「國葬」問題，國民黨方面對共產黨的請求卻是置之不理，甚至還進一步監視魯迅的葬禮，馮雪峰因此對國民黨的行為極為不滿。馮雪峰是尊奉共產黨的指派去參與喪事處理的，但由於國民黨政府不但不理會共產黨的請求，而且還派了特務分子監視魯迅先生的喪事，對於魯迅著作的禁令也始終未曾撤銷過，因此，馮雪峰只能藏在周建人先生的家裏同沈鈞儒先生以及許廣平先生、周建人先生等商量問題，連出殯他都不可能參加〔註68〕。就連呼籲過對魯迅進行「國葬」號召民眾「完成他未完成的救

體舉行國葬，並付國史館立傳；（二）改浙江省紹興縣為魯迅縣；（三）改北平大學為魯迅大學；（四）設立魯迅文學獎金獎勵革命文學；（五）設立魯迅研究院，搜集魯迅遺著，出版魯迅全集；（六）在上海北平南京廣州杭州建立魯迅銅像；（七）魯迅家屬與先烈家屬同樣待遇；（八）廢止魯迅先生生前貴黨貴政府所頒佈的一切禁止言論出版自由之法令，表揚魯迅先生以表揚中華民族的偉大精神，敝黨敝政府的要求，想必能獲得貴黨貴政府的同意，特此電達。中國共產黨中央委員會、中華蘇維埃人民共和國中央政府，十月廿二日」《為追悼與紀念魯迅先生致中國國民黨中央委員會與南京國民黨政府電》

〔註66〕沈鈞儒《一代文豪魯迅先生出殯記》，1936 年 10 月 24 日《中國導報》。

〔註67〕1936 年 5 月 5 日，中國共產黨向國民黨政府發出《停戰議和一致抗日》的通電，將「抗日反蔣」政策轉變為「逼蔣抗日」政策。8 月 25 日，中共中央公開發表《中國共產黨致中國國民黨書》，信中再次呼籲停止內戰，建立抗日民族統一戰線。

〔註68〕「國民黨政府不但不曾照我黨中央所主張的做，並且還派了特務分子監視魯

亡使命」的救國會「七君子」都遭到了國民黨的逮捕〔註69〕，而同是國民黨內部的高級官員，魯迅昔日的好友陳儀，在獲知魯迅逝世後，打電報給蔣介石，提議爲魯迅舉行國葬，同樣遭到了蔣介石的嚴厲拒絕。對國民黨而言，「國葬」魯迅就意味著他與國民黨的開國元勳孫中山先生具有同等重要的地位，而當年國民黨元老章太炎的逝世雖許以國葬，卻也最終沒有實行。從魯迅多年來與國民黨言論的對抗來看，魯迅曾一度被列爲「通緝」的對象，即便是在魯迅逝世以後，國民黨對其「通緝令」依然還沒有取消。而更爲微妙的是，無論是誰提出「國葬」魯迅，這都意味著國民黨將同意聯共抗日，這在多年決心「剿共」的蔣介石看來，則更近乎一個神話故事。因此，魯迅的「國葬」問題作爲一項政治籌碼，牽涉到的已不僅僅是魯迅的「政治身份」認定問題，還有更深層的國共兩黨關係問題，這在當時的政治環境中，魯迅的「國葬」問題一旦不被國民黨政府認可，將會進一步加深魯迅的「身份」危機。

在魯迅的「身份」危機還沒有爆發以前，魯迅的「形象」危機卻已初露端倪了。就在魯迅逝世的第二天，即十月二十日，魯迅的二弟周作人，在北平寓所「苦雨齋」對北平《世界日報》記者發表了談話，據記者披露，周作人著重談了魯迅早年的學術活動和整理古籍工作，對魯迅後期的戰鬥生活避而不談，而對魯迅的文學創作和處世態度則以「處世悲觀，批評苛刻」兩點概括：

> 先兄，對我國社會民族之觀察，皆較深刻，故對一切事物易陷悲觀，且一切批評恐較吾人爲苛刻，彼所著之《阿Ｑ正傳》等篇即充滿此種情調，此種處世態度對大家均無好感。近年在滬情形雖未得詳知然，近閱其《魯迅雜文集》，此書所集文字爲去年與

迅先生的喪事。對於魯迅著作的禁令也始終未曾撤銷過。我是尊奉我黨的指派去參與喪事的處理的，但我只能藏在周建人先生的家裏同沈鈞儒先生以及許廣平先生、周建人先生等商量問題，連出殯我都不可能參加。」馮雪峰《回憶魯迅》，人民文學出版社，1952年，第166頁。

〔註69〕「11月23日發生了全國救國聯合會的七位領袖沈鈞儒、章乃器、鄒韜奮、王造時、李公樸、沙千里、史良等人在上海突然被捕的事情。當局是以違反去年夏天（成都事件發生後不久的8月30日）以來多次通報的《睦鄰敦交令》爲由逮捕他們的。事情的真相是：全國救國聯合會的民間抗日運動日益強大，可能發展到了國民政府無法駕馭的地步，因此，蔣介石和陳立夫於11月7日在洛陽協商，決定實施一個空前的彈壓計劃，具體由藍衣社操作。那時我也在上海。記得當時我在中國報紙上讀到這條消息後異常震驚。」（日）松本重治：《上海時代》，第431頁，上海書店出版社，2005年3月。

今年所寫者，似仍未脫《阿 Q 正傳》之態度，或爲一般人所謂之安那其派者歟？〔註70〕

而當時在場的曹聚仁後來則進一步補充了周作人與記者的談話內容：

> 周作人先生在北平和記者談到魯迅先生的性格，說：「他這肺病，本來在十年前，就已隱伏著了；醫生勸他少生氣，多靜養；可是他的個性偏偏很強，往往因爲一點小事，就和人家衝突起來，動不動就生氣，靜養更是沒有這回事，所以病狀就一天一天的加重起來。說到他的思想，起初可以說是受了尼采的影響很深，就是樹立個人主義，希望超人的實現，可是最近又有轉變到虛無主義上去了。因此，他對一切事，彷彿都很悲觀。……他的個性不但很強，而且多疑，旁人說一句話，他總要想一想，這話對於他是不是有不利的地方。他在上海的地方很秘密，除了舍弟建人和內山書店的人知道以外，其餘的人，都很難找到。」記者的筆錄，也許有點走樣，大致和周先生所說相符合，以啓明先生的博學多識，益以骨肉之親，這些話該是十分中肯的。但由站得比較遠一點的我看來，啓明先生的話不無可以商量之處。〔註71〕

周作人對魯迅性格褊狹，「多疑」，「動不動就生氣」，而思想上「他對一切事，彷彿都很悲觀」，「最近又有轉變到虛無主義上去」的「苛刻」點評與民眾對其愛戴的「文壇巨星」、「民族解放運動英勇戰士」形象落差極大，同時也引發了魯迅生前好友、學生等對周作人的極其不滿，曹聚仁在引述周作人的談話時，就在文章中與其辯論，而在相隔幾天的北平大學法商學院魯迅座談會上，孫席珍、李何林教授批判的矛頭更是指向了周作人〔註72〕。周作人本著實話實說的態度，以他的理解對魯迅的性格和思想進行述評，本來也無可厚非，然而，這對於愛護和維護魯迅形象的「魯迅圈子」中人來說，周作人的「苛評」無異於貶損和「矮化」魯迅，這自然會引起他們的不滿和反擊。周作人對魯迅形象的「苛評」還僅僅是「矮化」魯迅的一個開端，然而，

〔註70〕原載一九三六年十月二十日《世界日報》。

〔註71〕曹聚仁：《論多疑》，原載 1936 年 10 月 29 日《立報》。

〔註72〕孫席珍：有人謂魯迅爲消極的悲觀者，觀察未免歪曲。伊相信將來有希望，此在其作品中可看到。李何林：因閱報載，有人謂魯迅先生是悲觀主義者，於一九二八年創造社時代，錢杏邨亦談及，惟魯迅之悲觀，多留一線希望。——1936.10.31 平大法商學院學生魯迅座談會談述辯論均強烈。

這「開端」卻是「影響極壞」，在魯迅死後，魯迅生前的論敵、宿敵們見魯迅的親兄弟且極熟悉魯迅生活的人尚且如此評價魯迅，他們就在周作人「苛評」的基礎上借題發揮，以極其尖酸刻薄的態度開始對「魯迅」展開了新一輪的攻擊。1936 年 10 月 20 日，天津《大公報》「短評」就有對魯迅的嘲諷和誣衊：「他那刻薄尖酸的筆調，給中國文壇劃了一個時代，同時也給青年不少的不良影響」；而魯迅生前的好友與論敵林語堂在 1936 年 11 月 22 日作於紐約的《悼魯迅》〔註73〕一文中，也極盡嘲諷之能事，對魯迅進行了刻薄的評述，稱魯迅爲一披堅執銳的「戰士」，「不交鋒則不樂，不披甲則不樂，即使無鋒可交，無矛可持，拾一石子投狗，偶中，亦快然於胸」〔註74〕。林語堂對魯迅「戰士」形象的醜化可謂到了極端。魯迅的雜感曾被瞿秋白給予極高的讚賞，譽爲投向反動派的「匕首」和「投槍」，這也是魯迅被賦予爲「戰士」形象的重要特徵，而葉公超的《魯迅》、畢樹棠的《魯迅的散文》等文章均對魯迅的雜感作了全盤的否定〔註75〕，而在他們兩人之後的蘇雪林不但極其不尊重魯迅的文學成就，以「取締魯迅宗教宣傳」爲己任，甚至還對魯迅的人格與形象作了最「惡毒」的攻擊：

> 魯迅的心理完全病態，人格的卑污，尤出人意料之外，簡直連起碼的『人』的資格還夠不著。但他的黨羽和左派文人竟將他誇張成爲空前絕後的聖人，好像孔子、釋迦、基督都比他不上。青年信以爲眞，讀其書而慕其人，受他病態心理的陶冶，卑污人格的感化，個個都變成魯迅，那還了得？在這裏，我要套吳稚暉先生的口吻大聲疾呼道：『寧墮畜道而入輪迴，不忍見此可悲現象！』我想先生也

〔註73〕 原載 1937 年 1 月 1 日《宇宙風》，第三十二期。

〔註74〕 「魯迅與其稱爲文人，無如號爲戰士。戰士者何？頂盔披甲，持矛把盾交鋒以爲樂。不交鋒則不樂，不披甲則不樂，即使無鋒可交，無矛可持，拾一石子投狗，偶中，亦快然於胸。此魯迅之一副活形也。」林語堂《悼魯迅》1937年 1 月 1 日《宇宙風》第三十二期。

〔註75〕 葉公超《魯迅》：「一個浪漫氣質的文人被逼到諷刺的路上實在是很不幸的一件事」「魯迅的諷刺作品還有一點缺憾，就是，雜耍的成分太多」1937.1.25《晨報》；畢樹棠：《魯迅的散文》：「假使文學的創作應該是發自靈感，則魯迅在藝術上的發展，卻有頭重腳輕之象。」「其次，魯迅的人生觀已自述得明明白白，而缺乏一個哲學家的完整的中心思想，因此在氣度上便有了限制，不能產出長篇的創作。」「在藝術上，他是一步一步的往後退，到他晚年，似乎已沒有靈感了。」「若以魯迅和其它作家比較，當以小說爲主要，散文次之，雜感是他的獨造，殊難與他人相提並論，其實只可算是他的散文的糟粕。」

有同樣的憤慨吧。魯迅平生主張打落水狗，這是他極端褊狹心理的
表現，誰都反對，現在魯迅死了，我來罵他，不但是打落水狗，竟
是打死狗了。〔註76〕

　　蘇雪林對魯迅「惡毒」的人身攻擊，明顯是以周作人對魯迅的「苛評」
為指南，並在此基礎上惡意引申而成，在其《與蔡孑民先生論魯迅》一文中，
魯迅的罪狀還有三大項：「一曰魯迅病態心理，將於青年心靈發生不良之影響
也；二曰魯迅矛盾之人格，不足為國人法也；三曰左派利用魯迅為偶像，恣
意宣傳，將為黨國之大患也」〔註77〕，蘇雪林還惡意中傷維護魯迅形象與地
位的生前好友〔註78〕，蓄意挑起事端，甚至叫囂「我不怕干犯魯黨之怒以及
整個文壇的攻擊，很想做個堂·吉訶德先生，首加魯迅偶像一長矛」〔註79〕。
蘇雪林的惡意冒犯魯迅，顯得有點突如其來，張夢陽指出，蘇雪林「後來轉
而攻擊魯迅，完全出於政治原因。當初她也曾為魯迅雜文的藝術力量所感
染」，「魯迅逝世紀念實際上也是不同階級魯迅觀激烈交鋒、尖銳衝突的戰場。
蘇雪林對魯迅的公開攻擊正是資產階級右翼文化陣營反動政治觀點的亮相，
是兩種根本對立的魯迅觀尖銳衝突達到白熱化的反映。」〔註80〕由此看來，
周作人「無意」間開啟的「苛評」之語，竟至夾雜著政黨攻擊，流毒甚廣，
而蘇雪林對魯迅形象的損毀也可謂是「空前絕後」的。然而，堡壘最容易從
內部攻破，來自左翼文學陣營內部對「魯迅風」雜文的否定，則使以雜文聞
名的「魯迅形象」遭遇到真正的挑戰。

　　1938 年 10 月 19 日，鷹隼（阿英）的《守成與發展》一文對巴人「魯迅
風」式的雜文的嚴正批評，則成為此次「魯迅風」論爭的「始作俑者」。阿英
主要對巴人的《捫虱談》等模仿魯迅的雜文進行批判，指出不但巴人模仿魯

〔註76〕　胡適、蘇雪林：《關於當前文化動態的討論》，1937 年 3 月 1 日《奔濤》第一
　　　　　期。
〔註77〕　蘇雪林：《與蔡孑民先生論魯迅》，1937 年 3 月 16 日《奔濤》，第一卷第二期。
〔註78〕　「魯迅這個人在世的時候，便將自己造成一種偶像，死後他的黨羽和左派文
　　　　　人更極力替他裝金，恨不得教全國人民都香花供養。魯迅本是個虛無主義者，
　　　　　他的左傾，並非出於誠意，無非藉此沽名釣利罷了。但左派卻偏偏恭維他是
　　　　　個什麼『民族戰士』、『革命導師』將他一生事跡，吹得天花亂墜，讀了真使
　　　　　人胸中格格作惡。」胡適、蘇雪林：《關於當前文化動態的討論》，1937 年 3
　　　　　月 1 日《奔濤》第一期。
〔註79〕　胡適、蘇雪林：《關於當前文化動態的討論》，1937 年 3 月 1 日《奔濤》第一
　　　　　期。
〔註80〕　張夢陽《中國魯迅學通史》，廣東教育出版社，2002 年。

迅的雜文不像，而且還透露出嚴重的復古氣息，不符合時代精神的需要。阿英通過否定巴人的雜文模仿之作，從而達到否定魯迅雜文的時代意義，他認爲在抗日戰爭形勢的影響下，「魯迅的雜文，絕不會再像過去禁例森嚴時期所寫的那樣迂迴曲折，情緒上，也將充滿著勝利的歡喜」，「他的新雜文，將是韌性戰鬥的精神。勝利的信念配合著一種巴爾底山的突擊的新形式，明快，直接，鋒利，適合目前的需要」〔註81〕其後，鷹隼（阿英）再次闡明自己的主張，指出當前雜文寫作存在的四大問題：其一，目前文談上模仿魯迅風氣是不是甚盛？其二，這樣傾向的增長對發展前途是不是有害？其三，如果有害，我們是不是應該表示抗議？其四，如果魯迅還在，是不是依舊寫這樣的雜文？（這可以用他在軍閥時期所寫雜文不同於後來所寫的作證）〔註82〕

　　阿英對巴人乃至文壇上「魯迅風」式雜文泛濫的批評，表面上是批評「魯迅風」雜文的模仿、跟風之作，實際上則不無暗示出魯迅雜文的「過時」，「不適合目前的形勢」，而引發了對魯迅雜文進行「價值重估」的問題，這在當時就引起左翼文學內部激烈的論爭。孫冶芳作爲當時上海地下黨文委的負責人，對這次魯迅雜文「價值重估」事件予以極高的重視，不但嚴正指出阿英七八年前以同樣的方式錯誤地否認魯迅《阿Q正傳》文學價值的行爲，並且重申了魯迅雜文存在的現實意義，「我們不僅需要《阿Q正傳》這樣的小說作品，而且需要魯迅風的雜文。我們深信魯迅先生的雜文的意義決不能以孤島的特殊環境爲限。」「只要社會上還需要有革命家存在的時候，魯迅風的雜文終將爲革命家手中的一種有力武器。」〔註83〕

　　這次來自左翼文學陣營內部的「魯迅風」論爭，不但「充分顯露了文藝界內部的缺乏統一戰線」〔註84〕，而且還暴露了左翼文學陣營內部對魯迅雜文以及文學成就認識上的分歧，魯迅的形象與歷史地位不僅在國民黨方面遭遇到嚴重貶損，還在己方陣營內部也存在著認知價值統一的危機。這次論爭帶來的嚴重後果正如孫冶芳所警示的一樣：這次反「魯迅風」的論爭，雖然

〔註81〕鷹隼（阿英）《守成與發展》，1938年10月19日《譯報・大家談》。
〔註82〕鷹隼（阿英）《題外的文章——答巴人先生》1938年10月21日《譯報・大家談》。
〔註83〕孫冶芳以「孫一洲」筆名發表《向上海文藝界呼籲》，《譯報周刊》第一卷第九期。
〔註84〕孫冶芳以「孫一洲」筆名發表《向上海文藝界呼籲》，《譯報周刊》第一卷第九期。

是反對「魯迅風」的雜文而不是反對魯迅的雜文，而且還糾正了當前雜文創作中的一些「不良」傾向，但從總體來說「至少在客觀上是帶有抹煞或低估魯迅先生雜文價值的意義」〔註85〕。

　　魯迅「身份危機」與「形象危機」的不斷加深，不可避免地導致了魯迅著作的「出版危機」。在魯迅生前，就曾有打算刻印全部著譯，魯迅死後，魯迅的親友紛紛致函許廣平，要求印行《魯迅全集》，「溯自先生逝世後，舉世哀悼。輿情所趨，對於全集出版，幾成一致要求。函箋紛至，荷蒙啓迪，舉其大要，則一望早日出版；二希收集完備；三翼售價低廉。」〔註86〕許壽裳最早關注此事，並對印行《魯迅全集》作了細緻的人事和資料整理的安排〔註87〕，不但及早致函蔡元培，「務請先向政府疏通，眷念其貢獻文化之功，盡釋芥蒂，開其禁令，俾得自由出售」，還指示許廣平，「無論片紙隻字，務請整理妥爲收藏」。在整個《魯迅全集》印行的策劃過程中，許壽裳深知出版魯迅全集的艱難，一方面加緊催促國民黨方面通過魯迅著作出版的註冊登記，一方面加緊完備魯迅全集的整理工作。在通過國民黨出版查禁方面，許壽裳一方面籌備了一個強大的《魯迅全集》七人「編印委員會」：臺靜農、許壽裳、蔡元培、馬裕藻、沈兼士、茅盾、周作人等，另一方面多方託朋友，最終取得與國民黨宣傳部部長邵力子、副部長方治的有效溝通，然而，即便是許壽裳做了這麼多的前期準備工作，《魯迅全集》的出版還是遭遇了一波三折的「出版危機」。

〔註85〕　「我特別要提出民族敵人反對魯迅先生雜文這一件事來無非要促起鷹隼先生和其它反『魯迅風』雜文的朋友們的注意。因爲他們雖則在主觀上可以說，他們所反對的是『魯迅風』的雜文而不是魯迅的雜文。但是我們不能否認這次反『魯迅風』的論爭，至少在客觀上是帶有抹煞或低估魯迅先生雜文價值的意義的。」孫一洲：《孫一洲致〈譯報周刊〉編者》，1938.12.14《譯報周刊》第十期

〔註86〕　許廣平：《〈魯迅全集〉編校後記》，《魯迅的寫作和生活──許廣平憶魯迅精編》。

〔註87〕　「關於印行《全集》一事，業於二十一日寄蔡先生一函，略謂豫兄爲民族解放始終奮鬥，三十年如一日，生平不事積蓄，上有老母在平，向由豫兄一人奉養，在滬則有寡婦孤孩，其創作雜言達二百萬言，翻譯不計在內，如能刊印《全集》，則版稅一項，可爲家族生活及遺孤教育之資。然此事有政治關係，必仗先生大力斡旋，始能有濟。務請先向政府疏通，眷念其貢獻文化之功，盡釋芥蒂，開其禁令，俾得自由出售，然後始能著手集資，尅期付印。否則縱使印成，版權既無保障，到處擅自翻印，流行如故，徒利奸商，於政府何益云云。俟得覆再行奉聞。以上是指已經刊行單行本之言，其餘未完成之稿，如《漢造像》，如《中國文學史》，都是極貴重文獻，無論片紙隻字，務請整理妥爲收藏，擇其較易著手者，先行出版。」1936.10.28許壽裳致許廣平信。

　　魯迅的著作在魯迅生前就有很多遭到國民黨宣傳部與內政部的大力查禁，魯迅死後，經過許壽裳一系列的關係運作，《魯迅全集》的出版幾乎要占盡「天時、地利、人和」的三要素了，在 1937 年 4 月 29 日與 1937 年 5 月 3 日許壽裳致許廣平的兩封信中，《魯迅全集》的出版進行得異常的順利：

> 　　《全集》註冊事，既已全部由內政部轉致中央黨部，自當從速接洽，裳擬致函熟人方君，請其竭力設法。邵、荊二君已有回信否？紀念會確非從速成立不可，示中魏建功、湯爾和、沈士遠、尹默、朱易先生處當由裳去接洽。美人施諾 Snow 因其夫婦均對大先生有好感，不妨請其一同加入，裳已託佘坤珊先生去面詢矣。此外陳公洽似可加入，弟意以為何如？望示知，以便去函徵求同意。〔註88〕

> 　　註冊事，時機不可失，裳已馳函蔡先生及中央黨部方希孔（治），請其設法，予以通過，陳大齊、沈士遠二兄處同樣函託，並徵求其加入為紀念會委員。昨與幼漁兄談及，渠謂大先生與胡適之並無惡感。胡此番表示極願意幫忙，似可請其為委員，未知弟意以為何如？希示及（湯爾和為委員已得其允）。〔註89〕

　　然而，1937 年 4 月 30 日國民黨內政部下達了「警發 002972 號」批件，繼續查禁魯迅的《南腔北調集》、《二心集》和《毀滅》等著譯，使《魯迅全集》的順利出版第一次亮起了紅燈。後經蔡元培的從中斡旋，全集出版方面又出現了轉機，但全集出版的條件卻變得「苛刻」起來了：

> 　　《全集》事，得蔡先生覆書云：「魯迅先生遺著事，弟曾函商於中央宣傳部邵力子部長。力子來談，稱內政部已轉來呈文，當催促部員提前檢查，現尚未敢斷言，是否全部都無問題，萬一有少數在不能不禁之列，止可於《全集》中剔除幾部，俾不至累及《全集》云云。其言亦持之有故，止可俟其檢查後再說。〔註90〕

　　而後，許廣平又託人作說客，茅盾也極為配合《魯迅全集》的出版工作，利用身份之便利抓住各種時機，盡力化解全集出版的可能出現的障礙：

〔註88〕許壽裳致許廣平信，1937 年 4 月 29 日，刊於《魯迅研究月刊》1983 年第 2 期。

〔註89〕許壽裳致許廣平信，1937 年 5 月 3 日，刊於《魯迅研究月刊》1983 年第 2 期。

〔註90〕許壽裳致許廣平信，1937 年 5 月 25 日，刊於《魯迅研究月刊》1983 年第 2 期。

昨接荊有麟信云：「周先生著作經有麟託王子壯先生，周先生老
友沈士遠先生托陳布雷先生分向宣傳部各負責人及邵力子先生處接
洽，現已得到結果：邵力子部長與方希孔副部長，已下手諭，關於
政治小評如有與三民主義不合之處，稍為刪改之外，其餘准出版全
集，惟印刷時，須絕對遵照刪改之處印刷，一俟印刷稿送審與刪改
無訛，即通令解禁。邵力子部長手諭：對此一代文豪，決不能有絲
毫之摧殘，云云。」今天開明書店有些人請邵先生吃飯，茅盾作陪。
談到禁書及迅師著作，邵謂：「蔡先生等函已收到，魯迅送中宣的，
他已大略看過，《花邊文學》與《準風月談》，以前雖禁過，但他看
沒有什麼，只要把書名改過，序及後記去掉，就可出版，不三不四
集可不要；十月與門外文談以前雖禁過，他看沒有什麼，可以通過
的。他已將此意下手諭，再過幾天，當可批下云」。茅先生並說邵先
生表示態度甚好，邵先生不知道是出全集，後接蔡先生信始明白，
並謂這當然沒有問題，又問：全集大約是什麼人編。茅答：大約蔡
先生、季弗先生，作人先生，他表示滿意。〔註91〕

至此，魯迅著作出版工作才開始打開了一個缺口，在許廣平、許壽裳決
定忍受苛刻的出版條件的情況下，《魯迅全集》也基本獲得國民黨著作出版審
查的通過〔註92〕，接下來就剩下與商務印書館進行提高版稅的磋商了，似乎
全集的出版也已經是指日可待的事情了。然而，這一次集所有「大家」力量
的努力商請出版《魯迅全集》還是沒有獲得最後成功，胡愈之在回憶《魯迅
全集》出版始末時說，「盧溝橋事變前，出版全集的事已找過商務印書館，因
一些問題不能解決。拖延了下來。反動派禁止發行魯迅的書，一般書店都不敢

〔註91〕 許廣平致許壽裳信，1937 年 5 月 23 日，刊於《魯迅研究月刊》1983 年第 2
期。

〔註92〕 許壽裳致許廣平信，1937 年 7 月 2 日，「至於《全集》，『刪去全篇者，於題目
下加（刪去）二字，於本文仍留題目，亦加刪去二字』，裳意以為可行。惟『將
刪去之全文地點空白』一層，似可不必，免得官方又來挑剔。其餘刪去一段
或三兩句者則易以××。《準風月談》書名改為《短評七集》，《花邊文學》改
為《短評八集》，均妥。木刻書籍如《會稽郡故書雜集》之類，當然列入。總
之，既名《全集》，應該全盤計劃，網羅無遺，不過可分為若干部，如（一）
創作、（二）翻譯、（三）纂輯（如《謝承後漢書》、《古小說鉤沉》、《會稽郡
故書雜集》及所搜漢唐碑板）、（四）書簡、（五）日記……。翻譯中，凡《域
外小說集》之三篇，《日本小說譯叢？》之若干篇，均應列入。現在最先應準
備者，是《全集》總目及《全集》總序，此事非弟擔任不可。請著手為盼。」

承印《魯迅全集》，只能由我們想辦法出版」〔註93〕，許壽裳在致許廣平的信中則進一步披露了其中「受阻」的細節：「印行《全集》事，因北新作梗，只得如此辦法，裳甚贊同。特未知雲五覆函到否？進行情形，請隨時示知」。〔註94〕魯迅全集第一次的出版計劃也終因抗日戰爭的爆發和北新書局的「從中作梗」而流產了，這雖有許多意外因素的干擾，然而，國民黨對魯迅著作的極力查禁終導致全集的不能出版，未嘗不是一個最重要的因素。這在後來抗日戰爭期間國民黨政府遷都重慶後，依然對魯迅著作的出版實施嚴酷的查禁就可以看出，魯迅著作將在很長的一段時間內都會遭遇到出版上的重重困境。

　　魯迅逝世後「身份危機」、「形象危機」與「出版危機」的集中爆發，使人們也越來越意識到「建構」魯迅的重要性和緊迫性。魯迅若沒有一個「合法」、「合理」的「身份」，魯迅著作、魯迅全集的出版必將成為一個難題，而各種紀念魯迅的活動，也會因當局的干擾而不能如期進行。在民族解放運動高漲的1936年，魯迅的逝世無疑為民族解放運動提供了一個極具號召力的精神偶像，它潛在的作用還在於一下子就把全國人民乃至全世界人民的情感都緊密聯繫在一起，凝聚成一股強大的民族精神力量，這在由蔡元培、宋慶齡、沈鈞儒等人組成的魯迅先生治喪委員會主席團在獻給魯迅的哀詞中充分體現出來：「魯迅先生離開我們而永逝了。魯迅先生不但是一個偉大的作家和思想家，而且是全世界勞苦大眾之友，青年的導師，中國民族解放的英勇戰士……在向遺體致最後敬禮的時刻，特鄭重宣言：我們決定繼承魯迅先生的遺志，與世界上的一切惡劣勢力鬥爭，不妥協，不投降，以使妖魔滅迹，和平與自由，出現在人間！〔註95〕在魯迅葬儀上，魯迅精神與民族解放運動的「合體」，這一具有象徵意義的「儀式」給魯迅賦予了崇高的歷史地位，「民族魂」的稱號不僅是民眾贈予魯迅的榮譽，同時也是鞭策同胞團結一致、共同禦侮的一面旗幟，它所體現出的迫切性還在於隨著民族危機的加深，「建構」魯迅精神與形象的要求也越具有重要的戰略意義。與民族解放運動通過闡發魯迅精神意義而「建構」魯迅的方式不同的是，魯迅親屬、朋友與學生等人通過大量紀念文章、歷史敘事與整理魯迅著作的方式來「建構」魯迅的整體形象更使「魯迅精神」的發揚與傳播落到實處。如何更好地去「建構」魯迅、紀念魯

〔註93〕 胡愈之：《永恒的紀念——〈魯迅全集〉出版始末》，《縱橫》，1985年第4期。
〔註94〕 許壽裳致許廣平信，1938年4月3日，《魯迅研究月刊》1983年第2期。
〔註95〕 《魯迅逝世前後》，《魯迅先生紀念集》（上），天津人民出版社2007年版，第11頁。

迅，把魯迅著作、精神遺產在戰亂的環境下保存下來並發揚光大，對於魯迅
的親屬與朋友來說，這是一份義不容辭的責任。

2.3 《魯迅先生紀念集》：「魯迅圈子」的集體亮相

　　1937 年初，在魯迅的親友、學生們決定編輯《魯迅先生紀念集》時，市
面上已經有不少這方面的書問世了。自魯迅逝世以後，不少書店競相剪輯報
刊上紀念魯迅的文章，編輯成書，坊間流傳的就有上海新東方書店出版的《魯
迅不死》，莽原書屋出版的《魯迅最後譯著》，中國出版社出版的《悼魯迅》，
上海千秋出版社出版社的《魯迅的死》，上海金城書局出版的《半夏小集》，
文學編譯館出版的《死》，上海全球書店印行的《魯迅的蓋棺定論》等。這些
書大都編寫得比較粗糙，印刷質量不高，有的甚至錯別字連篇，即便這樣，
這些打著紀念魯迅旗號實則牟取暴利的紀念冊子竟也相當的暢銷，北新書局
在沒有經過「魯迅先生紀念委員會籌備會」授權的情況下，也以「魯迅紀念
會」為名編印出版的《魯迅紀念集》〔註 96〕則是徹底激怒了魯迅的親友、學
生等人，在《魯迅紀念集》出版後，「魯迅先生紀念委員會籌備會」曾在報章
刊登「啟事」說：「北新書局出有《魯迅紀念集》小冊子一本，下書『魯迅紀
念會編』，此『魯迅紀念會』當係另一團體，與敝會絕無關係，深恐讀者誤會，
特此聲明。」〔註 97〕

　　在這些冒名盜印的魯迅紀念文集大肆泛濫時，魯迅生前的親友、學生們
也開始籌劃、編印一本更為全面而精美的魯迅紀念文集。許廣平在《〈魯迅年
譜〉的經過》一文中披露了魯迅逝世後，人們想更多地瞭解魯迅、紀念魯迅
的迫切心情以及《魯迅先生紀念集》成書的緣由：「自從魯迅先生逝世之後，
許多海內外人士，都很關心到他的生平，而除了從《自傳》中略知一二之外，
實在有無從探討之感。恰好在魯迅先生逝世兩三個月之後，一部分文化同人
希望出一本紀念集，商量編輯大綱的時候，一致認為應該有一個年譜，而預
算是在半週年紀念就刊印成書。」〔註 98〕而黃源在《魯迅先生紀念集・後記》
一文中，則更詳細地記錄了該書的編纂過程、各人分工以及成書出版等情況：

〔註 96〕1937 年 3 月，「魯迅紀念會」編，《魯迅紀念集》北新書局出版。
〔註 97〕1937 年 4 月 20 日，「魯迅先生紀念委員會」，聲明。
〔註 98〕許廣平：《〈魯迅年譜〉的經過》，《宇宙風》（乙刊），1940 年 9 月 16 日，第三
　　　　十九期。

「治喪辦事處」於喪事結束後，原擬把治喪的詳細經過，作一個報告。後來「治喪辦事處」停止工作，改由「治喪委員會」負責，並推定四人負責編輯。但隨著時間的過去，搜集的材料愈來愈多，於是索性變更計劃，擴大了範圍，企圖將先生逝世後各地——遠至外國所起的反響，給描出一個輪廓。同時因工作繁重，就多請幾位參加負責。以後的職務是這樣分配的：

一、所有照片，墨跡，自傳，譯著目錄等的搜集整理編製，輓聯辭的選錄及其它各項材料供給等，均有許景宋先生負責。

二、雜誌的收集以及其中大部分「悼文」的選定，由黃源負責。一小部及新聞紙中「悼文」的選定由田軍負責。

三、各種日文的報紙摘錄及目錄翻譯等，由胡風負責。

四、函電的選錄，簽名，喪儀等統計均由雨田制定。

五、關於刊載「悼文」的雜誌目錄，由臺靜農制定。

六、新聞紙的一部分的剪裁及改正，由蕭紅負責。

七、「逝世消息摘要」的剪裁，選定，輯錄及全部發稿，校對，分類，順序的編定及「逝世經過略記」一文，均由田軍負責。

八、封面設計由錢君匋先生負責。

九、最後付印以及出版等事，由黃源和吳朗西負責。

一九三七年七月十七日，第一次在華安大廈開「魯迅先生紀念委員會成立大會」時曾議決於十月十九日先生逝世的週年以前，將這《紀念集》與另外一本側重於研究性質的《紀念冊》，一同出版。但到了八月十三日炮聲一響，一切都陷入停頓。直到先生週年祭的一星期前，我們方剋制了經濟的難關，日夜趕工，在週年紀念日將這冊子捧呈於紀念先生的各界人士之前。〔註99〕

這本原定只作一個簡單的「治喪報告經過」想法的紀念「胚胎」，因外界出版環境的刺激與紀念魯迅的內在心理需求，最終孕育成一本厚達七百多頁，收錄

〔註99〕黃源（河清）《魯迅先生紀念集‧後記》，寫於 1937 年 10 月 4 日，收於魯迅紀念委員會編《魯迅先生紀念集》，文化生活出版社，1937 年，第 697～698頁。

了魯迅自傳、年譜、《逝世經過略記》、《逝世消息摘要》、《函電》、《輓聯辭》、各地《通訊》以及哀悼詩、文 141 篇的完整版魯迅紀念全集。在決定編輯這部紀念魯迅大全的文集時，作爲主要編撰者的蕭軍與胡風，就編撰原則、編撰範疇卻發生了分歧〔註100〕，蕭軍主張把「能收集到的資料都收進去」，胡風則堅持「要有所選擇」，從後來編撰的情況來看，這部分四輯編撰的紀念集最終還是在蕭軍與胡風之間作了一個妥協的處理：入選的文章、資料盡可能的豐富，但也有所選擇。就當時混雜的各種紀念文章來看，胡風堅持的「要有所選擇」的原則並不是沒有道理，這首先就保證了紀念文章的情感基調是在崇敬、愛戴與緬懷魯迅的心理訴求下統一編撰起來的，而把謾罵、攻擊、諷刺魯迅的文章排除在外，這不但保持了紀念文章的純潔性，而且也是當時人們紀念魯迅的共同要求。

然而，如果是僅僅是爲著「紀念」魯迅而編撰這本《魯迅先生紀念集》的話，那麼這部紀念集的編撰者們似乎都有違魯迅生前對紀念他的人的告誡：「我在寫著這些的時候，病是要算已經好了的了，用不著寫遺書。但我想在這裏趁便拜託我的相識的朋友，將來我死掉之後，即使在中國還有追悼的可能，也千萬不要給我開追悼會或者出什麼紀念冊。因爲這不過是活人的講演或輓聯的鬥法場，爲了造語驚人，對仗工穩起見，有些文豪們是簡直不恤於胡說八道的。」〔註101〕魯迅的預言不可謂沒有先見之明，但是在魯迅逝世後，「魯迅圈子」的同人們還是不管魯迅生前的告誡，決定編選這本紀念集，這就不能不對其編撰的目的進行重新考察。

在上述考察中，蕭軍與胡風對編撰原則、編撰範疇的分歧似乎還不僅僅是對入選紀念集人選的認定上，在胡風看來，這部紀念集更應該是與魯迅的「政治影響」緊密地聯繫在一起的，這從胡風對魯迅「治喪原則」的認定上就可以看出來。胡風認爲，黨應該掌握魯迅逝世後的治喪原則，魯迅之死不僅是文學家魯迅的逝世，更是牽涉到中國政治影響的一件大事。因此，黨決定由救國會出面來操辦這場喪事是一個很好的決策。救國會拿出一些政治口

〔註100〕蕭軍回憶道：「收集和選編《魯迅先生紀念集》，開始是我和胡風一塊搞的，因爲想法不一樣，他就不搞了。我認爲應該盡可能把能收集到的資料（包括中國的，外國的，各界的，各派的，各方面的報導、反映）都收進去，胡風則堅持要有所選擇，他不同意我的做法。他不搞我來搞。現在看來，這本紀念集子裏收集的東西還是有價值的。稿子編好後我就離開上海了，出版的事我沒參加。」《蕭軍談〈作家〉、〈海燕〉、〈魯迅先生紀念集〉等》1977 年 7 月 15 日
〔註101〕魯迅《病後雜談》1935 年 2 月《文學》第四卷第二號。

號來宣傳也是應該的。救國會出面辦理魯迅喪事當然會有他們的目的，然而，救國會的一些主張也是與黨的抗日救亡主張相一致的，因此，救國會只要把魯迅按照一個偉大革命作家的身份來宣傳，就能順其自然地達到共同的政治目的，而且有可能會發生很大的政治反響〔註102〕。在魯迅逝世這一件事情上，胡風更關注魯迅逝世後的「政治影響」，同樣，在紀念魯迅逝世這一事情上，胡風所堅持的編選材料「要有所選擇」的想法，依然也是與魯迅逝世後的「政治影響」緊密聯繫在一起。黃源在《炮聲中紀念魯迅先生──爲出版〈魯迅先生紀念集〉而作》一文中，透露出編纂此書的一個最重要的目的：

> 回想到去年的十月十九日，先生的逝世，正如萬人異口同聲所說的，像一個霹靂，震驚了每一個青年。當時在上海，從逝世以至安葬的這數天中，各階層好幾萬的男女老幼，由衷的洶浪似的湧著來瞻仰遺容與執紼送葬，以示最大的哀悼與至誠的敬禮。而且這一聲霹靂從上海的一隅響徹到全中國的每一個角落，全世界的每一個文化都市，甚至響徹到密密封鎖的深淵似的監獄中。當時我們看到想到這無數的熱誠而哀痛而又激昂的臉，就想描摹下來，使各地的戰友以至後代的人，知道這巨人的死，在中國以至世界的廣大的群眾間，引起了怎樣的強烈的反響。〔註103〕

黃源在文中所強調的，集編一部《魯迅先生紀念集》是想讓「各地的戰友以至後代的人」，「知道這巨人的死，在中國以至世界的廣大的群眾間，引起了怎樣的強烈的反響」，這與胡風編撰《魯迅先生紀念集》的意圖可謂是「不謀而合」。在1936年「西安事變」，國共實現了第二次合作以後，民族解放運動的發展高潮迭起，「魯迅圈子」的同人在編撰《魯迅先生紀念集》時，把魯迅生前親人、好友甚至國際友人、學生等人的紀念文章編撰在一起，其目的顯然並不僅僅在於「紀念」二字而已，這一帶有整體「策劃」的事件與其說是「魯迅圈子」

〔註102〕「關於治喪原則。這是應該由黨掌握的。這樣的大事，當然有巨大的政治影響，但是否應該如當時救國會一部分人所想望的，讓一些政治人物來出面，直接拿出一些政治口號來呢？這是應該確定的。救國會當然有他們的目的，但如果按一個偉大革命作家的身份安排好，那政治影響自然會發生，而且發生得更大更好（當時，如果由一些群眾威信不高的政治人物來出面，在群眾的感情上是不大能通過的）。」胡風：《關於魯迅喪事的情況──我所經歷的》，《社會科學》1981年第4期。

〔註103〕黃源《炮聲中紀念魯迅先生──爲出版〈魯迅先生紀念集〉而作》，收於《憶念魯迅先生》，人民文學出版社，1981年，第172頁。

在共同「紀念」魯迅，不如說是「魯迅圈子」有意為之的「整體亮相」，其所帶來的震驚效果正是與魯迅逝世這一事件的「政治影響」起著「二重奏」的作用。

「魯迅圈子」的整體亮相顯然是「蓄謀已久」的了。1937 年 7 月 17 日，在華安大廈召開的「魯迅先生紀念委員會成立大會」上，「魯迅圈子」就已經有了一次集中的展示，「大會最後聘請蔡元培、馬相伯、孫科等 72 位中、日、美、蘇、法等國人士擔任魯迅先生紀念委員會委員，推舉宋慶齡為委員會主席（後改為蔡元培），討論設立北平、上海辦事處，募集與舉辦魯迅學術獎金、建築魯迅銅像、出版《魯迅全集》、籌備週年紀念會、定每年 10 月 19 日公祭等決議。這些決議勾畫了今後紀念魯迅活動的具體方案，有力地推動了紀念魯迅活動的深入開展」〔註104〕，而《魯迅先生紀念集》也在此後克服了重重經濟困難與印刷困難，終於趕在魯迅週年祭前問世，為魯迅週年祭獻上一份厚禮。

《魯迅先生紀念集》的「厚重」不僅體現在它廣為搜羅的紀念魯迅資料、文章上，還體現在它盡可能多地網羅了當時最重要的政治團體、政壇人物對魯迅逝世的關切和哀悼，它以一種「紀念」的方式，「重溫」了魯迅與各政治團體、政壇人物之間存在的強烈感情紐帶，並悄然地「修復」了魯迅與國民黨政府間緊張的政治關係，從而實現了「非政黨」力量「建構」魯迅歷史形象與地位的多重訴求。

在《魯迅先生紀念集》的編撰目錄中，四輯共 141 篇悼文的選編，無疑是實現「建構」魯迅歷史形象與地位的多重訴求的重點所在。在這看似雜亂無章的編選中，其實每一輯都有側重的主題：第一輯側重於介紹魯迅一生的思想、精神與歷史地位的評定，如蔡元培的《記魯迅先生軼事》，許壽裳的《懷亡友魯迅》、《我所認識的魯迅》、《懷舊》，周作人的《關於魯迅》、《關於魯迅之二》等都以魯迅親友、在場者的身份，透視魯迅思想成就、文學成就與藝術成就的形成，而胡愈之的《魯迅——民族革命的偉大斗士》，章乃器的《我們應該怎樣紀念魯迅先生》，伯衡的《魯迅先生的戰績和思想》，劉大杰的《魯迅與寫實主義》，行者的《追悼我們民族的巨人——魯迅》，上海《時事新報》的《蓋棺論定的魯迅》等都是重在評定魯迅的歷史功績；第二輯側重於魯迅的國際影響與藝術貢獻，如內山完造的《憶魯迅》、《魯迅先生》，佐藤春夫的《日本文壇對魯迅的哀悼》，鹿地亙的《魯迅和我》，斯諾的《中國的伏爾泰》等國際友人都以深摯的感情表達了對魯迅逝世的哀痛與懷念，而孫福熙的《魯迅・藝術家》，陳煙橋的

〔註104〕葛濤《魯迅文化史》，東方出版中心，2007 年 5 月，第 61 頁。

《魯迅先生與版畫》，苦力的《魯迅的美術活動》，唐訶的《魯迅先生和中國新興木刻運動》等文章都從魯迅與藝術的角度回憶了魯迅對中國藝術的貢獻；第三輯側重於青年們對魯迅的摯愛與懷念，如許傑的《悼一個民族解放運動的戰士》，全國學生救國聯合會的《哭魯迅先生》，郭沫若的《民族的傑作》、《不滅的光輝》，李何林的《葉公超教授對魯迅的謾罵》，曹聚仁的《魯迅先生》，魏金枝的《我們年輕人只有慚愧》，唐弢的《紀念魯迅先生》，王瑤的《悼魯迅先生》，阿累的《一面》，巴金的《一點不能忘卻的記憶》，端木蕻良的《永恒的哀悼》等文章都表達了青年們對魯迅深深的敬意與懷念之情；第四輯側重於魯迅親友與左聯作家對魯迅的懷念，如茅盾的《研究和學習魯迅》、《學習魯迅先生》、蕭三的《反對對於魯迅的侮辱》，金三的《深淵下的哭聲》，曹靖華的《生命中的第一聲雷》，景宋的《最後一天》、《片斷的記錄》、《我怕》，胡風的《悲痛的告別》，田軍的《十月十五日》，蕭紅的《海外的悲悼》，紺弩的《關於哀悼魯迅先生》，周文的《魯迅先生並沒有死》，周曄的《追悼魯迅先生》等文章都表達了與魯迅關係密切的親友、左聯作家們對魯迅的深切懷念。《魯迅先生紀念集》比起之前的魯迅紀念集來，收錄的悼文都要多得多，尤其是在集中收錄魯迅親友與左翼作家的紀念文章方面，《魯迅先生紀念集》的傾向性因而也比較明顯：形成一次「魯迅圈子」的大彙集。這與對魯迅葬儀的策劃目的是要形成一次「政治示威」〔註105〕的政治影響一樣，在這四輯悼文的選編與排序中，我們不難看

〔註105〕郁達夫：「魯迅的葬事，實在是中國文學史上空前的一座紀念碑，他的葬儀，也可以說是對日人的一種示威運動。工人，學生，婦女團體，以前魯迅生前的知友親戚，和他的著作，受他的感化的不相識的男男女女，參加行列的，總有一萬人以上。」《回憶魯迅·郁達夫談魯迅全編》，上海文化出版社2006版，第12頁；胡愈之：「十九日清晨，馮雪峰打電話，讓我通知沈鈞儒和救國會。目前蔡元培、宋慶齡、沈鈞儒都講了話。當時正是抗日救亡運動高潮，通過魯迅出殯發動了一次政治性示威。國民黨對魯迅的逝世是震驚的，這一消息衝破了報紙的封鎖。蔡元培、宋慶齡墓前講話都公開批評國民黨反動派迫害魯迅。國民黨反動派因此對救國會又恨又怕，到十一月份就把救國會『七君子』抓起來了。」《談關於魯迅的一些事情》；馮雪峰：「對出殯有兩種意見：一種是遊行示威，走很多路；一種是反對走遠路，主要是要開成墓前大會就是勝利。如果走太多的路，送殯的人又那麼多，即使帝國主義的馬隊不來衝散，也將到深夜才能到達墓地。我們主張後一種辦法，宋慶齡、沈鈞儒都同意。結果，墓前大會開得很成功。魯迅逝世形成了一個政治性的運動，成了革命力量的一次大檢閱。蓋在遺體上的是一面「民族魂」的錦旗，當時是抗日救亡運動的高漲時期，覺得用「民族魂」三個字可以概括魯迅精神。字是沈鈞儒寫的」《談有關魯迅的一些事情》

到「魯迅圈子」想以「集體亮相」這一方式達到其潛在的「政治目的」。

「魯迅圈子」首要面對的問題是魯迅的歷史形象問題。自 1928 年以來，魯迅左傾的形象一直使其產生了廣泛的影響，特別是瞿秋白對魯迅思想轉變的著名論斷〔註 106〕，更使魯迅作爲左翼文壇的領袖而成爲國民黨出版著作查禁的對象。以「歷史還原」的方式重新塑造魯迅「光輝的人格」，「偉大的民族精神」，藉以奠定其崇高的歷史地位則是許壽裳、周作人、李霽野以及郁達夫等魯迅生前的親人、好友共同關注的問題所在。許壽裳在《我所認識的魯迅》一文對魯迅的「自題小像」一詩尚且記憶猶新，並對魯迅的民族主義精神作了更大的發揮〔註 107〕；而作爲魯迅早期生活見證人之一的周作人，對魯迅的生活與性格都是極其熟悉的，其在《關於魯迅》中也首次披露了魯迅不爲名利、不爲人知的創作心態〔註 108〕；李霽野的《憶魯迅先生》則是重申了許廣平在魯迅逝世墓前演講中提到的魯迅「吃的是草，擠的是奶」的犧牲精神；而郁達夫則是首次從民族歷史的高度，充分肯定了魯迅存在的價值，認爲「沒有偉大的人物出現的民族，是世界上最可憐的生物之群；有了偉大的

〔註 106〕「魯迅從進化論進到階級論，從紳士階級的逆子貳臣進到無產階級和勞動群衆的眞正的友人，以至於戰士，他是經歷了辛亥革命以前直到現在的四分之一世紀的戰鬥，從痛苦的經驗和深刻的觀察之中，帶著寶貴的革命傳統到新的陣營裏來的。他終於宣言：『原先是憎惡這熟識的本階級，毫不可惜它的潰滅，後來又由於事實的教訓，以爲惟新興的無產者才有將來。』」瞿秋白《魯迅雜感選集・序言》，上海青光書局，1933 年（1980 年 2 月重印）。
〔註 107〕許壽裳《我所認識的魯迅》：「魯迅對於民族主義，堅貞無比，在民元前九年留學東京時，贈我小像，後補以詩，曰：『靈臺無計逃神矢，風雨如磐黯故園。寄意寒星荃不察，我以我血薦軒轅。』三十年來，刻苦奮鬥以至於死，完全是爲中華民族的生存而犧牲，一息尚存，不容稍懈；思想只管向前邁進，而主義卻是始終一貫的。他的著譯已經印行者不下五十種，但是創作方面就有二百萬言，這都是心血的貢獻，永遠不朽的。」許壽裳《我所認識的魯迅》，收於倪墨炎、陳九英《許壽裳文集》上卷，百家出版社，2003 年，第 183 頁。
〔註 108〕知堂《關於魯迅》：「現在覺得應該說明了，因爲這一件小事我以爲很有點意義。這就是證明他做事全不爲名譽，只是由於自己的愛好。這是求學問弄藝術的最高的態度，認得魯迅的人平常所不大能夠知道的。其所輯錄的古小說逸文也已完成，定名爲《古小說鉤沉》，當初也想用我的名字刊行，可是沒有刻板的資財，託書店出版也不成功，所以還是擱著。……他爲什麽這樣做的呢？並不如別人所說，因爲言論激烈所以匿名，實在只如上文所說不求聞達，但求自由的想或寫，不要學者文人的名，自然更不爲利，《新青年》是無報酬的，《晨報副刊》多不過千字五角錢罷了。以這種態度治學問或做創作，這才能夠有獨到之見，獨創之才，有自己的成就，不問工作大小都有價值，與制藝異也。」

人物，而不知道擁護、愛戴、崇仰的國家，是沒有希望的奴隸之邦。」〔註109〕作為魯迅生前最親近的人和最瞭解魯迅的人，許壽裳、周作人、李霽野與郁達夫們從正、反、合幾個方面重新塑造的魯迅形象，對人們在魯迅逝世後重新來認識他明顯帶有「糾偏」的作用，魯迅高潔、大公無私、博愛的精神品格再一次以逼真的歷史面目呈現在世人的眼前，這對提升魯迅整體的歷史形象與地位無疑起著重要的心理認知作用。

「魯迅圈子」在重新塑造魯迅形象的同時，也自覺維護「魯迅圈子」的純潔性和一致性。《魯迅先生紀念集》既是名為情感上的「紀念」，也有促進「圈子」同人團結一致的意圖在裡面。「紀念集」的選編標準雖明文標示為「無分敵友」、「使作者增多」，但這其實還是內外有別的，用當時《北平新報》的一句標題來說，「魯迅不是任何人全可以紀念的」〔註110〕，作為魯迅生前「兩個口號之爭」中反對魯迅的徐懋庸等人，其紀念文章都被排斥在《魯迅先生紀念集》之外。排斥一些異己分子，團結更多愛戴魯迅的人，無疑也是「魯迅先生紀念集」編輯小組同人達成的共識。《魯迅先生紀念集》的出版在顯示「魯迅圈子」情感力量強大的同時，其本身也起到使「圈子」同人自覺歸屬這一隱形團體的廣告功效，這更像一則無言的政治宣言，宣告魯迅精神在政治上的獨立，以及「魯迅圈子」對「魯迅精神」的守護。

《魯迅先生紀念集》更為深層的政治動機則是企圖化解自魯迅逝世以來產生一系列的「身份危機」、「形象危機」與「出版危機」等。《魯迅先生紀念集》作為「魯迅圈子」同人第一次以「紀念」魯迅的形式結集出版，其矛頭也很明確地指向了兩個方面：一是大力反擊誣衊魯迅形象的人，一是強化作為民族英雄形象而存在的魯迅。對於反擊誣衊魯迅形象的人，李何林等「魯迅圈子」中人對葉公超、大公報記者等不遺餘力的聲討，則使「紀念集」充滿了浩然正氣；而對於強化作為民族英雄而存在的魯迅，不但在塑造魯迅歷史形象時多有論述，而且「紀念集」的編撰者們還把《魯迅先生生前救亡主張》這一篇並非魯迅作品的作品，也收入到「紀念集」當中來。這篇來源於《救亡情報》記者鄧潔（當時上海「臨委」負責人）對魯迅的訪問記，後被魯迅憤而否定的「記的完全不是我的話，是記者自己的話」〔註111〕的文章，

〔註109〕郁達夫《懷魯迅》，1936 年 11 月 1 日上海《文學》第 7 卷第 5 期。
〔註110〕輝英：《魯迅不是任何人全可以紀念的》，1936 年 10 月 27 日《北平新報》
〔註111〕馮雪峰回憶魯迅說過的話。

卻被「魯迅治喪委員會」重新「認定」爲魯迅的作品，並在魯迅出殯時作爲傳單向群眾散發。《魯迅先生生前救亡主張》主要是摘錄了三段魯迅先生生前對抗日救亡運動的意見：一是「對學生救亡運動的意見」，二是錄自《幾個重要問題》一文中的「對於聯合戰線的意見」，三是錄自《答徐懋庸並關於抗日統一戰線問題》一文中的「擁護抗日統一戰線的政策」。除了第三個有根可尋以外，其它兩個都很難被認爲是魯迅的作品。《魯迅先生生前抗日救亡主張》假借「魯迅」的名義，廣爲宣傳「抗日救亡主張」的行爲，正好符合了魯迅逝世後所掀起的抗日救亡運動熱潮，從這一角度來理解「魯迅」的「抗日救亡主張」，那麼作爲「民族魂」的「魯迅」則是有責任擔當起這一民族解放運動的大任，而《魯迅先生紀念集》收錄此篇文章，也正是進一步強化魯迅「民族性」的結果。淡化魯迅的「左翼革命色彩」而強化魯迅的「民族性」不無是一個爲魯迅爭得「合法」的國民身份的權宜之舉，由此可見，《魯迅先生紀念集》所「建構」的魯迅歷史形象與意義的意圖與當時「魯迅圈子」對國民黨一方的政治訴求是完全吻合的。

「魯迅圈子」的集體亮相，所起到直接或間接的政治影響效果慢慢在戰亂的環境中體現出來了，最爲明顯的是 1938 年版第一部《魯迅全集》的出版，幾乎可以說是完全仰仗「魯迅圈子」集體亮相後的政治影響，才使拖延了一年多的《魯迅全集》出版計劃最終成爲現實。《魯迅全集》的出版計劃在 1937 年經許壽裳、許廣平託人與國民黨宣傳部多次協商，並以刪改、禁止部分作品出版爲代價換來了國民黨宣傳部的同意出版，但最後卻因「七七事變」與北新書局的「從中作梗」而終於使此計劃流產。但這並沒有使「魯迅圈子」的同人放棄這一出版計劃，而是以更大的熱情尋找各種機會來實現這一共同的願望。在 1937 年 11 月至 12 月間，國內的出版審查因戰亂的原因而獲得了空前的出版自由，胡愈之等人組織的「復社」以發行預售券的方式，嘗試出版斯諾的《紅星照耀中國》（後來改名爲《西行漫記》），從而獲得了出版上的巨大成功，也爲出版《魯迅全集》提供了良好的基礎。但是，《魯迅全集》的出版雖然減少了政治審查的這一巨大障礙，還是存在著不少經濟上的難題，由群眾組織出版《魯迅全集》，「這個想法當然是很好的，但那時實現起來非常困難」，「我們根據手稿估算了一下，一部『全集』，要印整整二十冊，用新聞紙印，每部成本也要十八元。這樣大的規模，這麼多的經費，靠『復社』那一點點積累是遠遠不夠的。怎麼辦呢？經過再三研究，商量出兩個辦法，

一是仿照《西行漫記》，用先售預約券的辦法籌集資金，二是在印製十八元一部的普及本的同時，再印一種精裝本，正文用道林紙，外面加書箱，請蔡元培題字，每部售價一百元，這樣就可以以精裝本的盈餘來彌補整個經費的不足。」〔註112〕在胡愈之等「復社」〔註113〕同人的策劃下，《魯迅全集》所遭遇到的鉅額資金問題，似乎也有了可行的辦法。但《魯迅全集》出版的眞正難題在於「集資」（也即是用售預約券的辦法籌集資金）這一事情上，胡愈之在多年後的一個訪談中向我們詳細地展示了當時《魯迅全集》「集資」的全過程。1938 年 3 月，胡愈之帶著書箱樣品去香港找蔡元培、宋慶齡，並向他們介紹「集資」印《魯迅全集》的方案，蔡元培與宋慶齡都認爲這一方法可行。蔡元培不但題了字，還寫了序言，並且與宋慶齡一起發表了《魯迅先生紀念委員會主席蔡元培、副主席宋慶齡爲向海內外人士募集紀念本的通函》和《魯迅全集募集紀念本定戶啓事》。隨後，胡愈之把蔡元培的題字拍成照片，印在預約券上，開始在香港出售。國民黨左派官員孫科當場認購了十套，在他的帶動下，香港的銷售取得了很好的效果。接著胡愈之又去廣州，1938 年 5 月份到了武漢，都取得了不錯的銷售效果。武漢的銷售在周恩來、沈鈞儒以及其它比較開明的國民黨人士的大力支持下，終於籌到了幾萬塊資金，解決了《魯迅全集》的出版費用問題〔註114〕。

〔註112〕 吳承琬：《我國第一部〈魯迅全集〉是怎樣出版的？——記胡愈之同志一席談》，《人物》，1985 年第 2 期。

〔註113〕 「復社」：胡愈之等人於 1937 年成立。

〔註114〕 「1938 年 3 月，我帶著書箱樣品去香港找蔡元培、宋慶齡，他們完全同意我們的方案。蔡元培不但題了字，還寫了序言，並且與宋慶齡一起發表了《魯迅先生紀念委員會主席蔡元培、副主席宋慶齡爲向海內外人士募集紀念本的通函》和《魯迅全集募集紀念本定戶啓事》。我把蔡元培的題字拍成照片，印在預約券上，當即在香港出售。記得我第一個找的是孫科。那時候他是國民黨左派，當場認購了十部。在香港的銷售很有成效。接著我又去廣州。5 月間到了武漢。當時周恩來同志正在武漢。他對《魯迅全集》的出版極爲關心，武漢八路軍辦事處預訂了許多部，其中一部份是寄到延安去的。救國會主席沈鈞儒當時也在武漢。他專爲出售《魯迅全集》預約券舉行了一次茶話會，邀請比較開明的國民黨人士參加。那天我在門口接待。第一個來簽到的是邵力子先生，他當時是國民黨中央宣傳部長。他一進門就很動感情地說：「我實在是對不起魯迅先生。」（因他在宣傳部長任內，曾不得不對魯迅的一些著作加以禁止或刪削，但他又是魯迅先生的同鄉和好友）接著他說：「我今天有事不能參加會，但我一定爲出版《魯迅全集》盡一份力。」說罷，拿出一千元錢，訂購了十部。在邵力子先生的帶動下，國民黨官員們也紛紛認購。在武漢一下子籌得資金數萬元，解決了很大問題。」吳承琬：《我國第一部〈魯迅

在這場《魯迅全集》「全民集資」動員會的過程中，國共兩黨政治關係的緩和不能不說爲「集資」的順利展開提供了良好的政治環境。然而，更爲重要的是，「集資」的數額必須要相當可觀才能有助於《魯迅全集》順利印行，而這一切必須獲得更多人的支持才行。當胡愈之拿著蔡元培、宋慶齡簽名的《魯迅先生紀念委員會主席蔡元培、副主席宋慶齡爲向海內外人士募集紀念本的通函》和《魯迅全集募集紀念本定戶啓事》，並在香港開始了以「茶話會」的形式聯絡魯迅生前的同事、朋友、學生與國民黨左派政府官員等人時，《魯迅全集》的「徵訂」、「預售」工作才正式展開。令胡愈之意想不到的是，「預售」工作竟然出奇的順利，幾乎是「一呼百應」，「香港的銷售很有成效」。而在武漢的徵訂工作，除了得到周恩來的大力支持以外，「救國會」主席沈鈞儒同樣專爲出售《魯迅全集》預約券「舉行了一次茶話會」的舉動也不可小視，最終「開明的國民黨人士」的大力相助終於使《魯迅全集》的出版「集資」達到三四萬元的鉅款，爲全集的出版工作提供了必要的資金保證。在當時戰亂的環境下快速地籌措到這筆鉅款實在不是一件容易的事情，這裏除了人們對魯迅的愛戴與敬仰之情以外，也與幾個月前出版《魯迅先生紀念集》時所形成的「魯迅圈子」不無重大的關係，或者可以說，正是《魯迅先生紀念集》出版時形成的一股強大的「魯迅圈子」凝聚力，才使得胡愈之在「集資」的時候發生了「圈子」效應，「魯迅圈子」中人紛紛慷慨解囊，甚至連國民黨的宣傳部長邵力子——當初查禁魯迅著作最嚴的新聞檢察官，也「訂購了十套」，最終通過大家的通力合作，《魯迅全集》的「徵訂」與出版才形成了現代出版史上的一次「奇跡」：「據資料記載，《魯迅全集》普及本在 1938 年 6 月 15 日出版，精裝本在 8 月 1 日出版。全集內容包含了魯迅先生生前全部著述和譯作，連被國民黨查禁和刪削的都恢復了原貌。這樣一部六百萬字、二十厚冊的巨著，在當時那樣險惡的環境中，從編輯、校對到出書，只用了短短四個月的時間，而且印剛質量高，裝幀設計精美，這不能不說是個奇跡。」〔註 115〕

全集〉是怎樣出版的？——記胡愈之同志一席談》，《人物》，1985 年第 2 期。

〔註 115〕吳承瑃：《我國第一部〈魯迅全集〉是怎樣出版的？——記胡愈之同志一席談》，《人物》，1985 年第 2 期。

第 3 章　「啓蒙者」形象的確立

3.1　作爲「民族魂」象徵的魯迅

　　如前所述，許壽裳作爲「魯迅圈子」中與魯迅有過長時間交往的重要人物，其歷史敘述對魯迅形象的「建構」起著重要的認知作用。這正如有的研究者所指出的，許壽裳與魯迅相知、相交 35 年，前 20 年晨夕相見，後 15 年書信來往不斷，每年見面的次數也很多，相互間的瞭解是很充分的，尤其是許壽裳與魯迅經常徹夜長談，對許多問題都作過深入的探討，因此，在瞭解魯迅方面，「許壽裳所掌握的第一手材料也就更爲豐富，他的關於前期魯迅的研究文章，就更有重要價值，甚至可以說，凡是要研究前期魯迅的研究者，都不能不參考許壽裳的研究論著。」〔註 1〕作爲魯迅青年留學時期以來的摯友，許壽裳對魯迅的飲食起居、情感態度以及思想傾向等方面自然瞭如指掌，在魯迅逝世後的十二年中，許壽裳一直以回憶兼研究的方式不斷發表多篇關於魯迅的敘述，在其生前結集成書的就有《魯迅的思想與生活》與《亡友魯

〔註 1〕「許壽裳所掌握的材料，既豐富，且可信，這是他研究魯迅的優勢。他的研究文章，不僅材料豐富、新鮮，而且對魯迅的認識也深切，其論述有許多新的發現。因此，他的文章爲魯迅研究者所重視，並樂於引證。在他們相交的 35 年中，前 20 年是晨夕相見的，許壽裳所掌握的第一手材料也就更爲豐富，因此，他的關於前期魯迅的研究文章，就更有重要價值，甚至可以說，凡是要研究前期魯迅的研究者，都不能不參考許壽裳的研究論著。」周蔥秀《發揚實證主義研究的優長——談許壽裳的魯迅研究》，《魯迅研究論集》，中國文史出版社，2005 年，第 348 頁。

迅印象記》兩本關於魯迅的專集，後人又把許壽裳關於魯迅的其它文稿結集成《我所認識的魯迅》一書，「這三本著述已成爲回憶錄中的經典，是『魯學』研究的必備入門書」〔註2〕，而著名的魯迅研究專家孫玉石也認爲，許壽裳對於魯迅精神的闡釋由於它「逼近人格眞實」，「沒有流行理論形成的主觀臆造性」，因此雖然已經過去了五六十年，但今天讀起來，仍然給人異常的親切感與無限的啓發性，而許壽裳對於魯迅精神品格本身帶有原初形態的理解和闡釋，比起其它牽強附會的闡釋或許可能還更符合實際一些〔註3〕。

　　許壽裳這三本關於魯迅的歷史敘述歸結起來都有一個共同的目的，那就是以魯迅生活經歷的親歷者身份努力去「建構」一個近乎完美的魯迅歷史形象，其中最爲突出的是許壽裳在《魯迅的思想與生活》、《我所認識的魯迅》與《亡友魯迅印象記》三本文集中的回憶錄在魯迅逝世後的不同時期都不約而同地提到了魯迅「探討國民性」的三個問題，即是「第一，怎樣才是理想的人性？第二，中國國民性中最缺乏的是什麼？第三，它的病根何在？」〔註4〕雖然許壽裳每次的提法都不一樣，但是，魯迅在日本留學之初就對「探討國民性」的關注，以及後來與新文化運動中的「打破鐵屋子」的想法結合在一起的時候，「啓蒙者」魯迅的形象無疑更爲深入人心。而許壽裳對魯迅早期「探討國民性」思想的「揭露」和強調，不僅爲魯迅後來「打破鐵屋子」的想法尋到了思想的源頭，同時也昭示著魯迅多年來一直致力於從「探討國民性」到「改造國民性」的努力，「啓蒙者」成爲「五四」新文化運動「主將」的代名詞，也成爲了魯迅研究者們命名魯迅的最重要的形象特徵。

　　許壽裳對魯迅「啓蒙者」形象的「建構」可謂功不可沒，然而，需要仔細區分的是，許壽裳對魯迅歷史形象的「建構」並非一開始就以「啓蒙者」形象出現的。大多數魯迅研究者們都想當然地認爲許壽裳對魯迅「啓蒙者」形象的建構是其一開始就有的想法，由於許壽裳首先開拓了魯迅「改造國民

〔註2〕陳漱渝、黃英哲《重新認識許壽裳》，《群言》，2010年第8期。

〔註3〕「許壽裳對於魯迅精神的闡釋，雖然已經過了近五六十年，因爲它的逼近人格眞實和沒有現代流行理論形成的主觀臆造性，今天讀起來，仍然給人以異常的親切感與無限的啓發性」，「許壽裳對於魯迅精神品格本身帶有原初形態的理解和闡釋，雖然沒有那麼多神聖的光環和深潛玄妙的哲理，但我認爲，比較起來，或許可能還更符合實際一些。」孫玉石《「民族魂」的知音——重溫許壽裳對魯迅闡釋的一個側面》，《魯迅研究月刊》，1998年第6期。

〔註4〕許壽裳《懷亡友魯迅》（1936.11.8）、《回憶魯迅》（1944.10.25《新華日報》）、《亡友魯迅印象記》三次均提到這個問題。

性」思想的研究，而許壽裳的魯迅研究也確實給魯迅研究帶來很大的啓發性，因而業界一致認爲許壽裳的魯迅研究最有價值，最爲研究者所推崇，而許壽裳對魯迅「啓蒙者」形象的建構過程則往往被研究者們忽略了〔註5〕。許壽裳早在 1936 年的《懷亡友魯迅》中就提到了魯迅的「探討國民性」問題似乎也在印證著研究者們所作出的重要結論：「魯迅在弘文時，課餘喜歡看哲學文學的書。他對我常常談到三個相聯的問題：（一）怎樣才是理想的人性？（二）中國國民性中最缺乏的是什麼？（三）它的病根何在？這可見當時他的思想已經超出於常人。後來，他又談到志願學醫，要從科學入手，達到解決這三個問題的境界。我從此就非常欽佩：以一個礦學畢業的人，理想如此高遠，而下手工夫又如此切實，眞不是膚淺凡庸之輩所能夢見的。」〔註6〕而在 1944年的《回憶魯迅》一文中，許壽裳對魯迅的「探討國民性」問題有了更多細節的補充和闡釋：

> 我們又常常談著三個相連的問題：（一）怎樣才是理想的人性？（二）中國民族中最缺乏的是什麼？（三）它的病根何在？對於（一），因爲古今中外哲人所孜孜追求的，其說浩瀚，我們盡可擇善而從，並不多說。對於（二）的探索，便覺到我們民族最缺乏的東西是誠和愛，——換句話說：便是深中了詐偽無恥和猜疑相賊的毛病。口號只管很好聽，標語和宣言只管很好看，書本上只管說得冠冕堂皇，天花亂墜，但按之實際，卻完全不是這回事。至於（三）的癥結，當然要在歷史上去探究，因緣雖多，而兩次奴於異族，認爲是最大最深的病根。做奴隸的人還有什麼地方可以說誠說愛呢？……惟一的救濟方法是革命。我們兩人聚談每每忘了時刻。我從此就佩服他的理想之高超，著眼點之遠大。他後來所以決心學醫以及毅然棄醫而學文學，都是由此出發的。〔註7〕

〔註5〕「許壽裳的魯迅研究，最有價值、最爲研究者所推重的，是對魯迅的改造國民性思想的研究。許壽裳所研究的這一領域，是魯迅研究的一個重要領域，而他就是這一研究領域的重要開拓者之一」周葱秀《發揚實證主義研究的優長——談許壽裳的魯迅研究》，《魯迅研究論集》，中國文史出版社，2005 年，第 348 頁。

〔註6〕許壽裳《懷亡友魯迅》，收於倪墨炎、陳九英《許壽裳文集》上卷，百家出版社，2003 年，第 49 頁。

〔註7〕許壽裳《回憶魯迅》，收於倪墨炎、陳九英《許壽裳文集》上卷，百家出版社，2003 年，第 208～209 頁。

　　對於許壽裳兩次前後不一致的「探討國民性」解釋，周蔥秀認爲，這兩篇文章從兩個不同層次、兩個不同角度來提問題。許壽裳的後一篇文章提出「唯一的救濟方法」是「革命」，講的主要是「救濟方法」，指的是根本解決的方法，而許壽裳前一篇文章提出「要從科學入手」，講的是「入手」問題，從科學入手來解決國民性問題是沒有錯的，魯迅也多次講過要靠科學來解決國民性的問題。許壽裳的兩篇文章一處是講根本的解決方法，一處講入手的工夫，從兩個不同層面來提出問題，從而完整地解釋魯迅改造國民性的方案，這是他研究魯迅的深入、獨到之處〔註8〕。在此，不難看出研究者們面對許壽裳「科學救國」與「革命救國」兩種不同的「探討國民性」方案時，首先想到的不是質疑許壽裳爲什麼對同一問題會有兩種不同的解釋，而是早就「認定」了許壽裳對魯迅「啓蒙者」形象的建構是其一開始就有的想法，並「處心積慮」地想爲許壽裳尋找到一種更好的「自圓其說」的合理解釋。顯然，這與多年以來許壽裳的歷史敘述在魯迅研究界所形成的「權威解釋」有很大的關係。一直以來，許壽裳關於魯迅的歷史敘述都以其「史料的豐富性」和「敘述的客觀性」的面目而廣受研究者們的徵引，以至於在魯迅研究界幾乎達成這麼一種「共識」：許壽裳的歷史敘述都是毋庸置疑的，而在一些史實記錄方面，如果遇到許壽裳與別的記述者出現偏差時，也多是採用許壽裳的說法，如在魯迅是否加入光復會這一事情上，研究者們大多相信許壽裳的說法而擯棄周作人的說法〔註9〕。因此，在對許壽裳的「探討國民性」問題的解釋

〔註8〕「這兩篇文章的提法都不一樣，因爲它們是從兩個不同層次、兩個不同角度來提問題的。前一次提出，解決問題『要從科學入手』，這裏講的是『入手』，許壽裳認爲，魯迅的『理想如此高遠，而下手工夫又如此切實』。從科學入手來解決國民性的問題，是沒有錯的。魯迅後來多次講到要靠科學來解決國民性的問題」，「許壽裳在後一篇文章中提出，『唯一的救濟方法』是『革命』，他這裏講的是『救濟方法』，指的是根本解決的方法，是從另一個層次提出的問題。一處是講入手的工夫，一處是講根本的解決。許壽裳所揭示的魯迅思想邏輯是，從科學啓蒙入手，進而依賴於革命求得根本解決。許壽裳從兩個不同層次來提出問題，從而完整地揭示魯迅改造國民性的方案，這是他研究魯迅的深入、獨到之處」周蔥秀《發揚實證主義研究的優長——談許壽裳的魯迅研究》，《魯迅研究論集》，中國文史出版社，2005年，第352～353頁。

〔註9〕周作人認爲，魯迅始終沒有加入過「光復會」，而許壽裳則認爲魯迅在1908年加入過「光復會」，後來有一些研究表明，魯迅在1904年曾加入過「光復會」，然而，對於魯迅是否加入過「光復會」這一事件，始終缺乏過硬的證據，而成爲懸案。

上，研究者們並沒有對許壽裳出現的兩種不同解釋作出進一步的探討，這除了出於對許壽裳歷史敘述的過於推崇以外，還多半受前人的研究成果與成規所限，以至於對許壽裳的研究不能再往前推進一步。

然而，在周葱秀們「貌似合理」的解釋當中，我們也應該注意到這樣一個現象，即大多數的魯迅研究者們都把許壽裳的歷史敘述當作一個靜態的、一錘定音式的歷史結論去接受，而忽略了許壽裳對魯迅歷史地位、歷史意義的認識其本身就是一個動態的、調整的和不斷加深的過程。許壽裳與魯迅雖然相知、相交達三十五年，但這也並不代表許壽裳就能完全瞭解魯迅，成為魯迅的代言人，相反，許壽裳與魯迅在家庭背景、個人天賦以及政治立場上的選擇等方面都存在著重大的差異，這些差異也促使魯迅與許壽裳形成了各自不同的發展道路。作為同是衝破舊營壘束縛的愛國知識分子，許壽裳與魯迅在精神上雖然有很多相通之處，但他們思想上的分野也是顯而易見的，這或多或少都會給兩者間造成精神上的隔膜，許壽裳晚年在一次次重讀《魯迅全集》後寫出大量的回憶魯迅、研究魯迅的文章也恰恰證明了許壽裳對魯迅的認識並不是一次完成的，而是逐步深入，最後才達到與魯迅的精神息息相通的地步。魯迅研究者們這種更重視許壽裳與魯迅的共性而忽略其差異性的做法，與其說是在維護歷史敘述「原生態」式的歷史真實，倒不如說是遮蔽了另一種歷史真實──一種動態的，調整的和認識不斷加深的歷史真實。在此，我們有必要對許壽裳究竟是如何「建構」一個「啟蒙者」魯迅的全過程作一個全面而深入的考察，以便更好地把握許壽裳對魯迅的歷史敘述。

在許壽裳對魯迅兩次「探討國民性」的解釋當中，許壽裳對魯迅「國民性」的解釋明顯發生了變化：前者注重於魯迅對「國民性」問題的「探討」，提出問題，引起人們的注意；而後者則明顯注重於如何去「改造」「國民性」了。而尤須注意的是，許壽裳對魯迅「探討國民性」的發表時間問題，前者是在魯迅逝世後的 1936 年，後者則在許壽裳精神上歷經了很多挫折磨難後的 1944 年，許壽裳對於魯迅的「國民性」問題是從「科學」與「革命」兩個層面來提出問題，還是有意識對以前看法的一種修正？這其中的差別顯然值得我們細細去揣摩，而並非簡單地為許壽裳的兩種解釋尋求一種能夠「自圓其說」的說法，漠視了深入許壽裳思維內部結構的一種可能性。從許壽裳提問題的思路模式來看，「科學救國」與「革命救國」顯然是對魯迅「探討國民性」問題的一種並置的解決方案，許壽裳在二十世紀四十年代後對「革命」的重新認識，也影響著他對魯

迅「探討國民性」方案的重新認識，因而，不難看出許壽裳後期的說法明顯是
對前期說法的一種「修正」。然而，許壽裳對魯迅「探討國民性」問題的修正不
但造成「探討」與「改造」國民性問題上的錯位，更造成了魯迅「啓蒙者」身
份的「前移」，「惟一的救濟方法是革命」的說法所造成的「啓蒙者」形象與「探
討」國民性的問題結合起來，更容易使人誤認爲許壽裳對魯迅「啓蒙者」形象
的塑造是其一開始就有的想法，從而忽略了許壽裳對魯迅形象的「二重塑造」
所帶來的形象改寫問題及其背後的精神嬗變問題。因而，區分「探討」國民性
與「改造」國民性問題的提出及其細微差別，更有助於我們區分許壽裳對魯迅
的「最初」的形象塑造與「最終」的形象塑造及其所產生的混淆情況。

　　作爲對魯迅戰鬥一生的總結和評價，許壽裳對魯迅的最初形象塑造主要集
中在評定魯迅歷史功過，發掘魯迅精神價值的「民族魂」形象的「建構」上。
在魯迅逝世後第八天應《益世報》記者寫的《我所認識的魯迅》一文中，許壽
裳簡略地勾勒了魯迅一生的創作經歷和創作個性，首要地指出魯迅在中國新文
藝創作上「劃時代」的意義：「魯迅小說第一集《吶喊》，識者都稱爲中國新文
藝上眞正的，劃時代的傑作」，「喚醒沉睡的國魂」作爲魯迅創作的重要特徵和
文學理想，在他還沒有投入到五四新文化運動之前，就以其強烈的愛國熱情向
海內外的同胞發出了第一聲「吶喊」：「魯迅的吶喊聲並不是五四運動的時候才
起的。民元前九年（一九〇三年），他二十三歲所作的《斯巴達之魂》（《集外集》），
便是借了異國士女的義勇來喚起中華垂死的國魂。民元前五年（一九〇七）他
二十七歲所作的《文化偏至論》，《摩羅詩力說》等（《墳》），都是忧於當時一般
新黨思想的淺薄猥賤，不知個性之當尊，天才之可貴，於是大聲疾呼來匡救」
〔註10〕，「愛國者」魯迅的形象躍然紙上。然而，魯迅的偉大之處不僅僅在於積
極投身於愛國學生運動的熱潮當中去，更在於他對劣根「國民性」毫不留情的
揭露上，「魯迅的頭腦受過科學的鍛鍊的，眼光極銳敏，心極細而膽極大。他敢
正視人生，衝破黑暗，指出國民性的缺點」，「揭穿假面，毫不留情，這是他的
偉大之處」，「主張韌性的戰鬥，這又是他的偉大之處」〔註11〕，在許壽裳對魯
迅「愛國熱情」和創作個性寥寥幾筆的勾勒當中，魯迅與「挽救民族危亡」的
「英雄」形象已經緊密地結合在一起，許壽裳也一直在詮釋著魯迅的「偉大之

〔註10〕 許壽裳《我所認識的魯迅》，收於倪墨炎、陳九英《許壽裳文集》上卷，百家
　　　　出版社，2003年，第181頁。
〔註11〕 許壽裳《我所認識的魯迅》，收於倪墨炎、陳九英《許壽裳文集》上卷，百家
　　　　出版社，2003年，第181～182頁。

處」，然而，許壽裳對魯迅形象的「塑造」並不僅僅止步於此，更爲重要的是許壽裳進一步勾勒出魯迅這種偉大的民族情感的緣起：

> 魯迅對於民族主義，堅貞無比，在民元前九年留學東京時，贈我小像，後補以詩，曰：靈臺無計逃神矢，風雨如磐暗故園。
>
> 寄意寒星荃不察，我以我血薦軒轅。
>
> 三十餘年來，刻苦奮鬥以至於死，完全是爲了中華民族的生存而犧牲，一息尚存，不容稍懈；思想只管向前邁進，而主義卻始終一貫的。他的著譯已經印行者不下五十種，但是創作方面就有二百萬言，這都是心血的貢獻，永遠不朽的。〔註12〕

許壽裳在向我們展示魯迅「堅貞無比」的民族氣節時，魯迅之於民族存亡的歷史意義也得到了空前的強化，「三十餘年來，刻苦奮鬥以至於死，完全是爲了中華民族的生存而犧牲」的魯迅，所具有最堅貞的民族理想，最高尙的民族情操和最偉大的民族奉獻精神的「民族魂」形象呼之欲出。這在無形中呼應了「魯迅治喪委員會」主席團在魯迅下葬前所致的哀詞，魯迅不但是一個偉大的作家和思想家，「還是中國民族解放的英勇鬥士」〔註13〕。「民族魂」作爲人民賦予魯迅「蓋棺論定」的時代最強音，同時也成爲了許壽裳所著力「建構」的魯迅形象，這對許壽裳竭力想提高魯迅歷史地位，讓魯迅精神得到更廣的傳播無疑是極爲有利的，因此，在許壽裳對魯迅的歷史敘述中，都會有意或無意地向「民族魂」魯迅的形象靠攏，而許壽裳對魯迅歷史地位、歷史價值的認識與 1936 年高漲的「民族解放運動」熱潮對魯迅歷史定位的高度一致，不僅是時代政治的最佳選擇，也是一種歷史合力的結果。

〔註12〕 許壽裳《我所認識的魯迅》，收於倪墨炎、陳九英《許壽裳文集》上卷，百家出版社，2003 年，第 183 頁。

〔註13〕 「魯迅先生離開我們而永逝了。魯迅先生不單是一個偉大的作家和思想家，而且是全世界勞苦大眾之友，青年的導師，中國民族解放的英勇鬥士；魯迅先生一生所企圖的，是人類社會自由解放，與世界和平；所教導我們的，是爲和平自由而艱苦鬥爭。魯迅先生遺體，埋葬於黃土之中，魯迅先生的遺教，卻將永遠埋藏在全世界愛好和平與自由的人們的心底。參加魯迅先生葬儀的主席團和全體群眾，包含著東西各國各界人士，老年與青年，工人與學生，在向遺體致最後敬禮的時刻，特鄭重宣言：我們決定繼承魯迅先生的遺志，與世界上的一切惡劣勢力鬥爭，不妥協，不投降，以使妖魔滅跡，和平與自由，出現在人間！」《魯迅先生逝世前後》，《魯迅先生紀念集》（上），天津人民出版社 2007 年版，第 11 頁。

　　許壽裳所竭力強調的魯迅對整個民族的貢獻和奉獻精神在其後的《懷亡友魯迅》一文中則得到進一步的強化。在對與魯迅相交的三十五年生活的概述中，許壽裳更為強調「魯迅學術研究的深邃和人格修養的偉大」以及魯迅在「改造國民性」問題上「鞠躬盡瘁，死而後已」奉獻精神的偉大。而對於魯迅的病逝，許壽裳則總結了三個更為深層次的原因，認為魯迅的死與他對民族的奉獻有著密切的關係，「他的生命是整個獻給我們中華民族的，『我以我血薦軒轅』這句詩可說是實踐到底，毫無愧色的。」在對魯迅總體的生平和著作的評價當中，許壽裳更是從民族意義的高度上肯定了魯迅偉大的人生實踐：「魯迅又是言行一致的人。他的二百萬言以上的創作，任取一篇，固然都可以看出偉大的人格的反映，而他的五十六年的全生活，為民族的生存和進步而奮鬥，至死不屈，也就是一篇天地間的至文———一篇可泣可歌光明正大的至文，這仁智雙修言行一致八個字，乃是魯迅之所以為魯迅！」〔註14〕

　　而在《魯迅年譜》的編撰過程中，許壽裳對魯迅形象的塑造同樣是將其定位為民族解放而作出的努力上。在對魯迅探討國民性的問題上，《魯迅年譜》的表述可謂是極度平和：「課餘喜讀哲學與文藝之書，尤注意於人性及國民性問題」，而突出魯迅反封建的先鋒作用：「自四月開始創作以後，源源不絕，其第一篇小說《狂人日記》，以魯迅為筆名，載在《新青年》第四卷第五號，掊擊家族制度與禮教之弊害，實為文學革命思想革命之急先鋒。」魯迅在上海時期的左傾，作為魯迅思想發展的新變化本應作為重要的介紹對象而編入年譜，然而也因不符合「民族解放」的標準而極少事例入選，即便是魯迅加入「三大盟」的政治事件，也因簡略的介紹而一筆帶過，相反，一些涉及到國際的小事件，卻因符合「民族解放」的標杆而成為編入魯迅年譜的事實。在《魯迅年譜》的編撰過程當中，不難看出，年譜所要體現的是魯迅對整個民族的精神貢獻及其極力倡導民族解放思想的努力，而忽略魯迅精神中對強權壓迫的「反抗性」一面。

　　在以上許壽裳對魯迅的歷史敘述當中，我們不難看出，許壽裳在塑造、建構魯迅方面多是從魯迅與民族之間的關係入手，逐步深入地強化魯迅對民族所作出的精神貢獻以及魯迅對於整個民族的意義所在。「民族魂」作為時代與人們賦予魯迅的最高榮譽，也是許壽裳在相應的回憶敘述所要奠定的魯迅

〔註14〕許壽裳《懷亡友魯迅》，收於倪墨炎、陳九英《許壽裳文集》上卷，百家出版
　　　社，2003年，第55頁。

崇高歷史地位的目標所在，許壽裳一直圍繞著魯迅對於整個民族的價值核心，發掘其「無私奉獻」、「鞠躬盡瘁」、「堅貞不屈」、「仁智雙修」、「言行一致」等平凡卻又偉大的精神品質，從而更好地論證了魯迅對於整個民族精神的價值所在。這正如郁達夫從反面總結「魯迅之死」之於「國家」、「民族」的重大意義一樣，「沒有偉大的人物出現的民族，是世界上最可憐的生物之群；有了偉大的人物，而不知擁護、愛戴、崇仰的國家，是沒有希望的奴隸之邦。」〔註15〕許壽裳從正面總結了「魯迅之死」之於整個民族、國家所帶來的巨大損失及其歷史意義。魯迅的德行、抱負和一生的實踐及其精神追求都是為了中華民族能早日擺脫被奴役的命運而貢獻自己微薄的力量，因此，魯迅生前雖然受到太多的壓迫和「精神剝削」，但在魯迅死後理應得到人們的尊重與理解，特別是在民族危機已經到了最後關頭的時候，魯迅所體現出堅貞的民族信念對於團結國人，共同禦侮，尤其會起著不可估量的精神價值，學習魯迅、紀念魯迅就顯得尤為重要。許壽裳正是出於自己對魯迅品行、精神追求的理解，對民族解放的一份責任以及對摯友的一種懷念，進而積極構建起魯迅「民族魂」的形象。因而，「民族魂」魯迅形象的建構對許壽裳與廣大群眾而言都具有重要的意義。

　　與「民族魂」的魯迅形象相比，許壽裳在魯迅逝世後對「啓蒙者」魯迅形象的塑造並不突出。作為「啓蒙」的重要手段之一——魯迅如何「改造國民性」、「批判國民性」的主題在許壽裳前期的文章中並沒有得到很好的展現，魯迅五四新文化運動時期批判國民劣根性的雜文及小說創作也常常為許壽裳所忽略。許壽裳雖然在《我所認識的魯迅》、《懷亡友魯迅》等文章中提到魯迅「探討國民性」提出的三個問題，但其實踐過程卻是幾乎沒有涉及，而魯迅對「國民性」的揭示也僅僅是為了證明魯迅敢於「揭穿假面，毫不留情」的「偉大之處」，雖有涉及到魯迅不屈不撓、決不妥協的個性和精神品格等個人細節方面的具體展現，但許壽裳的落腳點顯然還是在魯迅精神品格的價值以及影響上，因而，作為「啓蒙者」的魯迅及其「戰鬥」形象，被許壽裳所精心塑造的民族精神價值核心所覆蓋，而魯迅的「啓蒙」精神及其努力也僅僅是作為「民族魂」的社會價值體系中的一部分而存在的。

　　作為魯迅摯友的許壽裳對魯迅形象如此「空泛」的價值塑造，或許不免為許多魯迅生平的親人、朋友所疑惑。但在當時的歷史背景下，對「民族魂」

〔註15〕郁達夫《懷魯迅》，1936 年 11 月 1 日上海《文學》第 7 卷第 5 期。

魯迅形象的推崇與對「啓蒙者」形象的弱化或許不失爲許壽裳紀念魯迅一種最好的方式與選擇。在魯迅逝世三天後，許壽裳給蔡元培的一封信中託其辦理《魯迅全集》出版一事可略見許壽裳在魯迅逝世後對魯迅形象塑造的「苦心」：「二十一日寄蔡先生一函，略謂豫兄爲民族解放始終奮鬥，三十年如一日，生平不事積蓄，上有老母在平，向由豫兄一人奉養，在滬則有寡婦孤孩，其創作雜文達二百萬言，翻譯不計在內，如能刊印《全集》，則版稅一項，可爲家族生活及遺孤教育之資。然此事有政治關係，必仗先生大力斡旋，始能有濟。務請先向政府疏通，眷念其貢獻文化之功，盡釋芥蒂，開其禁令，俾得自由出售，然後始能著手集資，剋期付印。」〔註16〕許壽裳爲順利出版《魯迅全集》，對當時的政治環境有著充分的估計，「此事有政治關係，必仗先生大力斡旋，始能有濟」，及早就懇請蔡元培爲《魯迅全集》出版的事情出面，目的是消除魯迅與國民黨政府之間的「芥蒂」，而許壽裳對國民黨政府一方宣傳魯迅也始終是「爲民族解放始終奮鬥，三十年如一日」，「眷念其貢獻文化之功」等等。由此可見，許壽裳對魯迅的政治避諱是相當清楚的，也正是出於對當前政治形勢的清醒認識，許壽裳對「民族魂」魯迅形象的積極建構而對「啓蒙者」魯迅形象的弱化，在此更顯出對魯迅形象的塑造並非是一件隨心所欲的事情，而更像是進行著一場權宜機變的政治鬥爭。

　　「民族魂」魯迅形象的建構在魯迅逝世後取得了很大的政治反響，魯迅逝世所激起的民族情感，讓大多數人都意識到民族團結一致、共同禦侮的重要性，國共之間緊張的政治對峙甚至也因國民黨的愛國將士製造的「西安事變」而出現了對話的可能，建立抗日統一戰線也成爲大多數國人新達成的「共識」。作爲「民族魂」象徵的魯迅在其逝世後不但使國民黨對其著作的出版作了很大的讓步，也使魯迅的身份獲得國民黨方面暫時性的認同。而在共產黨一方，魯迅「民族魂」的影響力則是更爲深遠，「從 1936～1937 年，由魯迅逝世引發的追悼和紀念熱潮，對於『民族魂』魯迅形象的塑造，具有『一錘定音』的奠基作用。在整個戰爭年代，無論是八年抗戰時期，還是三年解放戰爭時期，『民族魂』的魯迅形象始終具有籠罩性的影響力。與此同時，它對新中國成立之後魯迅形象的塑造，也具有深遠而持久的輻射力」〔註17〕。

〔註16〕許壽裳《許壽裳致許廣平信二十七封‧一》，《魯迅研究月刊》1983 年第 2 期。
〔註17〕程振興：《魯迅紀念研究：1936～1949》，中國社會科學出版社，2011 年，第
　　　　2 頁。

3.2 「啓蒙者」形象的確立

　　魯迅逝世後，許壽裳對魯迅形象的建構雖然限於政治因素的制約而竭力把魯迅塑造成「民族魂」的英雄形象，為民族團結樹立起了一面有號召力的鮮明旗幟，奠定了魯迅崇高的歷史地位，但在許壽裳對魯迅精神品格的塑造過程中，同時也暴露了許壽裳一直以來對魯迅認識和理解上的很多問題。

　　首先是採用素材的單一。在許壽裳對魯迅形象進行「建構」的《我所認識的魯迅》、《懷亡友魯迅》、《魯迅年譜》等篇章中，許壽裳所能運用到的素材非常有限，最為熟悉的是魯迅對國民性探討的三個問題，然而對於魯迅的很多後續探討工作，許壽裳並沒有提供更多的材料，以至於在論述魯迅的「國民性」問題時，常常感到虎頭蛇尾；而在編撰魯迅年譜時，許壽裳常常感到材料太少而向周師母求助〔註 18〕，在添加了幾則童年時的材料後，許壽裳對青年的魯迅也有了更多的瞭解；在論述魯迅的過程中，許壽裳更多的是借用魯迅自己的說法，這一做法雖然有著「以魯說魯」學理上的謹慎，但同時也可以看出，許壽裳對魯迅生平思想、生活等方面瞭解的欠缺。最為明顯的是，許壽裳需要經常借助閱讀魯迅的著作、日記等，才能產生更多的想法，這固然可以說是許壽裳做事嚴謹的一貫風格，但也可以看出，許壽裳對魯迅思想與生活的「遺忘」也是相當驚人的。在這種記憶與理解下的魯迅精神闡釋，其材料的豐富性自然會大打折扣，而在很多細節刻畫方面的欠缺，尤讓人覺得原本豐贍飛揚的魯迅形象幾乎淪為空洞的愛國主義教條了。

　　其次，許壽裳對魯迅的許多做法並不理解。在《懷亡友魯迅》一文中，可以明顯看出，許壽裳並沒有完全理解魯迅對青年任勞任怨、不求回報的偉大犧牲精神，許壽裳把魯迅的死因歸為三點：「心境的寂寞」、「精力的剝削」和「經濟的窘迫」。而這三點很大程度都是魯迅所愛的「青年們」所引起的，「所謂右的固然靠不住，自命為左的也未必靠得住，青年們又何嘗都靠得住」，「他的生命是整個獻給我們中華民族的，『我以我血薦軒轅』這句詩說是實踐到底，毫無愧色的。可是我們的同胞沒有讓他能夠好好地整個兒貢獻，倒是重重剝削，各各攢分，有許多人都爭著挖取他的精神的一分。有些書店老闆借他以牟利，有些青年作家借它以成名」「他的生活只靠版稅和賣稿兩種收入，所有仰事俯畜，旁助朋友，以及購買印行圖書等費盡出於此。但是版稅苦於收不起，賣稿也很

〔註18〕見許壽裳《魯迅年譜》的編撰。

費力，只看那《死》中的一句云：『假使我現在已經是鬼，在陽間又有好子孫，那麼，又何必零賣稿，或向北新書局取算帳呢……』〔註19〕換句話說，魯迅很大程度是被他所「熱愛的」青年們「剝削」殆盡而死的，許壽裳在魯迅死後對青年們的「抱怨」就是由此而來。顯然，許壽裳並不能很好地理解魯迅在晚年左傾立場的選擇，以及魯迅爲什麼會如此不顧一切地犧牲自己，爲革命培養更多的有生力量，「造出大群的新的戰士」的苦心。即便是對「我以我血薦軒轅」這句詩的理解上，許壽裳也僅僅是把它理解爲魯迅對民族主義的「堅貞」，「完全是爲了中華民族的生存而犧牲，一息尚存，不容稍懈；思想只管向前邁進，而主義卻始終一貫」，而忽視魯迅內心的寂寞以及對精神苦悶的抗爭。

再次，許壽裳對魯迅「戰鬥性」、「革命性」主體精神理解的缺失，則顯露出許壽裳對魯迅精神認知方面的偏頗。在許壽裳與魯迅早年探討國民性的三個問題時，就注意到魯迅精神中的「誠與愛」：「對於（二）的探索，便覺到我們民族最缺乏的東西是誠和愛，——換句話說：便是深中了詐僞無恥和猜疑相賊的毛病。口號只管很好聽，標語和宣言只管很好看，書本上只管說得冠冕堂皇，天花亂墜，但按之實際，卻完全不是這回事」〔註20〕，由此推而廣之，許壽裳對魯迅的人格和作品的偉大總結爲「他的冷靜和熱烈雙方都徹底。冷靜則氣宇深穩，明察萬物；熱烈則中心博愛，自任以天下之重。其實這二者是交相爲用的。經過熱烈的冷靜，才是眞冷靜，也就是智；經過冷靜的熱烈，才是眞熱烈，也就是仁。魯迅是仁智雙修的人。唯其智，所以顧視清高，觀察深刻，能夠揭破社會的黑暗，抉發民族的劣根性，這非有眞冷靜不能辦到的；唯其仁，所以他的用心，全部照顧到那愁苦可憐的勞動社會的生活，描寫極其逼眞，而且靈動有力」，許壽裳把魯迅對民族、國家的大愛歸結爲「仁」，這沒有什麼問題，但把魯迅「揭破社會的黑暗，抉發民族的劣根性」的動力歸結爲「智」，則是無視魯迅性格中「堅貞不屈，戰鬥不已」的一面，忽略了魯迅「戰鬥性」的主體精神。由此，許壽裳把魯迅精神提煉爲「這仁智雙修言行一致八個字，乃是魯迅之所以爲魯迅！」〔註21〕並以此來概括魯迅精神及品格，則是極大降低了魯

〔註19〕 許壽裳《懷亡友魯迅》，收於倪墨炎、陳九英《許壽裳文集》上卷，百家出版社，2003年，第51～54頁。

〔註20〕《回憶魯迅》，刊於1944.10.25《新華日報》，收於倪墨炎、陳九英《許壽裳文集》上卷，百家出版社，2003年，第209頁。

〔註21〕「仁智雙修」同樣被許壽裳用來評價蔡元培的偉大人格，可見「仁智雙修」並非魯迅之所獨有。「蔡先生是一代宗師，仁智雙修，人格非常偉大，他的七

迅「戰鬥性」的精神品格。許壽裳以此來反觀魯迅對改造「國民性」所作的努力，其第一次得出的結論也只能是「要從科學入手，達到解決這三個問題的境界」的「溫和」的改良訴求，而非許壽裳後來得出的「惟一的救濟方法是革命」這一具有「戰鬥性」的革命訴求。

然而，最爲根本的是，許壽裳與魯迅「革命立場」的不同，導致了二者在對待「革命」這一問題上產生了很大的分歧。多年來，許壽裳一直都追隨著孫中山的「三民主義」，早在日本東京留學時，許壽裳就加入了同盟會，1912年又加入國民黨並在國民黨政府任職。許壽裳在國民黨政府內雖屢受排擠，但他始終沒有放棄過「三民主義」的政治選擇，他和黨內大多數自由主義的知識分子一樣，總希望通過自己的努力實施教育的施政方針與教育理想，即便是在 1946 年轉到臺灣因宣傳魯迅思想而受到反對派惡毒的人身攻擊時，許壽裳仍然以對「三民主義」抱有堅定的信念，寫下了《新臺灣與三民主義的教育》〔註22〕，繼續在臺灣推行「三民主義」教育。與許壽裳對「三民主義」的執著所不同的是，魯迅在留學日本初期就對資產階級共和制產生了懷疑，在 1907 年的《文化偏至論》一文中，魯迅明確地表示了既反對「競言武事」的人，也反對那些鼓吹工商業救國和立憲眾治救國的人，而主張改革人民的思想，「掊物質而張靈明，任個人而排眾數。人既發揚踔厲矣，則邦國亦以興起」〔註23〕，1925 年春魯迅仍然堅持：「此後最要緊的是改革國民性，否則無論是專制，是共和，是什麼什麼，招牌雖換，貨色照舊，全不行的。」〔註24〕魯迅對資產階級政黨制度持相當的警惕，「見異己者興，必借眾以陵寡，託言眾治，壓制乃尤烈於暴君」的批判在 1934 年的瞿秋白看來「幾乎全是預言」〔註25〕。1905 年魯迅沒有加入同盟會，在 1912 年各民主黨派的政黨合併當中，魯迅也沒有加入國民黨，而與所有政黨都保持了一定的距離。

許壽裳的革命思想來源比較駁雜，受過多人的影響。許世瑮指出，他的父

十五年的全生活，不是短時間所能說盡的」《蔡子民先生的生活》。

〔註22〕許壽裳《新臺灣與三民主義的教育》，收於黃英哲主編《許壽裳臺灣時代文集》，國立臺灣大學出版中心，2010 年，

〔註23〕魯迅《文化偏至論》，收於《魯迅全集》第一卷，人民文學出版社，2005 年，第 47 頁。

〔註24〕魯迅《兩地書‧八》，收於《魯迅全集》第十一卷，人民文學出版社，2005 年，第 32 頁。

〔註25〕轉引自波茲涅耶娃《魯迅評傳》，吳興勇，嚴雄譯，湖南教育出版社 2000 年，第 69 頁。

親許壽裳說過自己曾深受嚴師章太炎先生、宋平子先生與諍友蔡子民先生、魯迅先生的影響〔註26〕。青年時期的許壽裳，頗受宋平子強烈的民族主義情感的影響。令許壽裳感受最深的事情是，有一次與宋平子師在書房中談論時事，宋師忽然觸及到亡國之痛，想起明末遺民的忠義以及清初文字獄的慘烈，都會萬分悲痛，並再三向這些民族英雄致以崇高的敬意。宋平子師知識廣博、引經據典不可窮盡，他的說理也非常的充實、有力，許壽裳與他深談了五個小時，不知不覺已過了半夜。許壽裳含淚告退後，「只見先師容益莊，情益苦，時萬籟寂然，中庭霜月，皚皚如雪。此情此景，迄今四十年，歷歷猶在目前，每一追思，易禁涕泗之橫集也！」〔註27〕其後許壽裳又深受章太炎的「佛法救國」、「國粹救國」等思想的影響。許壽裳的《紀念先師章太炎先生》一文中尚還保留著章太炎「佛法救國」思想影響的痕跡〔註28〕。在許壽裳歸國參加工作以後，又深受蔡元培的教育思想以及其民主、自由等革命思想的影響，1927 年 9 月在國民黨新設立的大學院任職後與蔡元培的同進退、共命運就可以看出許壽裳在追隨蔡元培的同時，也深受蔡元培教育思想以及人格、道德方面的影響。

在對待具體的革命事件上，通過許壽裳與魯迅各自不同的反應就頗能見出兩者的性情與政治立場。1927 年的「四一五」反革命政變給魯迅與許壽裳都帶來了巨大的震驚，「血的遊戲已經開頭」〔註29〕，在營救被捕學生無果的情況下，魯迅憤而辭去中山大學教授兼主任的職位，以示「與已經異化的中國國民黨決絕」〔註30〕，許壽裳也跟著辭職。面對這一比段祺瑞政府的「三

〔註26〕 許世瑮：《魯迅與先父壽裳公》，收於《浙江文史資料第 51 輯・紹興文史資料・第 7 輯・許壽裳紀念集》，浙江人民出版社，1992 年，第 8 頁。

〔註27〕 「其感我最深者，一夕獨侍書室，師縱論時事，忽涉及故國之痛，於明末遺民之忠義，清初文字獄之慘酷，尤三致意焉。其引據浩博而不可窮，其詞理充實而不已。深談五小時，不覺夜已過半，含淚告退，只見先師容益莊，情益苦，時萬籟寂然，中庭霜月，皚皚如雪。此情此景，迄今四十年，歷歷猶在目前，每一追思，易禁涕泗之橫集也！」許壽裳《〈宋平子先生評傳〉序》，收於倪墨炎、陳九英《許壽裳文集》下卷，百家出版社，2003 年，第 541 頁。

〔註28〕 「現在中國雖稱民國，而外侮益魚，民氣益衰，一般國民之怯懦浮華，狠賤詐偽，視清末或且加甚，自非一面提倡佛教，……一面尊重歷史，整理國故，其不善者改良之，善者頂禮膜拜之，以養成民族的自尊心，前路茫茫，何能有濟？」許壽裳《紀念先師章太炎先生》，收於倪墨炎、陳九英《許壽裳文集》下卷，百家出版社，2003 年，第 529 頁。

〔註29〕 魯迅《答有恒先生》，《魯迅全集》第三卷，人民文學出版社，2005 年，第 474 頁。

〔註30〕 倪墨炎《魯迅的社會活動》，上海人民出版社，2006 年，第 121 頁。

「一八」慘案還要黑暗的反革命屠殺，魯迅憤而寫下了《野草》的《題辭》，而許壽裳對此卻一直保持緘默，即使是多年後提到此事，也僅僅是片言隻語，不發表任何的評論：「清黨事起，學生被捕者不少。魯迅出席各主任緊急會議，歸來一語不發，我料想他快要辭職了，一問，知道營救無效。不久，他果然辭職，我也跟著辭職。他時常提起，有某人瘦小精悍，頭腦清晰，常常來談天的，而今不來了。」〔註31〕對許壽裳與魯迅當時微妙心態的差別，有研究者指出，在這場大規模的暴力流血事件當中，許壽裳一反以往激烈抗議的姿態，沒有像當年女師大事件時一樣，與魯迅並肩作戰，寫下大量抨擊時弊的文章，這是令人感到不解的地方。而其它五四時期激進的知識分子如朱家驊、傅斯年等人在此時也不約而同地選擇了沉默，也是令人疑惑不解的，這裏面或許有著更爲重要的原因，也即是他們的心態發生了重大的變化。面對急轉直下的形勢，他們可能並沒有足夠的心理準備，「不明的形勢使得他們猶疑不定，更重要的是，與當年的北洋軍閥政府不同，作爲正在興起中的具有革命背景的政府，國民黨政府曾吸引了大批知識分子加入其中，在某種程度上在他們的心目中依然是代表著中國極具潛力的一種進步力量，因而不願去加以批判」〔註32〕。許壽裳的「不作任何評論」大概也與「朱家驊、傅斯年」這樣的知識分子有著同等的心態與遭遇，既是在經濟上與國民黨政府之間還存在著很強的依賴性，而心理上還對國民黨政府存在著幻想；而魯迅在 1927 年前後雖然一度因北伐軍的勝利而有意向與國民黨政府「合作」〔註33〕，卻在「四一五」反革命政變後，對國民黨政

〔註31〕 許壽裳《亡友魯迅印象記·二十 廣州同住》，收於倪墨炎、陳九英《許壽裳文集》上卷，百家出版社，2003 年，第 141 頁。

〔註32〕 「面對大規模的逮捕和流血事件並沒有表現出更爲激烈的姿態，甚至也沒有像當年女師大風潮時那樣寫下一系列的抨擊文章，這是頗爲令人奇怪的。朱家驊、傅斯年等人，他們也都是在五四運動中支持學生與政府對抗的人群之一，但在這次的廣州事件中卻選擇了緘默。對於事態的急轉直下，可以說他們並沒有足夠的心理準備，不明的形勢使得他們猶疑不定，更重要的是，與當年的北洋軍閥政府不同，作爲正在興起中的具有革命背景的政府，國民黨政府曾吸引了大批知識分子加入其中，在某種程度上在他們的心目中依然是代表著中國極具潛力的一種進步力量，因而不願去加以批判」王小平《跨海知識分子個案——以許壽裳、黎烈文、臺靜農爲中心的考察》，復旦大學博士論文，第 50～51 頁，未刊。

〔註33〕 魯迅與國民黨政府「合作」一說，採用倪墨炎的說法。倪墨炎認爲，魯迅接受中山大學教職的邀請就是有意向與國民黨政府合作的行爲。「中山大學決定聘請魯迅爲中山大學教授、文學系主任兼教務主任，月薪五百大洋；並聘許廣平爲魯迅的助教。中山大學是中國國民黨黨辦的大學，他們甚至自稱中山

府有了更清醒的認識，從此不再抱有任何的幻想。

　　許壽裳與魯迅對待國民黨政府立場上的差異，決定了他們以後的思想道路，而作為許壽裳這樣既不左傾，又不願意右傾的邊緣知識分子〔註34〕，像蔡元培一樣遠走國外〔註35〕，或許是一種最好的保存自我人格與政治操守的出路，但許壽裳在經濟上不能獨立於國民黨政府之外，這也決定了許壽裳對國民黨政府大多的做法雖然不滿，卻也只能是忍氣吞聲，除了順從以外別無選擇。而由於 1927 年的政治分野，也決定了許壽裳不能很好地理解後期魯迅的思想與政治選擇。許壽裳對魯迅精神的極大簡化，把戰鬥一生的魯迅僅僅理解為「誠與愛」的魯迅，也說明了這兩者之間存在的精神隔膜在魯迅逝世後也是一時之間難以打破的。

　　許壽裳對魯迅精神的進一步認識與理解則是在魯迅死後幾年，遭遇了一系列政治排擠、心理打擊之後才產生的。自 1928 年 10 月，蔡元培的大學區製辦學失敗以來，許壽裳與國民黨政府教育界高層的意見衝突不斷。1938 年5 月，西北聯合大學成立，7 月 27 日許壽裳出任法商學院的院長，其後遭到國民黨教育部長陳立夫的反對，理由是院長一職位必須是「超然而接近中央者」〔註36〕才能擔任，許壽裳聞訊後於 11 月 10 日憤而辭去院長之職，而僅專任史學系教授。這是他和主持教育部的 CC 派（國民黨內部的派系，以陳果夫、陳立夫為首的中央政治集團）第一次的正面衝突。1939 年，西北聯合大學改組為西北大學時，許壽裳辭掉了所在大學的所有職務離開了陝西。同年多天，前往雲南，成為中山大學師範學院的教師，後來同樣因為 CC 派的逼迫，

　　　大學為『黨校』。魯迅於 1927 年 1 月 18 日到中山大學，2 月 10 日正式接受任命。這是一次魯迅與中國國民黨的合作。前面已經說過，似已無須多說，這時的中國國民黨是經過孫中山改革的中國國民黨，是經過第一次全國代表大會的中國國民黨，是國共合作的中國國民黨，無數共產黨員跨黨加入了這個黨。」倪墨炎：《魯迅的社會活動》，第 116 頁。

〔註34〕余英時在《中國知識分子的邊緣化》一文中探討了中國現代知識分子在政黨政治中逐漸邊緣化這一現象，認為他們「一方面自動撤退到中國文化的邊緣，另一方面又始終徘徊在西方文化的邊緣，好像大海上迷失了的一葉孤舟，兩邊都靠不上岸。」

〔註35〕蔡元培因不滿國民政府的政策主張，於 1930 年代以出國考察為名而遠離國內的政治，晚年於香港病逝。

〔註36〕1938 年 7 月 27 日許壽裳受命任院長；辭職為 11 月 10 日。許世瑛《先君許壽裳年譜》，收於倪墨炎、陳九英《許壽裳文集》下卷，百家出版社，2003 年，第 1092 頁。

在任教一學期以後許壽裳於 1940 年初辭去教職。其後，許壽裳還輾轉西南，應私立華西大學（成都）邀請，以庚款講座教授身份前去執教。然而，不到一年又辭去教職而奔赴重慶擔任國民政府考試院考選委員會秘書，後成為專門委員。許壽裳多年顛沛流離的任職生涯與 CC 派對其排擠和迫害不無關係，所幸的是作為老同盟會會員、國民黨黨員，許壽裳的人脈關係非常廣，危難之際，獲得了昔日好友後來出任臺灣行政長官陳儀的庇護才得以在重慶較長時間地安頓下來。1940 年 9 月 16 日，在舊曆中秋的日記裏，許壽裳記下了如下的感慨：

> 近年來，南北東西，不遑寧止。民二五此夕在北平，二六在嘉興，時正為安頓眷屬，收拾行裝，終日錄錄，對月黯然，數日後即冒險赴西安。二七在城固，二八在眠江，舟中同行八人，泊傅家場，不久飛滇。今年在此，極感蕭寥，妻子流離，相隔萬里，在蓉者惟環兒一人而已。〔註37〕

而對於多年來顛沛流離的原因，許壽裳在 1941 年 3 月，回絕湯恩伯創設的中正學院院長一職時給朋友的信件中初步透露出來：「弟本參同盟會，且加入國民黨，特以三十餘年來，一心教育，對於黨務未嘗致力，且不滿於黨內有黨，此為二兄所知，似顏兄共事多年，知之尤撚。」〔註38〕不滿於「黨內有黨」，而又缺乏政治勢力保護的邊緣知識分子，只能在各種政治勢力的擠壓下艱難生存，許壽裳對這種明爭暗鬥的政治生活極感憤懣，在致昔日北平大學文理學院、西北聯合大學的同事謝似顏的信件當中，多次傾吐自己近年來所受政治擠壓的鬱悶之氣：「弟下年決離華大（之霖亦同），緣由一言難盡。總之，教會大學以華大僻處西隅，最為固陋，其辦學目的，不外經濟侵略及奴化教育二端。

〔註37〕黃英哲、秦賢次、陳漱渝、蕭振鳴編：《許壽裳日記：1940～1948》，福建教育出版社，2008 年，第 582 頁。

〔註38〕「似顏、少卿學長兄大鑒：自奉灰電，即於十六快覆一緘，昨夜奉八日航快書，今晨即覆一電，諒均察及。湯公盛意至感，惟院長之職實不能就，前函已懇請其另擇他人，此中不得已苦衷，敢為二兄明言之：弟本參同盟會，且加入國民黨，特以三十餘年來，一心教育，對於黨務未嘗致力，且不滿於黨內有黨，此為二兄所知，似顏兄共事多年，知之尤撚。自民二七秋，弟兼長法商學院時，教部長別有用意，密電常委，謂院長直擇超然者，弟聞之，憤而立刻辭職，從此不欲與陳見面，以弟本性孤介，實難與此公周旋。院長無論如何不能與教部無關係，弟既有此痕跡，恐反累湯公知人之明，再四思惟決意辭命，務請二兄代為婉達，至感至謝。」《許壽裳日記》，北岡正子、秦賢次、黃英哲等編，東京大學東洋文化研究所，1993 年 3 月，第 60 頁。

弟等不能合污，當然離開」〔註39〕，「弟因不慣於做官，原欲以教授終老，兼以著述自娛，不料教育界頹勢已成，教會學校之洋氣，尤不可當，令人灰心短氣」〔註40〕。受制於政治勢力的許壽裳，對於任何來自國民黨內部的挑戰都變得「逆來順受」，1941 年 8 月，許壽裳任考試院選考委員會簡任秘書，本可不必每日簽到，有人無理取鬧，許壽裳也就「順之不悖」〔註41〕。

然而，對於這些政治擠壓、精神壓迫許壽裳並非沒有回應，而是通過一次次重讀魯迅著作，重回到魯迅的精神世界當中去，以表達自己無聲的抗議。1940 年 10 月 19 日，許壽裳在日記中寫道：「魯迅逝世已四週年，追念故人，彌深愴拗，其學問文章，氣節德行，吾無間然，其知我之深，愛我之切，並世亦無第二人，曩年匆促間成其年譜，過於簡略，不謙於懷，思為作傳，則又苦於無暇，其全集又不在行筐，未能著手，只好俟諸異日耳。」〔註42〕1942 年 4 月 3 日，許壽裳在日記中不作評論地抄錄了內山完造的《魯迅先生》一文中魯迅抗議內山太過褒獎中國的段落：「中國的將來，如同阿拉伯的沙漠，所以我要鬥爭」〔註43〕。1942 年 4 月 5 日，許壽裳又在日記中不作評論地抄錄下郁達夫在《憶魯迅》文中的一段：「因魯迅的一死，使人們自覺出了民族的尚可以有為，也因魯迅之一死，使人家看出了中國還是奴隸性很濃厚的半絕望的國家」〔註44〕。此外，在許壽裳的日記中還有多處記錄重讀魯迅著作的內容。魯迅著作、魯迅精神對於處於政治苦悶期的許壽裳來說無異於惟一的精神寄託，也正是在這種特殊環境與氛圍下的魯迅作品重讀，許壽裳重新體悟到魯迅精神的重要內核：戰鬥！這對於仕途堵塞、拋妻別子而又精神極度苦悶壓抑的許壽裳來說或許是惟一的出路！

許壽裳對魯迅這種認識上的轉變可以說是至關重要的。假若沒有這段顛沛流離的政治生涯，許壽裳或許還一直難以理解投入「五四」新文化運動時魯迅

〔註39〕許壽裳致謝似顏書信，1941.7.16，《許壽裳文集》，百家出版社，第 866 頁。

〔註40〕許壽裳致謝似顏書信，1941.9.5，《許壽裳文集》，百家出版社，第 867 頁。

〔註41〕張啓宗：《樸實淡雅 勤慎恒學──回憶姨父許壽裳先生》，《許壽裳紀念集》，浙江人民出版社，1992 年 12 月，第 72 頁。

〔註42〕黃英哲、秦賢次、陳漱渝、蕭振鳴編：《許壽裳日記：1940～1948》，福建教育出版社，2008 年，第 586～587 頁。

〔註43〕黃英哲、秦賢次、陳漱渝、蕭振鳴編：《許壽裳日記：1940～1948》，福建教育出版社，2008 年，第 646 頁。

〔註44〕黃英哲、秦賢次、陳漱渝、蕭振鳴編：《許壽裳日記：1940～1948》，福建教育出版社，2008 年，第 646 頁。

的激情從何而來，而其後的精神苦悶又是何等的壓抑、頹唐。許壽裳沒有對「戰鬥性」痛徹骨髓的體驗，也就難以領悟到魯迅在後期的思想為何會變得如此堅定、執著，即便是遭到狂熱的左翼知識分子圍攻時，也不改初衷。許壽裳對魯迅這種新的理解很快在其文章中體現出來了。在 1944 年魯迅逝世八週年的紀念文章《回憶魯迅》一文中，許壽裳對於魯迅的理解發生的最大變化是把魯迅以前「改造國民性」方案中的「科學救國」換成了「唯一的救濟方法是革命」，這一認識在 1945 年的《魯迅與民族性研究》一文中得到了更大的發揮：

> 魯迅對於我們民族有偉大的愛，所以對於我們民族，由歷史上，社會上各方面研究得極深。他在青年留學時期，就已經致力於民族性的檢討過去和追求將來這種間距的工作了，從此抉發病根毫無顧忌，所呼籲異常迫切，要皆出於至誠，即使遭了一部分諱疾忌醫著的反感也在所不計。正惟其愛民族越加深至，故其觀察越加精密，而暴露癥結也越加詳盡，毫不留情。他的捨棄醫學，改習文藝，不做成一位診治肉體諸病的醫師，卻做成了一位針砭民族性的國手。他的創作和翻譯約共六百萬字，便是他針砭民族性所開的方劑。〔註 45〕

許壽裳的變化還不僅在於此，對於生活中的一些不平事，許壽裳也開始像魯迅一樣關注時政，並敢於批評時政了：

> 據軾遊談，青年從軍的苦悶不滿，其原因：
>
> 一、低級教官不但敘事淺薄，而且紀律蕩然，初因學生外出，有入電影院而不買票者，於是學生們被認為糾察，勸同學務必守紀律，居然一律有效。不料教官（排長、班長）來，不肯照辦，任意破壞紀律，反說道我就從來不買票的。回校後，還在操場上惡口大罵，高級教官則客氣而一味敷衍。
>
> 二、操練除一枝步槍外，一無所有，什麼坦克車、高射炮、火箭炮都看不到，據說配備並不是沒有，發給了不放心！使大學生，尤其工科將畢業者甚為失望。
>
> 三、待遇，月僅五十元，連理髮一次也不夠，飯菜因較學校為好，但學生從軍志不僅在吃飯。

〔註 45〕 許壽裳《魯迅與民族性研究》，收於倪墨炎、陳九英《許壽裳文集》上卷，百家出版社，2003 年，第 218 頁。

四、時時有大官及慰勞者來，學生認為，不是他們來慰勞我們，

而是我們慰勞他們的，為什麼呢？因為要替他們演劇囉、排班聽訓

囉、排班迎送囉，感覺得太無聊。〔註46〕

對於魯迅作品的理解，這一時期的許壽裳更側重於魯迅作品中「戰鬥」的
一面，「魯迅在創作裏面，暴露社會的黑暗，鞭策舊中國病態的國民性，實在很
多」，「阿Q的劣性必須首先剷除淨盡，所以非徹底革命不可」等看法，可以看
出許壽裳重讀魯迅著作後所產生的想法與魯迅的思想並非是一般的共鳴。而許
壽裳對魯迅《故事新編》中的《鑄劍》、《理水》、《非攻》等篇章的看重，則可
以說許壽裳對魯迅精神的理解已經達到了一個新的高度：「魯迅描寫我們民族性
的偉大，可以代表我們民族文化的結晶，在《故事新編》中，便有好幾篇，如
《鑄劍》，取材於古代小說《列異傳》，從這短短的幾行文字，魯迅演出了一大
篇虎擲龍拿，有聲有色，最富於復仇戰鬥精神的小說，使人們讀了，看到英姿
活躍，恍如親接其人」，「又如《理水》，《非攻》，魯迅在描寫大禹，墨子偉大的
精神的時候，不知不覺地有他自己的面影和性格反映於其中。……魯迅生平真
真是一個埋頭苦幹，拼命硬幹的人，不愧為中國的脊梁！」〔註47〕李澤厚指出，
1927 年前後是魯迅思想質的飛躍的轉折點，「在嚴肅的思考和認真的學習（這
時學習的並不是馬克思主義文藝理論，而是馬克思主義的一些基本學說）之後，
魯迅終於接受馬克思主義，由上述量的積累實現了質的飛躍。這個飛躍的起點
似應從 1926 年冬離廈門前後算起，它的完成則可算在 1927 年秋冬到上海的前
後。在廈門後期的思想活動，《墳》的結集，《野草》的題辭，都或象徵或標誌
在走向一個新的開始」，「到 1926～1927 年，上述那種沉重的抒情，開始近乎尾
聲了。鬥志方濃，愁緒已淡……這裏仍然孤獨並有哀傷，但已不同於以前之沉
重，最後一句是《野草》的題辭，它象徵走向後期的思緒；而寫於 1927 年春的
《鑄劍》，悲壯高亢，則可說是這一轉折的預告。」〔註48〕由此看來，《鑄劍》
作為魯迅告別《彷徨》、《野草》時期灰暗的心理，準備投入到未來激烈「戰鬥」
的預告，則充分體現了魯迅一往無前的革命精神，而許壽裳對魯迅《鑄劍》「最

〔註46〕黃英哲、秦賢次、陳漱渝、蕭振鳴編：《許壽裳日記：1940～1948》，福建教
育出版社，2008 年，第 732～733 頁。

〔註47〕許壽裳《魯迅與民族性研究》，收於倪墨炎、陳九英《許壽裳文集》上卷，百
家出版社，2003 年，第 221 頁。

〔註48〕李澤厚《略論魯迅思想的發展》，收於《魯迅研究集刊》第一輯，上海文藝出
版社，1979 年，第 51 頁。

富於復仇戰鬥精神」的發現則是達到了和魯迅心靈相通的地步。

如果說多年的政治苦悶以及抗戰勝利後紀念魯迅的活動重新喚醒了許壽裳的戰鬥精神的話，那麼臺灣的新文化建設運動則給處於政治牢籠中的許壽裳提供了一個新的施展拳腳的政治舞臺。1946 年 6 月，許壽裳應臺灣首任行政長官陳儀的邀請，赴臺就任編譯館館長，在這之前，許壽裳早就接到過陳儀的電報與書信，瞭解其對編譯館的更進一步的構想〔註49〕，以促進臺胞的文化、心理建設。面對戰後臺灣日語普及率幾乎達到 70%，日本文化成爲臺灣主流文化的社會現狀，許壽裳的「臨危受命」，奔赴臺灣重建臺胞的文化、心理認同的工作可謂是任重而道遠。值得慶幸的是，這項極具挑戰性的「臺灣新文化建設運動」不但使許壽裳脫離了南京壓抑的政治氛圍，獲得了一個較爲寬鬆的政治環境，而且也喚醒了許壽裳多年來未竟的教育夢想——文化啓蒙。多年來，許壽裳一直擔任「民族啓蒙」「二傳手」的角色〔註50〕，而臺灣的新文化建設運動則給許壽裳提供了一次擔任「民族啓蒙」倡導者的重要角色，這種角色的重要轉換對於已往「與政治無涉」的許壽裳來說具有多重的挑戰意義：其一是挑戰自我的政治擔當能力；其二是挑戰「民族啓蒙」的文化重任；其三是來自外界的壓力。許壽裳面對著隨「新啓蒙」而來的多重挑戰，可謂是成竹在胸，這在其主持編譯館的施政要領〔註51〕中就可以看出，

〔註49〕 1945 年 5 月 2 日許壽裳接到陳儀打來的電報第二天 3 日許壽裳的日記裏記載如下：「知（顧密）電已譯出，略謂爲促進臺胞心理建設，擬專設編譯機構，編印大量書報，盼兄來此主持，希電覆。」1945 年 5 月 13 日陳儀寄給許壽裳的書簡：「兄願來臺工作，很高興。臺灣經過日本五十一年的統治，文化情況與各省兩樣，多數人民說的是日本話，看的是日本文，國語固然不懂，國文一樣不通，對於世界與中國情形也多茫然。所以治臺的重要工作是心理改造，而目前最感困難的，是改造心理的工具——言語文字——須先改造。各省所出書籍報紙，因爲國文程度的關係多不適用。臺灣的書報在二三年內必須另外編印專適用於臺灣人的。第一要編的是中小學文史教本（略）。第二要編的是中小學教師的參考讀物（略）。第三爲宣達三民主義與政令須編適於公務員及民眾閱讀的小冊。第四一般的參考書及辭典等。這是就臺灣的應急工作而言。此外，弟常常感覺到中國現在好書太少了，一個大學生或者中學教師要勤求知識，非讀外國書不可，不但費錢而且不便。我常有『譯名著五百部』的志願，（略）爲了右面的五種工作，我想設一編譯館。（略）」

〔註50〕 袁學良碩士論文《「二傳手」之「國民」夢：許壽裳民族啓蒙歷程研究》的主要觀點。

〔註51〕 「講到本館設立的要旨不外兩點：第一、促進臺胞的心理建設，臺灣的教育，向稱普及，一般同胞大抵至少受過六年或八年的教育，這種情形在各省是少見的。可是臺胞過去所受的教育是日本本位的，尤其對於國語國文和史地少有學

他對重建臺灣的文化、心理已經有了一套成熟的想法。然而更爲重要的是，
許壽裳已決心把魯迅精神與臺灣文化建設運動結合起來，有研究者指出，許
壽裳到了臺灣以後積極傳播魯迅思想，寫了大量關於魯迅思想的回憶文章，
並將此和編譯館重建臺灣文化的新文化建設有效地結合起來〔註 52〕。用倡導
魯迅精神的方式來喚醒臺胞對大陸文化、心理的民族認同無疑是「一舉兩得」
的好辦法，在這項偉大的民族文化事業的激勵下，許壽裳對魯迅精神、人品
以及德行的倡導顯出了與以往不同的「新特質」：

> 　魯迅的精神抗戰到底是魯迅畢生的精神。他常常説：「在青年，
> 須是有不平而不悲觀，常抗戰而亦自衛，……」（《兩地書（四）》）
> 又説：「血債必須用同物償還。拖欠得愈久，就要付更大的利息！」
> （《華蓋集續編·無花的薔薇之二》）又説：「富有反抗性，蘊有力量
> 的民族，因爲叫苦沒用，他便覺悟起來，由哀音而變爲怒吼。……
> 他要反抗，他要復仇。」（《而已集·革命時代的文學》）又在抗日戰
> 爭開始的前一年，他臨死時，還説：「因爲現在中國最大的問題，人
> 人所共的問題，是民族生存的問題。……中國的唯一的出路，是全
> 國一致對外的民族革命戰爭。」（《且介亭雜文末編·論現在我們的
> 文學運動》）到現今，抗戰勝利後一年，他的逝世已經十週年了，臺
> 灣文化協進會來信徵文，指定的題目是《魯迅的精神》，覺得義不容
> 辭，便寫出下面的幾點意見：

習的機會，所以我們對於臺胞，有給以補充教育的義務和責任。本館的使命，
就要供應這種需要的讀物。第二、對於全國有協進文化、示範研究的責任。臺
灣的學術文化，已經有了很好的基礎，可以有爲各省模範的資格，而且本省政
治的環境優良，農工業比較發達，民生也較爲安定，對於國父三民主義的實行，
實在是最適宜，而且最宜生效的。過去本省在日本統治下的軍閥侵略注意，當
然應該根絕，可是純粹學術性的研究，卻也不能抹殺其價值，我們應該接收下
來，加以發揚廣大。如果把過去數十年間日本專門學者從事臺灣研究的成果，
加以翻譯和整理，編成一套臺灣研究叢書，我相信至少有一百大本。根據上述
的兩項旨趣，本館的工作分爲學校教材、社會讀物、名著編譯、臺灣研究四組。
前兩組是實現第一項旨趣的，後兩組是實現第二項旨趣的。」許壽裳：《招待
新聞記者談話稿～省編譯館的趣旨和工作》，1946 年 8 月 10 日。

〔註52〕 「到了臺灣的許壽裳，投注心力進行有關魯迅的著述活動，在臺灣傳播魯迅
思想，並將此和作爲編譯館要務的臺灣新文化建設：『心理建設』，做了有機
性的結合」北岡正子、黃英哲《關於〈許壽裳日記〉的解讀》，《魯迅研究月
刊》，1994 年第 7 期。

　　魯迅作品的精神，一句話說，便是戰鬥精神，這是爲大衆而戰，
是有計劃的韌戰，一口咬住不放的。

　　魯迅的戰鬥精神，分析起來，實在方面很多，有道德的，有科
學的，有藝術的等等。

　　總之，魯迅爲反對不眞，不善，不美而畢生努力奮鬥，以期臻
於眞善美的境界，雖遇遇種種壓迫和艱困，至死不屈。《摩羅詩力說》
所云：「……不爲順世和樂之音，動吭一呼，聞者興起，爭天拒俗，
而精神復深感後世人心，綿延至於無已。」這話可以移用，作爲魯
迅的戰鬥精神的寫照！〔註53〕

　　魯迅的戰鬥精神堅韌無比，他常常說：「無論愛什麼，──飯，
異性，國，民族，人類等等，──只有糾纏如毒蛇，執著如怨鬼，
二六時中，沒有已時者有望。」（《華蓋集‧雜感》）又說：「對於舊
社會和舊勢力的鬥爭，必須堅決，持久不斷，而且注重實力。舊社
會的根柢原是非常堅固的，新運動非有更大的力不能動搖它什麼。
並且舊社會還有它使新勢力妥協的好辦法，但它自己是絕不妥協
的。」「我們急於要造出大群的新的戰士，但同時，在文學戰線上的
人還要『韌』。所謂韌，就是不要像前清做八股文的『敲門磚』似的
辦法。」〔註54〕

「反抗性」、「戰鬥性」、「復仇」等話語成爲許壽裳在臺灣新文化建設運
動中倡導魯迅精神的新主題，這有別於以往許壽裳所塑造的「民族魂」魯迅，
已經具有很強的個體形象識別效果。而許壽裳在多次重讀魯迅後，把「戰鬥
性」作爲魯迅的主體精神既是對魯迅精神的一種全新理解，同時又具有重塑
自我的精神需求：「對許壽裳來說，他更多的是把魯迅的精神作爲一代啓蒙
知識分子的精神象徵，這其中不無借他人之酒澆胸中塊壘之意。因此，才能
夠理解許壽裳到臺灣後，爲什麼會把宣傳魯迅作爲與編譯館的工作同等重要
的事業來看待。」〔註55〕許壽裳對臺灣文學啓蒙工作的看重，以至於到臺灣

〔註53〕許壽裳《魯迅的精神》，收於倪墨炎、陳九英《許壽裳文集》上卷，百家出版
　　　　社，2003 年，第 13～18 頁。
〔註54〕許壽裳《魯迅的德行》，收於倪墨炎、陳九英《許壽裳文集》上卷，百家出版
　　　　社，2003 年，第 22 頁。
〔註55〕王小平《跨海知識分子個案──以許壽裳、黎烈文、臺靜農爲中心的考察》，
　　　　復旦大學博士論文，第 43 頁。

第二年的「五四」運動紀念日，就發表了一篇《臺灣需要一個新的五四運動》〔註56〕，繼續把文化啓蒙運動推向高潮。在該文中，許壽裳提出了更爲激進的言論：「我想我們臺灣也需要有一個新的五四運動，把以往所受的日本毒素全部肅清，同時提倡民主，發揚科學，於五四時代的運動目標以外，還要提倡實踐道德，發揚民族主義。從這幾個要點看來，它的價值和任務是要比從前那個運動更大，更艱巨，更迫切啊！」而臺灣文化界對此的響應，則給獨扛臺灣「五四」新文化運動大旗的許壽裳以有力的精神支持〔註57〕，共同掀起了新一波的文化運動高潮。

在這樣一個風起雲湧的臺灣新文化運動時期，許壽裳《亡友魯迅印象記》的出現可謂是恰逢其時。《亡友魯迅印象記》作爲許壽裳對魯迅一生的總結，其撰寫計劃在魯迅逝世後就已產生，苦於多年來顛沛流離的生活且手邊資料缺失而不能寫，1946 年 5 月 18 日，許廣平的一封來信「謂魯迅先生逝世十週年，請寫回憶文」〔註58〕，最終使許壽裳下定決心要寫出這部魯迅傳記〔註59〕。1946 年 6 月 25 日，許壽裳來臺灣前，已經寫好三則文章寄給許廣平，並在到

〔註56〕 《臺灣需要一個新的五四運動》：1947 年 4 月 30，《新生報》1947 年 5 月 4，收於黃英哲主編《許壽裳臺灣時代文集》，國立臺灣大學出版中心，2010 年。

〔註57〕 「中國今天需要更新的文化，更美麗的文化，如果要這株古大的喬木，開放更美麗的花，結成更甜蜜的果，只好採取：接枝、移植、除草、施肥的辦法，始能爲效。我們臺灣新文化運動的目的就在此；擬將臺灣這株接枝的文化樹，移植在中國新文化的園地，一方面將中國文化的枝，根或種子移來臺灣培植繁種，再將這秧苗移到大陸去栽種，這就是我們新文化運動的工作目標，再具體的説：將日本留下在臺灣的好處，清潔，整齊，幽雅保留下來，將她的毒菌雜草掃除乾淨，狹隘的思想，自大的觀念，歪曲宣傳等一一給予擊破揭穿。使臺灣同胞大家明瞭，我們今日所站的地位，所處的世界，而建立偉大的觀念，寬闊的風態，一面宣揚中國固有的美德，一面補充我們的不足。希望在臺灣建立一個良好的風氣，美麗的文化，作爲中國新文化的基點，來發揚中國悠久偉大的文化，增光我們的歷史。臺灣的人文和環境以及設備等等的客觀條件，都是我們很大的希望和可能，深盼全國同胞協助我們，給我們勇氣，來和大家共同努力，建設新中國的新文化！民國三十六年六月十五日。」《臺灣新文化運動的意義》游彌堅（臺灣文化協進會理事長），1947.7.1 第二卷第四期。

〔註58〕 許世瑛《先君許壽裳年譜》，收於倪墨炎、陳九英《許壽裳文集》下卷，百家出版社，2003 年，第 1102 頁。

〔註59〕 許壽裳致許廣平書信（1946.05.24）：「景宋女弟惠鑒：前蒙送下周報社稿費，至感。屬撰《印象記》，決意陸續寫出，大約有二十餘章，茲先謄清三章寫上，即希指政，並酌送相宜之雜誌刊登，稿費可以隨刊隨付者最好。俟全部告竣，尚擬印單行本也。諸費清神，容後面謝。專此，即頌。近祉。弟許壽裳敬啓 五月二十四日。」

臺灣後陸續寫出其餘二十二則文章，於 1947 年 10 月於上海峨眉出版社結集出版。而臺灣編譯館的楊雲萍也把許壽裳以往散落在報章中的文章十篇，編成《魯迅的思想與生活》〔註60〕一書，並由許壽裳作序文，臺灣文化協進會於 1947 年 6 月 19 日出版。《魯迅的思想與生活》與《亡友魯迅印象記》的先後出版，使許壽裳對魯迅建構的散落形象凝聚而成一個「有血有肉」的整體形象，同時也使其彌補了以往多篇紀念文章「言之未盡，自視欲然」〔註61〕的遺憾。

《亡友魯迅印象記》完整地勾勒了許壽裳與魯迅交往的全過程，而其中重要的主題是許壽裳通過「屈原」的愛國形象重新闡釋了魯迅的「民族魂」形象。「民族魂」作為 1936 年魯迅逝世後全民共同塑造並認可的形象，其價值觀念早已深入人心，許壽裳在當年的紀念文章中也竭力塑造魯迅偉大的人格和為民族甘願犧牲自己、奉獻一切的精神，而時隔多年，在許壽裳與魯迅產生更深層次的精神共鳴後，他對「民族魂」的魯迅形象顯然也有了更深層次的認識。在《亡友魯迅印象記》中，許壽裳拋棄了往昔單純空泛議論魯迅偉大人格、精神的敘述方式，找到了與魯迅思想關係密切又具有崇高歷史形象的人物客體——屈原，並進而發掘這兩者之間隱秘的精神聯繫：

> 魯迅在北平阜成門內，西三條胡同寓屋書室，所謂「老虎尾巴」者，壁上掛著一副他的集騷句，請喬大壯寫的楹聯，其文為：
>
> 望崦嵫而勿迫；恐鵜鴃之先鳴！
>
> 這表明格外及時努力，用以自勵之意。
>
> 我早年和魯迅談天，曾經問過他，《離騷》中最愛誦的是那幾句？他便不假思索，答出下面的四句：
>
> 朝吾將濟於白水兮，等閬風而絏馬
>
> 忽反顧以流涕兮，哀高丘之無女！
>
> 依我想，「女」是理想的化身。這四句大有求不到理想的人誓不罷休之意，所以下文還有「折瓊枝以繼佩」之句。〔註62〕

〔註60〕其中大部分文章都是許壽裳到臺灣前後寫的。

〔註61〕《亡友魯迅印象記·小引》，收於倪墨炎、陳九英《許壽裳文集》上卷，百家出版社，2003 年，第 73 頁。

〔註62〕《亡友魯迅印象記·二 屈原和魯迅》，收於倪墨炎、陳九英《許壽裳文集》上卷，百家出版社，2003 年，第 79～80 頁。

　　早年的魯迅對救國理想的追求在許壽裳看來簡直是屈原的化身，但在其後，許壽裳更看到了魯迅超越屈原的地方：「他深深地慨歎中國的無聲，歷史上雖偉大作家如屈原，抱九死無悔之貞，而乏反抗挑戰之力，這不能不說是國民性缺點之一」，而作爲魯迅對屈原缺乏「反抗性」認識的根據，《摩羅詩力說》就能很好地看出魯迅超越屈原的地方：

　　　　……惟靈均將逝，腦海波起，通於汨羅，返顧高丘，哀其無女，
　　　　則抽寫哀怨，鬱爲奇文，茫洋在前，顧忌皆去，懟世俗之混濁，頌
　　　　己身之修能，懷疑自遂古之初，直至百物之瑣末，放言無憚，爲前
　　　　人所不敢言。然中亦多芳菲淒惻之音，而反抗挑戰，則終其篇未能
　　　　見，感動後世，爲力非強。劉彥和所謂才高者苑其鴻裁，中巧者獵
　　　　其豔辭，吟諷者銜其山川，童蒙者拾其香草，皆著意外形，不涉內
　　　　質，孤偉自死，社會依然，四語之中，函深哀焉。故偉美之聲，不
　　　　震吾人之耳鼓者，亦不始於今日。〔註63〕

　　「魯迅」作爲屈原所固有的「愛國之心」與他所具有的「反抗性」結合的新形象，在許壽裳看來，他的「舉動言笑，幾乎沒有一件不顯露著仁愛和剛強。這些特質，充滿在他的生命中，也洋溢在他的作品上，以成爲偉大的作家，勇敢的鬥士──中華民族的魂。」〔註64〕魯迅民族思想的「戰鬥性」自此成爲《亡友魯迅印象記》的主題，並貫穿其中，直至魯迅生命的最後時刻，許壽裳仍不忘強調魯迅倡導民族革命戰爭中「戰鬥」精神的偉大：「他又在《論現在我們的文學運動》（《且介亭雜文末編》附集），強調爲了民族生存上，非和日本侵略者決戰不可。『因爲現在中國最大的問題，人人所共的問題，是民族生存的問題。……而中國的惟一的出路，是全國一致對日的民族革命戰爭。』果然，他的文字的感召力極強，所以死後不到一年，偉大的神聖的全面抗戰開始了！」〔註65〕魯迅爲民族的一生及其戰鬥的一生，在許壽裳的精心建構下，「啓蒙者」的形象自此完全確立了起來。

　　然而，與許壽裳精心塑造的具有「反抗性」、「戰鬥性」精神的民族英雄

〔註63〕魯迅《摩羅詩力說》，《魯迅全集》第一卷，人民文學出版社，2005年，第71頁。
〔註64〕《亡友魯迅印象記・五 仙臺學醫》，收於倪墨炎、陳九英《許壽裳文集》上卷，百家出版社，2003年，第88頁。
〔註65〕《亡友魯迅印象記・二五 病死》，收於倪墨炎、陳九英《許壽裳文集》上卷，百家出版社，2003年，第172頁。

魯迅形象相互映襯的「左翼化」戰士形象在許壽裳的塑造當中一直是處於「缺失」狀態，魯迅在 1927 年到達上海後迅速「左傾」的歷史事件，在許壽裳的魯迅年譜或傳記當中一直都沒有把其當作魯迅生命中的重要事件、重要思想轉變去記錄，即使有提及魯迅與「左翼」文人的交往，捲入「左翼」文學事件的記錄也往往是站在民族主義的立場上去看待魯迅的行爲與選擇，這與魯迅在上海積極參與「左翼」文化、文學建設的階級立場顯然不相符合，也與魯迅在上海與國民黨反動派作堅決鬥爭的光輝的十年文學成就不相稱，許壽裳精心「剪裁」了一個戰鬥性的民族魯迅形象所留下的「左翼化」魯迅形象的陰影，恰恰說明了「左翼」魯迅的在場。

3.3 「去左翼化」的魯迅闡釋

　　許壽裳在《亡友魯迅印象記》這部魯迅傳記兼評論的著作當中雖然對魯迅的大小事件都作了一個綜合而具體的描述，並且下決心要把過去十多篇紀念文章「言之未盡」之處繼續往下說，以補「自視欲然」的遺憾。而在《亡友魯迅印象記》的記述當中，許壽裳也確實如前所言，對魯迅的形象尤其是「反抗性」、「戰鬥性」的一面作了重要的補充，說了一些以前未曾說過的話，然而，對於魯迅一生中最重要的、著述最多的十年上海生活，《亡友魯迅印象記》當中僅僅只有《上海生活——前五年》、《上海生活——後五年》兩個篇幅短小的篇章記述，而對於魯迅思想革命轉變期與後期創造社、太陽社之間的「革命文學」論爭、翻譯介紹蘇俄革命文藝理論等重要事件很少涉及，這不能不說是許壽裳對魯迅歷史敘述的一個重大缺陷，也是許壽裳重新建構魯迅整體形象的一個重大缺失。

　　從魯迅這一時期的大量文章來看，魯迅革命思想的轉變還是相當明顯的，如發表在 1930 年 3 月《萌芽月刊》的《「硬譯」與「文學的階級性」》一文，魯迅以自剖心跡的方式不無暗示出自己思想上的轉變：「從前年以來，對於我個人的攻擊是多極了，每一種刊物上，大抵總要看見「魯迅」的名字，而作者的口吻，則粗粗一看，大抵好像革命文學家。但我看了幾篇，竟逐漸覺得廢話太多了。解剖刀既不中腠理，子彈所擊之處，也不是致命傷。……我於是想，可供參考的這樣的理論，是太少了，所以大家有些胡塗。對於敵人，解剖，咬嚼，現在是在所不免的，不過有一本解剖學，有一本烹飪法，依法辦理，則構

造味道，總還可以較爲清楚，有味。人往往以神話中的 Prometheus 比革命者，
以爲竊火給人，雖遭天帝之虐待不悔，其博大堅忍正相同。但我從別國裏竊得
火來，本意卻在煮自己的肉的，以爲倘能味道較好，庶幾在咬嚼者那一面得到
較多的好處，我也不枉費了身軀：出發點全是個人主義，並且還夾雜著小市民
性的奢華，以及慢慢地摸出解剖刀來，反而刺進解剖者的心臟裏去的『報復』」。
〔註 66〕然而，許壽裳對這一時期的魯迅的論述卻是集中在民族主義革命精神
上，而忽視了魯迅思想上重要轉變：「魯迅自一九二七年回上海，至一九三六
年逝世，這十年間，國難的嚴重日甚一日，因之，生活愈見不安，遭遇更加慘
痛，環境的惡劣實非通常人所能堪，他的戰鬥精神卻是再接再厲，對於帝國主
義的不斷侵略，國內政治的不上軌道，社會上封建餘毒的瀰漫，一切荒淫無恥
的反動勢力的猖獗，中國文壇上的淺薄虛僞，一點也不肯放鬆。於是身在圍剿
禁錮之中，爲整個中華民族的解放和進步，苦戰到底，決不屈服。」〔註 67〕

當然，這也可以說是許壽裳個人對魯迅印象的記憶敘述，1927 年 10 月，
許壽裳與魯迅在廣州各奔東西以後，他對於魯迅的許多事情並沒有細緻的瞭
解，不涉及魯迅思想上的轉變也不足爲奇。然而，許壽裳對魯迅的一舉一動
顯然是非常關注的，這從二人分離後頻繁的書信往來，以及每年十多次的見
面都可以看出來，許壽裳對魯迅的思想動向是相當瞭解的，特別是魯迅在與
後期創作社、太陽社等人的論爭，許壽裳都曾仔細地研讀過，而許壽裳在《亡
友魯迅印象記》一文中也對魯迅與「左聯」的關係有提及，他顯然是以一個
知情人的身份對魯迅各個階段的生活與思想作出評判的。綜合以上分析，許
壽裳對魯迅 1928 年以後思想「左傾」事實的迴避也只能說明一個問題，那就
是他一直以來都認爲魯迅的民主主義革命思想不包括魯迅的「左傾」革命思
想，或者可以說許壽裳一直在用「去左翼化」的敘述策略來建構魯迅的整體
形象。

「去左翼化」一直是作爲許壽裳闡釋魯迅的一個重要策略。回溯其以往
紀念魯迅的《魯迅年譜》、《懷亡友魯迅》、《懷舊》、《魯迅的生活》、《回憶魯
迅》、《關於〈兄弟〉》、《魯迅和民族性研究》、《〈民元前的魯迅先生〉序》、《魯

〔註 66〕魯迅《「硬譯」與「文學的階級性」》，1930 年 3 月《萌芽月刊》第一卷第三期，
　　　　《魯迅全集》第四卷，人民文學出版社，2005 年，第 213～214 頁。
〔註 67〕許壽裳《亡友魯迅印象記・二十一　上海生活──前五年》，收於倪墨炎、陳
　　　　九英《許壽裳文集》上卷，百家出版社，2003 年，第 143 頁。

迅詩集序》、《魯迅的幾封信》等文章，魯迅與「左翼」革命的關係一直是許
壽裳歷史敘述中最模糊的地方。在許壽裳版《魯迅年譜》中，提到魯迅與「左
翼」及「左翼」青年的關係僅有以下條目：

十八年（一九二九）四十九歲

一月與王方任，崔眞吳，柔石等合資印刷文藝書籍及木刻《藝
苑朝花》，簡稱朝花社。

六月五日　盧那卡爾斯基作《藝術論》譯成出版。

十月　爲柔石校訂中篇小説《二月》。

同月　盧那卡爾斯基作《文藝與批評》譯本印成。

十九年（一九三〇年）五十歲

二月　「自由大同盟」開成立會

三月二日參加「左翼作家聯盟」成立會。

此時浙江省黨部呈請通緝「反動文人魯迅」。

「自由大同盟」被嚴壓，先生離寓避難。

二十年（一九三一年）五十一歲

一月二十日　柔石被捕，先生離寓避難。

二月梅斐爾德《士敏土之圖》印成。

三月，先生主持「左聯」機關雜誌《前哨》出版。

十一月　《毀滅》製本成。

十二月與友人合編《十字街頭》旬刊出版

二十一年（一九三二年）五十二歲

九月　編譯新俄小説家二十人集上冊詑，名曰《豎琴》。

編下冊詑，名曰《一天的工作》。

二十三年（一九三四年）五十四歲

八月編《譯文》創刊號。

同月二十三日，因熟識者被逮，離寓避難。

二十四年（一九三五年）五十五歲

九月高爾基作《俄羅斯的童話》譯本印成。

十月編瞿秋白遺著《海上述林》上卷。

二十五年（一九三六年）五十六歲

　四月七日往良友公司，爲之選定《蘇聯版畫》。

　同月編《海上述林》下卷。

　六月，病中答訪問者 O.V.《論現在我們的文學運動》。〔註68〕

　　在許壽裳的《魯迅年譜》敘述當中，魯迅與「左翼」及左翼青年的關係被作了最簡化的處理，並且極少闡釋其前因後果及歷史意義，如魯迅 1930 年「三月二日參加『左翼作家聯盟』成立會」的條目，本該有很多事情可記，卻僅列舉事件而已；又如魯迅 1936 年「六月，病中答訪問者 O.V.《論現在我們的文學運動》」的條目，許壽裳注意到魯迅與左翼知識分子之間的論爭、魯迅反對「托派」的言論，卻沒有把其後更爲重要的《答徐懋庸並關於抗日統一戰線問題》的歷史事件列入魯迅年譜的條目當中，這顯然也是許壽裳爲淡化魯迅與「左翼」的關係而採取「避重就輕」的策略之一。在許壽裳的魯迅年譜當中，幾乎沒有出現魯迅與共產黨人有直接聯繫的事件，僅出現魯迅與地下黨人柔石一些文學藝術上的交往，及魯迅爲共產黨重要的領導人瞿秋白編遺著的事例，而並沒有深入披露魯迅與柔石、瞿秋白之間存在深厚革命情誼。特別是魯迅與瞿秋白之間深入的交往，魯迅爲瞿秋白提供了幾次避難場所，而瞿秋白爲選編魯迅雜感而寫的長序等事件，從這些事件中都可以看出魯迅與瞿秋白之間並非是一般的文友關係，而是有著惺惺相惜的革命情誼。魯迅在 1930 年以後與青年共產黨人馮雪峰、胡風、蕭軍等人的深入交往也是魯迅後期生活重要的內容之一，但這些在魯迅年譜以及許壽裳後來的回憶敘述當中，同樣沒有涉及到。

　　在《魯迅年譜》當中，許壽裳幾次提到魯迅的「離寓避難」，許壽裳在晚年時也曾爲此專門寫過一篇《魯迅的避難生活》的文章，詳細闡述事情的來由和經過。在文章中，許壽裳列舉了魯迅一生中的六次避難：

　一　一八九三年秋，魯迅十三歲，因家事而避難。

　二　一九二六年，因三一八慘案後，張作霖入京而避難。

　三　一九三○年三月，因自由大同盟，被通緝而離寓。

　四　一九三一年一月，因柔石被捕，謠言蜂起而離寓。

〔註68〕許壽裳《魯迅年譜》，收於許壽裳《魯迅傳》，國際文化出版公司，2010 年，第 236～240 頁。

五　一九三二年，因一二八戰事，家陷火戰中而出走。

六　一九三四年八月，因熟識者被逮，離寓避難。〔註69〕

　　而在魯迅的這六次避難中，除了因家事和戰事的兩次避難，其餘四次都是因政治事件的牽連而避難，而尤其是在魯迅定居上海後，因政治事件的牽涉而頻頻避難。許壽裳對此解釋爲：「連年逃難，都是在春天。其實他自旅滬以來，潛心著述，杜門不出，而竟被人乘機陷害，心中孤憤，不言而喻」〔註70〕，顯然，許壽裳把魯迅的政治避難都看作是他人的「乘機陷害」，並舉魯迅的詩歌與書簡爲證〔註71〕，而忽略了對「他人」爲何會陷害魯迅的重要原因的探索。即便在許壽裳作爲重要證據之一的魯迅致李秉中的書信中，也故意忽略了信件前面魯迅提到的「仍爲左翼作家聯盟之一員」這一重要原因。由此可見，許壽裳是清楚地知道上海的小報記者爲何會陷害魯迅的原因，乃「仍爲左翼作家聯盟之一員」的緣故，而魯迅在上海的多次避難也正是因爲魯迅與「左翼」過於密切的政治關係而起的。許壽裳在關係到魯迅生命的一些重大事件上故意模糊了魯迅與「左翼」革命之間的密切關係，這在魯迅逝世後固然有著保護魯迅的用意在裏面，而在許壽裳晚年卻沒有對此進一步澄清，這不能不說是對魯迅與「左翼」革命關係的一種漠視。

　　「魯迅與青年」的關係是魯迅文學革命、思想革命事業中的一個重要組成

〔註69〕 許壽裳《魯迅的避難生活》，收於倪墨炎、陳九英《許壽裳文集》上卷，百家出版社，2003 年，第 222 頁。

〔註70〕 許壽裳《魯迅的避難生活》，收於倪墨炎、陳九英《許壽裳文集》上卷，百家出版社，2003 年，第 223 頁。

〔註71〕 魯迅的詩歌爲魯迅在柔石被捕後避難時所作的一首舊體詩：「慣於長夜過春時，挈婦將雛鬢有絲。夢裏依稀慈母淚，城頭變幻大王旗。忍看朋輩成新鬼，怒向刀叢覓小詩。吟罷低眉無寫處，月光如水照緇衣」；書簡則爲魯迅致李秉中的信件：「我自旅滬以末，謹愼備至，幾乎謝絕人世，結舌無言。然以昔曾弄筆，志在革新。故根源未竭，仍爲左翼作家聯盟之一員。而上海文壇小丑，遂欲乘機陷之以自快慰。造作蜚語，力施中傷，由來久矣。哀其無聊，付之一笑。上月中旬，此間捕青年數十人，其中之一，是我之學生。（或云有一人自言姓魯）飛短流長之徒，因盛傳我已被捕。通訊員發電全國，小報記者盛造讕言，或載我之罪狀，或敘我之住址，意在諷喻當局，加入搜捕。其實我之伏處牖下，一無所圖，彼輩亦非不知。而滬上人心，往往幸災樂禍。冀人之危，以爲談助……文人一搖筆，用力甚微，而於我之害則甚大。老母飲泣，摯友驚心。十日以來，幾於日以發緘更正爲事，亦可悲矣。今幸無事，可釋遠念。然而三告投抒，賢母生疑。千夫所指，無疾而死。生於今世，正不知來日如何耳。東望扶桑，感愴交集……」1931 年 2 月 4 日，致李秉中信。

部分，也是許壽裳探討魯迅思想的一個重要專題。魯迅在《新青年》社團解散以後，昔日的「戰友」大多放棄了思想啟蒙事業，只剩下魯迅這個「散兵遊勇」在沙漠上走，「佈不成陣」時，魯迅逐漸把反抗舊勢力、舊思想與舊道德的革命力量寄託在一批有革命熱情的五四青年身上。這一時期的魯迅熱心爲文學青年出謀劃策地籌辦新的文學刊物，成立新的文學社團，或是經常出資、出力幫助更多的熱血青年以成就他們在文學、藝術上的發展，許欽文、章川島、曹靖華、李霽野、臺靜農、高長虹等人走上文學的道路都與魯迅對其直接扶持與指導分不開。1925 年初的魯迅對青年們的思想狀況最爲關心，在《忽然想到 六》中魯迅對青年們的生存要點指出，「我們目下的當務之急，是：一要生存，二要溫飽，三要發展。苟有阻礙這前途者，無論是古是今，是人是鬼，是《三墳》《五典》，百宋千元，天球河圖，金人玉佛，祖傳丸散，秘製膏丹，全都踏倒他。」〔註72〕而在其後幾天寫的《燈下漫筆》中，魯迅對當下青年的使命更明確地指出：「創造這中國歷史上未曾有過的第三樣時代，則是現在的青年的使命！」「掃蕩這些食人者，掀掉這筵席，毀壞這廚房，則是現在的青年的使命！」〔註73〕

魯迅對青年們的關心和愛護甚至可以說是超過了對自身的愛護程度。許壽裳對魯迅對待青年們的態度是相當理解的，在《魯迅與青年》一文中，許壽裳認爲「他的愛護青年，獎掖青年，並不僅對個人，而是爲整個民族，因爲一切希望不能不寄託在青年。他看到舊習慣的積重難改，新文化的徒有虛名，只嫌自己力量不夠，不能不寄希望於第二代國民，即使他們有態度不當的，他總是忍耐著：他們有思想錯誤的，他也從不灰心，一生孜孜爲社會服務，景宋說得好：『辛勤的農夫，會因爲孺子棄飯滿地而不耕作嗎？先生就是這樣的。』他又指示著青年生存的重點，生命的道路，而且主張國民性必須改革。」〔註74〕然而，也不能不注意到，魯迅對「青年」的態度也是有所區分的，「青年又何能一概而論？有醒著的，有睡著的，有昏著的，有躺著的，有玩著的。此外還多。但是，自然也有要前進的」〔註75〕，對於「要前進」的革

〔註72〕魯迅《忽然想到・六》，寫於 1925.4.18，《魯迅全集》第三卷，人民文學出版社，2005 年，第 47 頁。

〔註73〕魯迅《燈下漫筆》，寫於 1925.4.29，《魯迅全集》第一卷，人民文學出版社，2005 年，第 225、229 頁。

〔註74〕許壽裳《魯迅和青年》，收於倪墨炎、陳九英《許壽裳文集》上卷，百家出版社，2003 年，第 24 頁。

〔註75〕魯迅《導師》寫於 1925.5.11，《魯迅全集》第三卷，人民文學出版社，2005 年，第 58 頁。

命青年，魯迅是極其歡迎的，也極力去幫助他們，如蕭軍、蕭紅、葉紫等革命青年就是在魯迅的幫助和偉大人格的影響下而成長起來的。許壽裳對魯迅與青年們的關係雖多有論述，但僅僅是停留在魯迅對一般青年的影響上，而對於魯迅後期接觸更多、影響更大的左翼革命青年，許壽裳卻極少論述，這並非是許壽裳對魯迅與左翼革命青年相互間關係的一種偏見，而更大可能是其有意忽略這一容易把民族魯迅形象引向「左翼」革命形象的意識形態標誌。

　　許壽裳對魯迅「左翼化」歷史事件、歷史形象的有意剪除，雖與當時的政治避諱有密切的關聯，但與許壽裳所理解的「革命觀」不無莫大的關係。自日本留學時期起，許壽裳就已表現出較為激進的民主主義革命思想，其後在章太炎、蔡元培與孫中山等人革命思想的影響下，許壽裳更為篤信孫中山提出的「民族、民權、民生」的三民主義思想，在其晚年的臺灣新文化建設運動中發表的《新臺灣與三民主義的教育》一文中，許壽裳仍繼續倡導孫中山的民族革命思想，就可見出「三民主義」革命思想對許壽裳所產生的深遠影響。五四新文化運動時期，許壽裳與魯迅對陳獨秀、胡適等所倡導的「文學革命」都有點不以為然，周作人對此回憶道，「我初來北京，魯迅曾以《新青年》數冊見示，並且述許季市的話道，『這裏邊頗有些謬論，可以一駁。』大概許君是用了民報社時代的眼光去看它，所以這麼說的吧」〔註 76〕，魯迅對《新青年》的態度也是「並不怎麼看得它起」〔註 77〕。而在魯迅接觸了《新青年》圈子後，尤其是魯迅逐步接觸到陳獨秀、李大釗等人倡導的無產階級思想，進而產生了很大的思想轉變後，許壽裳卻還是一直沿用「民報社時代的眼光」去看待新興的無產階級革命思想。魯迅與許壽裳的這一思想分歧也促成了他們在 1927 年國民黨的反革命大屠殺後走上了不同革命道路的選擇：魯迅選擇了與國民黨的決裂，而許壽裳卻選擇了以一個邊緣知識分子的身份繼續停留在國民黨政府的內部，由此觀之，許壽裳的「革命觀」僅僅停留在孫中山的舊「三民主義」、「新三民主義」階段，而沒有像魯迅一樣受到無產階級革命觀的影響而接受共產主義思想。許壽裳對無產階級革命思想雖不至於斥之為「異端」思想，但由於許壽裳與魯迅特殊的友誼關係，許壽裳也往往對其抱著「敬而遠之」的態度對待，如同魯迅所說的「季茀他們對於我的

〔註 76〕周作人雖然對初次接觸《新青年》的時間有誤，但對魯迅轉述許壽裳評價《新青年》的話大抵可信。周作人的回憶最早出自《魯迅的故家》。

〔註 77〕周作人《魯迅的故家·新青年》，止菴校訂《周作人自編文集》，河北教育出版社，2001 年，第 355 頁。

行動，儘管未必一起去做，但總是無條件地承認我所作的都對」〔註 78〕。綜合上述因素，許壽裳以此作爲構建魯迅歷史形象的前提條件，就不難理解其「去左翼化」敘述策略所要達到的內心要求與歷史目的。

然而，魯迅與共產黨人之間長久的交往始終是許壽裳構建魯迅形象時最爲棘手的問題。魯迅與共產黨人交往其實由來已久，早在五四新文化運動時期就結交了陳獨秀、李大釗等早期共產主義領導人，在大革命時期、「四一五」反革命政變之前，魯迅在《慶祝滬寧克服的那一邊》一文中還特意提及到李大釗的存亡問題：「忽而又想到香港《循環日報》上所載李守常在北京被捕的消息……不知道他現在怎麼樣」〔註 79〕。而對於陳獨秀的懷念，魯迅在文章中也多次提到，在 1933 年的《我怎麼做起小說來》一文中，魯迅說到，「《新青年》的編輯者，卻一回一回的來催，催幾回，我就做一篇，這裏我必得記念陳獨秀先生，他是催促我做小說最著力的一個。」〔註 80〕魯迅對李大釗、陳獨秀的深厚情誼言於意表，而在魯迅上海定居後與瞿秋白、馮雪峰、胡風等共產黨人的深入交往同樣也建立了深厚的革命情誼。

魯迅與這些共產黨人的交往大部分都是公諸於眾的事實，許壽裳在構建魯迅的歷史形象時幾乎是不可避免地會牽涉到的，爲此，許壽裳還是作了一個妥善的冷處理：對魯迅與共產黨人的關係不得不提，也不可多提，即便提及的也是一些在政治上與魯迅沒有直接利害關係的事件。如在《亡友魯迅印象記》中，許壽裳隱晦地提到魯迅在中山大學任期間與中共黨員的一些日常交往：「清黨事起，學生被捕者不少，魯迅出席各主任緊急會議，歸來一語不發，我料想他快要辭職了，一問，知道營救無效。不久，他果然辭職，我也跟著辭職。他時常提起，有某人瘦小精悍，頭腦清晰，常常來談天的，而今不來了。」〔註 81〕這裏的「某人瘦小精悍，頭腦清晰，常常來談天的」指的就是當時與經常魯迅接觸並送一些共青團機關刊物給魯迅的共產黨員畢磊。當時畢磊是中共廣東區委學生運動委員會副書記、中大社會科學研究會幹

〔註 78〕 許廣平《亡友魯迅印象記·讀後記》，收於倪墨炎、陳九英《許壽裳文集》上卷，百家出版社，2003 年，第 177 頁。

〔註 79〕 魯迅：《慶祝滬寧克復的那一邊》，《魯迅全集》第八卷，人民文學出版社，2005年，第 196 頁。

〔註 80〕 魯迅《我怎麼做起小說來》，寫於 1933.3.5，《魯迅全集》第四卷，人民文學出版社，2005 年，第 526 頁。

〔註 81〕 許壽裳《亡友魯迅印象記·二十 廣州同住》，收於倪墨炎、陳九英《許壽裳文集》上卷，百家出版社，2003 年，第 141 頁。

事，是學委會機關刊物《做什麼》的主編。魯迅在 1927 年 1 月 18 日到達廣
州後的日記中，不斷記有徐文雅、畢磊及其它一些共產黨員、共青團員來訪
的記錄。魯迅在 1927 年的《怎麼寫》一文中還深情地提到畢磊：「記得《做
什麼》出版後，曾經送給我五本。我覺得這團體是共產青年主持的，因爲其
中有『堅如』、『三石』等署名，該是畢磊，通訊處也是他。他還曾將十來本
《少年先鋒》送給我，而這刊物裏則分明是共產青年所作的東西。果然，畢
磊君大約確是共產黨，於四月十八日（應爲十五日）從中山大學被捕。據我
的推測，他一定早已不在這世上了，這看去很是瘦小精幹的湖南的青年。」
〔註82〕又如，提及魯迅與柔石的關係以及柔石的被捕事件時，許壽裳解釋道：
「柔石原名平復，姓趙，浙江寧海人，創作之外，致力於紹介外國文學，尤其
是北歐、東歐的文學與版畫。被捕後二十日，秘密槍決（參閱《二心集・柔石
小傳》）」〔註83〕，而絲毫沒有提及到柔石的共產黨人身份。關於由柔石被捕而
引起的魯迅也被捕的謠言，許壽裳則澄清道：「至於謠傳被拘的原因是這樣的。
魯迅告訴我：『因爲柔石答應了去做某書店的雜誌編輯，書店想印我的譯著，
託他來問版稅的辦法，我爲要他省掉多跑一趟路，便將我和北新書局所訂的合
同，鈔了蓋印交給他，臨別時我看他向大衣袋裏一塞，匆匆的去了。不料翌日
就被捕，衣袋裏還藏著我那蓋印的合同。聽說官廳因此正在找尋我，這是謠傳
我被拘的原因。』」〔註84〕這便澄清了魯迅並沒有參與到「左聯」的一些政治
事務當中去的事實，爲魯迅贏得了一個不參與政治鬥爭的名聲。

　　魯迅與上海「三大盟」（即「自由運動大同盟」、「左翼作家聯盟」與「民權
保障同盟會」）的關系歷來是許壽裳關於魯迅歷史敘述的禁區，在已往的敘述當
中也極少涉略到，而在《亡友魯迅印象記》中，許壽裳卻特意把它作爲魯迅後
期上海生活的重要事件來介紹，這是魯迅在上海生活時期不可迴避的大事，也
是許壽裳在處理魯迅與「左翼」革命關係上最大膽的一次探索。魯迅與「三大
盟」的關係直接關係到魯迅的個人命運、革命觀與價值取向等問題，許壽裳對
魯迅上海時期的政治活動、文學活動也有著極高的評價，「從此在著譯兩方面，

〔註82〕魯迅《怎麼寫——夜記之一》，本篇最初發表於一九二七年十月十日北京《莽
　　　　原》半月刊第十八、十九期合刊，後收入《三閒集》。
〔註83〕許壽裳《亡友魯迅印象記・上海生活——前五年》，收於倪墨炎、陳九英《許
　　　　壽裳文集》上卷，百家出版社，2003 年，第 147 頁。
〔註84〕許壽裳《亡友魯迅印象記・上海生活——前五年》，收於倪墨炎、陳九英《許
　　　　壽裳文集》上卷，百家出版社，2003 年，第 147 頁。

加倍努力，創作方面除歷史小說《故事新編》，通訊《兩地書》（與景宋合著）等以外，特別著重前所發明的一種戰鬥文體——短評，雜文——來完成他的戰鬥任務。翻譯方面則有文藝理論，長篇小說，短篇小說，童話等。他又介紹新舊的『木刻』，提倡『新文字』，讚助『世界語』。同時他在行動上，又參加了三『盟』，即『自由運動大同盟』，『左翼作家聯盟』，及『民權保障同盟會』。總之，他是不朽的作家，文化的導師，正義的鬥士，中華民族的靈魂。」〔註85〕

　　然而，許壽裳對魯迅與「三大盟」關係的探討也是極為節制的。「自由運動大同盟」與「民權保障同盟會」在當時並沒有過於鮮明的政黨色彩，這從「自由運動大同盟」與「民權保障同盟會」的成立宣言當中就可以看出〔註86〕，「自由運動大同盟」目的是為爭取言論自由而由五十多人發起，其中大部分都是知名作家；「民權保障同盟會」由宋慶齡、蔡元培、楊銓、黎照寰、林語堂等人發起，在其宣言中就指出：「對於中國民權保障同盟的性質，我們必須有一個清晰的瞭解。這個同盟不是一個政黨。它的目的不是領導中國人民大眾去作政治與經濟的鬥爭，因而它的目的不在領導奪取政權的鬥爭」〔註87〕，因此許壽裳提

〔註85〕　許壽裳《亡友魯迅印象記‧上海生活——前五年》，收於倪墨炎、陳九英《許壽裳文集》上卷，百家出版社，2003年，第143頁。

〔註86〕　「自由運動大同盟」秘密成立於1930年2月13日晚的聖彼得大教堂，魯迅、柔石、郁達夫、馮雪峰等人出席成立大會。據倪墨炎《魯迅的社會活動‧八　魯迅參加發起中國自由運動大同盟》一書對自由運動大同盟成立時間與地點的考證而得。「自由運動大同盟宣言」宣稱：「自由是人類的第二生命，不自由，毋寧死！我們處在現在統治之下，竟無絲毫自由之可言！查禁書報，思想不能自由。檢查新聞，言論不能自由。封閉學校，教育讀書不能自由。一切群眾組織，未經委派整理便遭封禁，集會結社不能自由。至於一切政治運動與勞苦群眾爭求改進自己生活的罷工抗租的行動，更遭絕對禁止。甚至任意拘捕，偶語棄市，身體生命，全無保障。不自由之痛苦，真達於極點！我們組織自由運動大同盟，堅決為自由而鬥爭。感受不自由痛苦的人團結起來，團結到自由運動大同盟旗幟之下來共同奮鬥！發起人：郁達夫、魯迅、田漢、鄭伯奇、趙南公、周全平、陳劍仇、彭康、畫室、胡鄂公、董健吾、黃緒鍵、鄭初民、予生仁、寧惇武、蕭葦、潘念之、鄔孟暉、王任叔、江朗、王學文、王安之、龍勝之、潘漢年、蓬子、顧鳳城、張磐佛、葉靈鳳、陳自耀、向堯三、吳瑜、羅伯農、沈儂非、石煉頑、陳波兒、徐華、唐晴初、沈端先、王弼、蔡宿侯、徐耘阡、潘月之、繆長青、張人權、田壽康、張心之、黃素、徐誠梅、彭太沖、陳正道、鄔治能」

〔註87〕　「中國民權保障同盟宣言」，宣言宣佈了同盟的任務：「一、爭取釋放國內政治犯，反對目前到處盛行的監禁、酷刑和處決的制度。本同盟首要的工作對象是大量的無名囚犯。二、予政治犯以法律的辯護及其它援助，調查監獄的狀況和公佈國內剝奪民權的事實，以喚起輿論的注意。三、協助關於爭取公

及魯迅與「自由運動大同盟」與「民權保障同盟會」的關係都不會有太大的
政治風險，而許壽裳在處理魯迅與「左聯」的關係更爲側重的是「左聯」的
文藝性質而非政黨性質，至於魯迅在參加「左聯」成立大會時發表的講話，
許壽裳則把它簡化成對「左聯」容易右傾的責備以及對文藝界「造出大群新
的戰士」的期待〔註88〕，許壽裳以上的這些「冷處理」都有效地避免了與國
民黨意識形態發生正面的政治衝突，而僅是旁擊側敲地透露出魯迅與「左翼」
革命之間千絲萬縷的聯繫。

　　許壽裳在處理魯迅因「自由大同盟」而引起的政治避難這一事件上，尤
其顯出他對魯迅政治傾向性的維護。1930 年 2 月 13 日，魯迅因秘密參與發
起「自由運動大同盟」的政治活動，而被浙江省黨部呈請通緝，通緝的罪名
爲「反動文人」、「墮落文人」，其原因是參與發起了「自由運動大同盟」（也
稱「自由大同盟」）的政治運動，而浙江省黨部呈請通緝魯迅的眞正用意在
於報當初魯迅任《語絲》主編時刊登了揭發復旦大學黑幕文章的「一箭之仇」
〔註89〕，據此許壽裳以轉述魯迅原話的方式來澄清魯迅並非「自由大同盟」
發起人這一重要事件，「魯迅曾把這事的經過，詳細地對我說過：『自由大同
盟並不是由我發起，當初只是請我去演說。按時前往，則來賓簽名者已有一
人（記得是郁達夫君），演說次序是我第一，郁第二，我待郁講完，便先告歸。
後來聞當場有人提議要有甚麼組織，凡今天到會者均作爲發起人，迨次日報
上發表，則變成我第一名了。』魯迅又說：『浙江省黨部頗有我的熟人，他們

民權利，如出版、言論、集會和結社自由的鬥爭。」宋慶齡：《爲新中國而奮
鬥‧中國民權同盟的任務》

〔註88〕「在『左聯』成立時，魯迅發表演說，首則警戒『左翼』作家是很容易成爲
『右翼作家』的。繼則提出今後應注意的幾點：『第一，對於舊社會和舊勢力
的鬥爭，必須堅決，持久不斷，而且注重實力。……第二，我以爲戰線應該
擴大。……第三，我們應當造出大群的新的戰士。……同時，在文學戰線上
的人還要『韌』。』（《二心集‧對於左翼作家聯盟的意見》）從此『左聯』成
爲中國新文藝界的主力，一直發展下去，而魯迅則成爲其領導者。」許壽裳
《亡友魯迅印象記‧上海生活——前五年》收於倪墨炎、陳九英《許壽裳文
集》上卷，百家出版社，2003 年，第 143 頁。

〔註89〕許壽裳：「當魯迅初到上海，主編《語絲》的時候，有署名某某的青年，投稿
揭發他的大學的黑幕，意在促使反省，魯迅就把它登出來了。這反響可眞大，
原來某氏是該大學畢業生，挾嫌於心，爲時已久，今既有「自由大同盟」可
作題目，藉故追因，呈請通緝，而且批准。」《亡友魯迅印象記‧上海生活—
—前五年》

倘來問我一聲，我可以告知原委。今竟突然出此手段，那麼我用硬功對付，決不聲明，就算由我發起好了……」。按照許壽裳的說法，魯迅被充當「自由大同盟」的發起者，純粹是一起連魯迅也「始料不及」的意外事故及被人利用的政治陷害。而作為當時「自由大同盟」的組織者之一的馮雪峰則回憶道：「『中國自由大同盟』成立於一九三〇年二月間，『中國左翼作家聯盟』則成立在同年三月間；但兩者都在一九二九年年底就開始醞釀的。在上海的黨中央希望魯迅先生也做『中國自由大同盟』的發起人，派人來告訴我，要我先徵求魯迅先生的意見；我去和魯迅先生談了，記得他當時的表示是不大同意這種方式，認為一成立就會馬上被解散了，可是他又依然立刻答應參加並為發起人之一。以後是先由我介紹，黨又派人（我記得是派潘漢年）和他直接談過幾次。『中國自由大同盟』的成立大會是秘密開的，魯迅先生也出席了，我記得他沒有正式發言，可是精神很愉快，好像對於這種會他倒很感興趣，幾天之後他還談起那天開會時的情形。」〔註90〕

　　對於「自由大同盟」發起人的認定與魯迅是否是「自由大同盟」的知情人這一事件的細節問題，許壽裳與馮雪峰的說法顯然是互相矛盾的。倪墨炎從魯迅此後「還參加過好幾次該盟的活動」的事實考證中認為，還是「馮雪峰的回憶較為可靠」〔註91〕。然而，姑且不論許壽裳與馮雪峰對於魯迅是否是「自由大同盟」發起人這一細節辯論的誰是誰非，魯迅參加了「自由大同盟」政治活動是確鑿無疑的事情了，而許壽裳對魯迅參與這一政治事件則是又以轉引魯迅原話的方式對此發表自身的看法：「這憤慨是無怪的。魯迅又常常說：『我所抨擊的是社會上的種種黑暗，不是專對國民黨，這黑暗的根原，有遠在一二千年前的，也有在幾百年，幾十年前的，不過國民黨執政以來，還沒有把它根絕罷了。現在他們不許我開口，好像他們決計要包庇上下幾千年一切黑暗了。』」許壽裳對魯迅原話的轉述放在解釋「自由大同盟」的政治傾向性這一事件上有點「答非所問」，魯迅是否曾對許壽裳說過這些話也無從考究，然而，在維護魯迅的政治傾向性這一問題上，許壽裳無疑是從自身的立場出發，儘量去除魯迅思想上的「左翼」革命因素，為構建魯迅的民族革命形象而創造更多的有利因素，則是許壽裳下意識的一種選擇。

〔註90〕馮雪峰《黨給魯迅以力量》，收於《1928至1936年的魯迅：馮雪峰回憶魯迅全編》，上海文化出版社，2009年，第214頁。
〔註91〕倪墨炎《魯迅的社會活動》，上海人民出版社，2006年，第151頁。

由此看來，許壽裳的「去左翼化」魯迅闡釋是極其成功的。許壽裳不但成功地建構了「啓蒙者」魯迅的歷史形象，而且還成功地維護了魯迅的政治思想傾向。許壽裳在提供了眾多魯迅的生活素材、思想素材的同時，也夾雜著自身對現實的認識、對民族革命的認識，共同塑造、建構了一個帶有強烈民族情感、民族革命思想傾向同時又與「左翼」革命思想傾向沒有多大關聯的魯迅形象。然而，這是否接近許壽裳心中的魯迅形象？這已經是不得而知了。但在許壽裳晚年經常提及的一件憾事，卻又為我們留下了他與「左翼」魯迅之間的一些謎團。許壽裳在 1947 年的文章中三次提到魯迅死時他卻未能奔喪的情形：

《亡友魯迅印象記·病死》：十月十九日，我在北平便得到了電傳噩報，知道上午五時二十五分，魯迅竟爾去世了。我沒法想，不能趕去執紼送殯，只打了一個電報，略云：「上海施高塔路大陸新村九號，許景宋夫人，豫才兄逝世，青年失其導師，民族喪其鬥士，萬分哀痛，豈僅為私，尚望善事遺孤，勉承先志……。〔註92〕

《亡友魯迅印象記·小引》：魯迅逝世，轉瞬快到十一週年了。那時候我在北平，當天上午便聽到了噩音，不覺失聲慟哭，這是我生平為朋友的第一副眼淚。魯迅是我的畏友，有三十五年的交情，竟不幸而先歿，所謂「既痛逝者，行自念也」。因此魯迅寫了十多篇紀念的文字，如《懷亡友魯迅》、《懷舊》、《魯迅的生活》、《回憶魯迅》、《關於〈兄弟〉》、《魯迅和民族性研究》、《〈民元前的魯迅先生〉序》、《魯迅詩集序》、《魯迅的幾封信》等，都是「言之未盡，自視欿然」。近來，好幾位朋友要我寫這印象記，我也覺得還有些可以寫的，只是碌碌少暇，未能握筆。最近景宋通信也說及此事，有「回憶之文，非師莫屬」之語；我便立意隨時寫出，每章只標明目次，不很計其時間之先後。〔註93〕

《魯迅的思想與生活》序：魯迅之死，我在北平，不能像漢朝范式的素車白馬，不遠千里地奔張劭之喪，一直遲到寒假，才得回南，至上海萬國公墓中魯迅墓地，獻花圈以申「生芻一束」之忱。〔註94〕

〔註92〕 許壽裳《亡友魯迅印象記·病死》，收於倪墨炎、陳九英《許壽裳文集》上卷，百家出版社，2003 年，第 171 頁。

〔註93〕 許壽裳《亡友魯迅印象記·小引》，收於倪墨炎、陳九英《許壽裳文集》上卷，百家出版社，2003 年，第 73 頁。

〔註94〕 許壽裳：《魯迅的思想與生活》序，寫於 1947.5，收於倪墨炎、陳九英《許壽

　　魯迅病逝，作爲魯迅摯友的許壽裳未能不遠千里地爲他奔喪，這對許壽裳而言是一種無言的痛楚與精神的懲罰。許壽裳爲什麼不能從北京到上海來爲魯迅送葬？從當時的交通條件來說，這並非是不可能的，朱安在聽到魯迅逝世的消息後也曾萌發過要從北京南下爲魯迅送葬的想法，後來終因各種人事考慮而放棄，而非交通上的不通暢、不及時的原因。那麼阻礙許壽裳南下奔喪的原因又是什麼？是由於國民黨政府的限制還是其它方面的原因？對此，許壽裳一直沒有披露。在此，我們不妨大膽推測一下，或許正是由於共產黨一方發佈魯迅的訃告在先，許壽裳又推知共產黨一方肯定會籌辦魯迅的葬禮事宜，而許壽裳與魯迅生前愛護的「左翼」青年們又素無瓜葛，許壽裳假若突然出現在魯迅的葬禮上是否會怯於當時尷尬的身份及處境？而許壽裳一貫「非左翼」立場的選擇是否會給魯迅的葬禮帶來更多的麻煩？再則，從許壽裳在魯迅死後發表的懷念文章《懷亡友魯迅》一文中可以看出，許壽裳抱怨「我們的同胞沒有讓他能夠好好地整個兒貢獻，倒是重重剝削，各個攢分，有許多人都爭著挖取他的精神的一分。有些書店老闆借他以牟利，有些青年作家借它以成名」〔註95〕，其矛頭分明指向左翼青年作家，對「左翼」青年把魯迅精力剝削殆盡的「行爲」一直耿耿於懷。從許壽裳當時一系列憤慨的話語可以看出，正是因爲他當時對「左翼」及「左翼」青年產生了很深的偏見才會導致其在文章中以「泄憤」的方式責難「左聯」及「左聯」青年。就此而言，許壽裳與「左翼」、「左翼」魯迅之間無疑隔著一條看不見的精神鴻溝。總而言之，許壽裳的未能奔喪，最終成爲他晚年的一大憾事，而許壽裳與「左翼」革命之間緊張的關係或許正是導致許壽裳這一憾事的重要因素。在他晚年重新回顧與魯迅深厚的情誼時，范式與張劭「素車白馬」〔註96〕的

裳文集》上卷，百家出版社，2003年，第4頁。

〔註95〕許壽裳《懷亡友魯迅》，收於倪墨炎、陳九英《許壽裳文集》上卷，百家出版社，2003年，第53頁。

〔註96〕《唐書・藝文志》:「張劭字元伯，汝南人。生卒年不詳，約東漢初年前後在世。少游太學，與山陽范式友善。臨別於二年後某日到邵家拜母。至期，劭告母，設饌以代，式果至。登堂拜母，盡歡而別。後劭卒，見夢於式。至壙將窆，而柩不肯進。移時，式素車白馬，號哭而來，執紼引柩而前。送留冢次，修墳樹，然後去。劭有文集二卷傳於世。」《後漢書・獨行傳・范式》載:范式，字巨卿，與張劭爲友。劭死，式馳赴之，未至而喪已發引。既至壙，將窆，柩不肯進。遂停柩移時，乃見素車白馬，號哭而來。劭母望之曰:「是必范巨卿也。」式因執紼而引，柩於是乃前。後遂以「素車白馬」爲送葬之辭。元關漢卿《竇娥冤》第三折:「要甚麼素車白馬，斷送出古陌荒阡!」

典故，魯迅與左翼革命的關係以及許壽裳當時排斥「左翼」的心情，這些因素攪合在一起時總會時時觸動他心靈的隱痛吧。

清方文《得梅朗三凶問因寄麻孟璿沈景山》詩：「流水高山交不淺，素車白馬見何難。」李光《感事寄秋葉用原韻》：「素車白馬紛紜甚，寥落雲天范巨卿。」

第 4 章　從「啟蒙者」到「革命者」的歷史置換

4.1　馮雪峰的歷史敘述

　　與許壽裳「去左翼化」敘述策略形成鮮明對照的是，作為魯迅後期生活與思想重要見證人之一的馮雪峰，在其建國前後的《魯迅回憶錄》、《回憶魯迅》、《黨給魯迅以力量》、《魯迅生平及他思想發展的梗概》、《中國文學從古典現實主義到社會主義現實主義發展的一個輪廓》等歷史敘述當中更強化了魯迅與左翼、共產黨人之間千絲萬縷的聯繫。

　　馮雪峰，1903 年 6 月出生於浙江義烏山村的一個農民家庭，1922 年與應修人、潘漠華、汪靜之四人合出詩集《湖畔》，因而有「湖畔」詩人之稱。1925年春來到北京，曾一度在北京大學旁聽魯迅的課，1926 年 8 月的一天去拜訪過魯迅〔註1〕，與魯迅有了第一次正式的交往，其後一直沒有進一步的交往。直到 1928 年底，魯迅在上海定居一年多以後，在同鄉好友柔石的引薦下，馮雪峰以請教蘇聯文藝翻譯問題為名〔註2〕才開始走進魯迅的生活圈子，並在

〔註 1〕1926 年 8 月的一天，馮雪峰去拜訪魯迅，談及幾個人想編一個雜誌，探問先生能夠介紹給北新書局，魯迅的回答是：「李小峰恐怕不想再出版刊物了吧。」沒坐多久，他就告辭了。

〔註 2〕馮雪峰：「那時我正從日譯本閱讀幾個德國的馬克思主義者所寫的關於知識分子問題的論文，有好幾處實在艱深難懂，我就想請他指示。同時我準備從藏原惟人的日譯本重譯蒲力汗諾夫的《藝術與社會生活》，也有幾處想問他。當天晚上我就帶了書去，問了幾個地方的。我想，大約是因為我所請教和提

1930 年以後與魯迅相繼籌辦「中國自由大同盟」、「左聯」等政治文化團體，一起策劃、發起國際反戰大會等活動而與魯迅有了極深的交往。馮雪峰與魯迅交往期間就已經是中共黨員的身份，1931 年更是擔任「左聯」的黨團書記，在魯迅的指導和帶領下，「左聯」作為一個革命文化團體充分發揮了文藝戰線的革命作用，在二十世紀三十年代有著廣泛的政治和文化影響，這些顯然與馮雪峰積極發動魯迅從事左翼文化活動，以及魯迅與馮雪峰在多項文藝事務中的通力合作分不開的。1934 年至 1935 年，馮雪峰因革命的需要而暫時離開了魯迅，奔赴蘇區。1936 年 4 月底，馮雪峰以中央特派員的身份重新回到上海，又與魯迅恢復了密切的交往。馮雪峰與魯迅多年深入的交往情誼獲得了許廣平的極大認可，並給予了馮雪峰以極高的評價〔註3〕，譽其為「賦有正義感的青年」，「意氣極相投的摯友一般」，「魯迅研究的通人」〔註4〕。

在馮雪峰的《魯迅回憶錄》、《回憶魯迅》、《黨給魯迅以力量》、《魯迅生平及他思想發展的梗概》、《中國文學從古典現實主義到社會主義現實主義發展的一個輪廓》等歷史敘述當中，馮雪峰以其親歷者的身份，具體而微地敘述了與魯迅交往的一些重要事件，甚至還細化到描述魯迅當時的語氣、心情，剖析了魯迅隱秘的精神世界。袁良駿指出，「馮氏對 1929 年間的回憶有兩個突出特點，一是有強烈的馬列主義的理論色彩，二是注意剖析魯迅的精神世界。這兩大特點，依然保留在全本《回憶魯迅》中。《回憶魯迅》確乎不是一般現象羅列的回憶錄，這倒主要不是指它夾敘夾議的筆調，而是指通過那些

出的都是關於歷史唯物觀點的文藝和思想史和文藝批評上的問題，所以先生當初對我所談的話大都是關於這方面的，而且似乎很有興趣，話也一次多於一次。」《魯迅回憶錄》，收入《一九二八至一九三六年的魯迅——馮雪峰回憶魯迅全編》，倪墨炎、陳九英編校整理，上海文化出版社，2009 年

〔註3〕「曾在北平旁聽過先生講書的青年 F，後來在閘北和先生住在同里，而對門即見，每天夜飯後，他在曬臺一看，如果先生處沒有客人，他就過來談天。他為人頗硬氣，主見甚深，很活動，也很用功，研究社會科學，時向先生質疑問難，甚為相得。」「他來了，一來就忙得很，《萌芽》、《十字街頭》、《前哨》等刊物的封面、內容固然要和先生商討，要先生幫忙。甚至題目，也常是他出好指定，非做不可的。有時接受了，有時則加以拒絕，走出了，往往在晨二三時，然後先生再打起精神，做豫約好的工作，直到東方發亮，還不能休息。這工作多超過先生個人能力以上，接近的人進忠告了。先生說：「有什麼法子呢？人手又少，無可推委。至於他，人很質直，是浙東人的老脾氣，沒有法子。他對我的態度，站在政治立場上，他是對的。」先生是這樣謙虛，接待一個賦有正義感的青年。」

〔註4〕許廣平《魯迅與青年們》

自己感受最深的事件或印象，寫出了魯迅特定時期的情緒和心境，而且逼眞地寫出了這種情緒和心境的發展、變化，從而給人們留下了晚年魯迅的音容笑貌，也給人們留下了他的憂鬱痛苦。馮雪峰寫的不是魯迅的某一側影，而是一個立體的投影，一個全身心的透視，一個血肉之軀的活的魯迅。無論『左聯』時期還是 1936 年，回憶對魯迅精神世界的把握都是相當準確的。」〔註5〕而又由於馮雪峰與魯迅的交往始於魯迅在上海定居後的 1928 年底，止於魯迅逝世，馮雪峰對魯迅的歷史敘述正好覆蓋了魯迅 1927 年前後的思想轉變期到魯迅左傾及至逝世的一段心路歷程，因此，馮雪峰歷史敘述的主題也明顯體現在魯迅思想的轉變與發展以及魯迅與共產黨的關係上。

　　魯迅 1927 年前後的思想轉變，是魯迅研究史上一個重要的課題，也是「魯迅圈子」中人極爲關心的問題。這直接關係到魯迅的思想立場以及歷史形象。作爲魯迅摯友的許壽裳一直強調魯迅思想的一致性，也即是魯迅早期形成探討國民性的三個問題一直是他「畢生孜孜不懈」探討的思想主題，思想啓蒙也一直是魯迅自新文化運動以來在其創作中最爲關注的問題。然而，1927 年前後的魯迅，思想上明顯有了比較大的變化，這從魯迅在對「革命文學」認識上的轉變就可以看出來。1927 年 4 月 8 日，魯迅在黃埔軍校的演講中首次描述了文學與政治的「三部曲」關係〔註6〕，認爲文學與革命無關，學文學對於戰爭沒有一點益處。既不能當做實用的武器，也不能充當精神糧食，僅僅是作爲玩賞而給人一些興味。中國現在的社會狀況是只有實在的革命戰爭，「一首詩嚇不走孫傳芳，一炮就把孫傳芳轟走了」，因此魯迅認爲，「文學總是一種餘裕的產物，可以表示一民族的文化，倒是眞的。」〔註7〕

〔註 5〕 袁良駿《當代魯迅研究史》，陝西人民教育出版社，1992 年。

〔註 6〕 李歐梵《鐵屋中的吶喊》：「第一階段是革命前，這時期已經出現對現狀不平的文學，但這種文學並不一定會引起革命爆發；第二階段是正在革命的時期，這時行動比寫作更重要，人人忙於革命，無暇從事文學；第三階段是革命成功以後，這時文學才又出現，一般分爲兩類，一類爲革命勝利唱頌歌，一類爲過去唱輓歌。」

〔註 7〕 「學文學對於戰爭，沒有益處，最好不過作一篇戰歌，或者寫得美的，便可於戰餘休憩時看看，倒也有趣。要講得堂皇點，則譬如種柳樹，待到柳樹長大，濃陰蔽日，農夫耕做到正午，或者可以坐在柳樹底下吃飯，休息休息。中國現在的社會情狀，止有實地革命戰爭，一首詩嚇不走孫傳芳，一炮就把孫傳芳轟走了。自然也有人以爲文學於革命是有偉力的，但我個人總覺得懷疑，文學總是一種餘裕的產物，可以表示一民族的文化，倒是眞的。」魯迅《革命時代的文學》，此文爲魯迅 1927 年 4 月 8 日於黃埔軍校的演講。

　　而在 1928 年 4 月給冬芬的覆信《文藝與革命》中，他不再像過去談「三部曲」時那樣否認「革命文學」的可能性，而是說：「世界上時時有革命，自然會有『革命文學』」〔註8〕。在 1930 年 1 月的長篇雜文《「硬譯」與「文學的階級性」》中，魯迅卻以「從別國裏竊得火來，本意卻在煮自己的肉」的犧牲精神，暗示出引入外國的革命文藝理論，就是爲了糾正自己與別人在「革命文學」理論認識上的偏差：「但我自信並無故意的曲譯，打著我所不佩服的批評家的傷處了的時候，我就一笑，打著我的傷處了的時候我就忍疼，卻決不肯有所增減，這也是始終『硬譯』的一個原因。」〔註9〕李歐梵認爲，「由這篇長文可見，至少在他正式參加左聯前一個月，他已經不再懷疑在中國提倡『革命文學』是否適時的問題，並且已經開始提倡過去的論敵們的『普羅文學』的口號，並將其等同於『革命文學』了。」〔註10〕據此，1930 年前後的魯迅已經完成了思想上的重要轉變，而在 1931 年的《中國無產階級革命文學和前驅的血》中，魯迅無產階級的立場已經相當的明顯了。魯迅已經認識到，「我們的勞苦大眾歷來只被最激烈的壓迫和榨取，連識字教育的布施也得不到，惟有默默地身受著宰割和滅亡」，而要反抗被「宰割」與「滅亡」的命運，知識青年們就必須先意識到自己前驅的使命，首先發出「戰叫」，無產階級革命文學在不斷地增長著，事實已經證明，無產階級革命文學與無產階級革命大眾是緊密地聯繫在一起的，無產階級革命文學同時也是無產階級大眾的文學〔註11〕

　　魯迅從 1927 年以前的否定「革命文學」的存在，到 1930 年後的承認「無產階級革命文學卻仍然滋長」，這中間思想上的漸變卻是實實在在發生的，《革

〔註 8〕 魯迅《文藝與革命》，收入《三閒集》，人民文學出版社，2006 年。
〔註 9〕 魯迅《「硬譯」與「文學的階級性」》，收入《二心集》，人民文學出版社，2006 年。
〔註 10〕 李歐梵著，尹慧珉譯《鐵屋中的吶喊》，人民文學出版社，2010 年。
〔註 11〕 「我們的勞苦大眾歷來只被最激烈的壓迫和榨取，連識字教育的布施也得不到，惟有默默地身受著宰割和滅亡。繁難的象形字，又使他們不能有自修的機會。智識的青年們意識到自己的前驅的使命，便首先發出戰叫。這戰叫和勞苦大眾自己的反叛的叫聲一樣地使統治者恐怖，……但無產階級革命文學卻仍然滋長，因爲這是屬於革命的廣大勞苦群眾的，大眾存在一日，壯大一日，無產階級革命文學也就滋長一日。我們的同志的血，已經證明了！無產階級革命文學和革命的勞苦大眾是在受一樣的壓迫，一樣的殘殺，作一樣的戰鬥，有一樣的運命，是革命的勞苦大眾的文學。」魯迅《中國無產階級革命文學和前驅的血》，見《魯迅雜感選集》，中國致公出版社，2009 年。

命時代的文藝》、《文藝與革命》、《「硬譯」與「文學的階級性」》、《中國無產階級革命文學和前驅的血》等篇章眞實地記錄了魯迅「革命文學」思想產生、發展的全過程，因此，1927 年前後，經歷過國民黨「四一五」反革命政變的魯迅，無疑從思想上、精神上都在向無產階級靠攏，並最終發出了「只是原先是憎惡這熟識的本階級，毫不可惜它的潰滅，後來又由於事實的教訓，以爲惟新興的無產者才有將來」〔註12〕這樣振聲發聵的時代聲音。然而，魯迅「文學與革命」思想的轉變卻並非輕而易舉的，對於性格堅韌、多疑而又常常在精神上自我解剖的民族主義者魯迅來說，從原先篤信的達爾文「進化論」思想學說轉到信奉馬克思主義的階級鬥爭說，這其中的思想鬥爭是異常劇烈的，並且是持續不斷的。

　　馮雪峰無疑是極其敏感地注意到魯迅這一時期存在的「自我思想鬥爭」問題。在日常交往的閒談中，馮雪峰與魯迅一些關於文藝現狀、馬克思文藝理論的話題總會有意無意地觸及到魯迅思想深處的矛盾，「例如，由於那時（一九二九年上半年）《列寧青年》上面一篇評論當時文藝界的文章而引起的不止一次的談話，就都曾觸到了他的思想信念以及關於他的創作《彷徨》和《野草》裏面的感情等問題」〔註13〕。而依照馮雪峰的理解，魯迅的「自我思想鬥爭」內容有兩方面：「一方面是關於他的社會思想的矛盾，即對於中國革命和中國將來的前途的認識的問題；又一方面，他也非進而否定著以個人主義思想爲基礎的小資產階級的立場不可了。」〔註14〕而 1927 年的「四一五」反革命政變，工人農民階級革命力量的發展與創造社人們對魯迅的攻擊等事件，正是促使魯迅引發「自我思想鬥爭」的重要因素，由此，魯迅「不能不自己反省的就是他和革命主力的關係問題，從實際上說的就是階級立場問題」以及「革命的前途問題」。魯迅由他一貫的愛國主義以及戰鬥精神出發，要想爲人民取得一個「好的將來」就「必須對將來有明確的觀念和堅定的信念，對革命的前途必須有明白的認識和堅決的信任，而要如此就必須站到工人階級立場上，必須和領導群眾的革命黨更靠近」，而要達到這樣的「要求」，魯迅就必須有「自我思想鬥爭」的需要，「肅清自己的『懷疑』和某些『悲觀』，

〔註12〕魯迅《二心集・序言》，人民文學出版社，2006 年。
〔註13〕馮雪峰《回憶魯迅》，收入《一九二八至一九三六年的魯迅——馮雪峰回憶魯迅全編》，倪墨炎、陳九英編校整理，上海文化出版社，2009 年
〔註14〕馮雪峰《回憶魯迅》，收入《一九二八至一九三六年的魯迅——馮雪峰回憶魯迅全編》，倪墨炎、陳九英編校整理，上海文化出版社，2009 年

否定自己的小資產階級立場」，也即是說，馮雪峰認為，1927 年的一系列政治事件、文化事件的各種影響使魯迅認識到，為了以後革命的勝利和人民的解放，魯迅必須通過「自我思想鬥爭」來擺脫自身的「小資產階立場」達到工人階級立場，最後依靠工人階級政黨的革命力量，才能取得革命的成功。而當時魯迅對自我進行痛苦的精神剖析，以及後來轉向左翼革命立場，正是魯迅當時通過「自我思想鬥爭」的方式才能產生的正確選擇。

馮雪峰對魯迅「自我思想鬥爭」問題的把握給我們提供了當時魯迅最真實的心理分析、精神分析，為此，馮雪峰還以客觀實錄的方式保留了魯迅遭遇「四一五」反革命政變後的震驚體驗：

> ……倘若有人問我，可曾預料在「革命」的廣州也會有那樣的屠殺？我直說，我真沒有料到。姑不論我也是抱著「美夢」到廣州去的，在那裏，還在「合作」時候，我就親眼見過那些嘴臉，聽過那些誓言。說我深於世故，一切世故都會沒有用的。……還是太老實，太相信了「做戲的虛無黨」，真上了大當……我終於嚇得白呆目瞪……血的代價，得的教訓就只明白了這——正當。
>
> 我只是弄弄文字的人，以為對於戰鬥的青年有些小幫助，有時還是特意為了滿足他們的希望而鞭策自己，政治上的事情不曾怎樣去細想過。到我那裏來的青年，有的大概真是共產黨員罷，但我也只是風聞，他自己不說，我是不去問的。頭幾天還見過面的，忽然知道他已經不在世上了。……
>
> 這回也還是青年教訓了我。……我相信進化論，以為青年總勝於老人，世間壓迫殺戮青年的大概是老人，老人要早死，所以將來總要好一些。但是不然，殺戮青年的就是青年，或者告密，或者親自捕人。過去軍閥殺青年，我悲憤過，這回我還來不及悲憤，早已嚇昏了。我的進化論完全破產！〔註15〕

據此，馮雪峰也順理成章地把魯迅的思想發展劃分為前後兩期：

> 在前期，魯迅先生反對帝國主義、反對封建主義、反對一切舊勢力和一切反動勢力的戰鬥猛烈和堅決，確實一點也不讓於他的後期的；但在前期，他從建立在個人主義思想基礎上的小資產階級的

〔註15〕 馮雪峰《回憶魯迅》，收入《一九二八至一九三六年的魯迅——馮雪峰回憶魯迅全編》，倪墨炎、陳九英編校整理，上海文化出版社，2009 年

立場出發，同時又從他所承認的進化論出發，把革命的主要寄在青年（主要是知識青年）身上，以青年為革命和一切革新運動的主要的社會力量。相信將來總比過去和現在好，而將來究竟如何呢？他的觀念卻並不明確，他的信念有時就要動搖。可是在後期，他承認馬克思列寧主義的革命道路，信任工人農民階級的力量，以蘇聯革命的成功為前例，他對於人類的將來和中國人民的前途就抱有明確的觀念和堅定的信念。當然也就拋棄了小資產階級的立場，而成為共產主義者了。〔註16〕

馮雪峰認為，1927 年的「四一五」反革命政變，成為了魯迅由「進化論」思想轉向無產階級革命思想的重要分水嶺。魯迅正是由於後期「承認馬克思列寧主義的革命道路，信任工人農民階級的力量」，「拋棄了小資產階級地產」，因此才成為了偉大的「共產主義者」。在此後，馮雪峰與魯迅在 1936 年再次相聚時，由於毛澤東領導的政治、軍事革命鬥爭取得了重大的勝利，魯迅在瞭解到相關的革命鬥爭思想與史實以後，馮雪峰認為魯迅的思想又有了新的發展：

照我看來，他當時的要求，就是要向已經站穩的、已經為它而堅決地不惜任何犧牲地戰鬥的那階級的思想，即無產階級思想，馬克思列寧主義思想，更深入一步。同時，很明顯，他的這種要向無產階級思想更深入一步的要求和努力的具體表現，就是要求跟已經靠近的中國共產黨更靠近一步。

……

總之，據我瞭解，由於新的政治形勢，由於對毛主席的天才的領導與思想方法的約略的一些認識，使魯迅先生在思想上更注意於具體的政治鬥爭的策略等問題；而這情形，我以為，就正是他要跟我黨靠得更緊的表現，也就是要求向馬克思列寧主義更深入一步的表現。〔註17〕

至此，馮雪峰給我們勾勒了魯迅思想的轉變及其後再發展的全過程。馮

〔註16〕　馮雪峰《回憶魯迅》，收入《一九二八至一九三六年的魯迅——馮雪峰回憶魯迅全編》，倪墨炎、陳九英編校整理，上海文化出版社，2009 年

〔註17〕　馮雪峰《回憶魯迅》，收入《一九二八至一九三六年的魯迅——馮雪峰回憶魯迅全編》，倪墨炎、陳九英編校整理，上海文化出版社，2009 年

雪峰以魯迅思想發展過程見證者的身份，印證了瞿秋白早年對魯迅思想發展所作的「從進化論到階級論，從紳士階級的逆子貳臣到無產階級和勞動群眾的真正友人，以至戰士」〔註18〕判斷，而後又在其《魯迅生平及他思想發展的梗概》一文中進一步豐富了瞿秋白對魯迅思想發展的論斷，馮雪峰認為將魯迅前期思想簡單概括為「進化論」是不科學的，也不夠全面的，因為「進化論者的魯迅，是一個進步的唯物論者；他的這唯物論的思想的基礎和價值，在於它反映了當時的革命現實，並以其進步性服務於革命現實，為人民的進步而奮鬥」〔註19〕，因此，魯迅思想的發展應該具體體現為：「從進化論躍進到馬克思主義，從革命的小資產階級躍進到無產階級，從一般進步的唯物論躍進到革命的、歷史辯證的唯物論，這個發展才是一個本質的發展。」〔註20〕馮雪峰對魯迅前後期思想特徵及其發展的概括獲得了陳湧等「延安派」魯迅研究者的認同，陳湧甚至認為魯迅在早期思想中就體現出「樸素唯物主義」的萌芽了〔註21〕。由此，不少研究者認為，馮雪峰對魯迅思想發展的概括「顯然要比瞿秋白、平心等人的概括更全面、科學」〔註22〕。

　　馮雪峰對魯迅思想轉變及其發展所作的探索無疑是極有價值的，然而，也不能不看到，在馮雪峰延續瞿秋白對魯迅思想發展所作的論斷時，馮雪峰與瞿秋白、平心等人一樣，都沒有對魯迅 1927 年前後產生思想轉變的深層原因作出更多的探索。在馮雪峰看來「『四一五』反革命政變、工農革命力量的發展與創造社的攻擊」等因素是促使魯迅思想發生轉變的重要原因，然而，這僅僅是外在於魯迅自身的因素而已，對於促使魯迅思想發生轉變的真正內因，卻是幾乎沒有觸及到。而對於魯迅思想上、精神上雖經歷一番「自我鬥爭」卻最終向左轉的問題，研究者們也往往會產生這樣的疑問：在革命恐怖時期，魯迅憑什麼會信任工人階級能夠領導革命走向勝利，而不會釀成「至

〔註18〕瞿秋白《〈魯迅雜感選集〉序言》，中國致公出版社，2009 年。
〔註19〕馮雪峰《回憶魯迅》，收入《一九二八至一九三六年的魯迅──馮雪峰回憶魯迅全編》，倪墨炎、陳九英編校整理，上海文化出版社，2009 年。
〔註20〕馮雪峰《魯迅生平及他思想發展的梗概》，《文藝報》，1951 年 4 卷 11.12 期。
〔註21〕陳湧：「在魯迅看來，一切天才，一切鬥爭的思想和文藝一向是和過去統治階級的利益和還沒有覺悟的群眾的思想習慣相衝突的。魯迅在這裏對階級意識形態的問題達到了樸素唯物論的瞭解。」《一個偉大的知識分子的道路》，1950 年 11 月發表於《人民文學》第 3 卷第 1 期
〔註22〕王吉鵬，王竹麗《觀照偉大精神的經緯──魯迅思想研究史》，第 127 頁，吉林人民出版社，2004 年。

今爲止的統治階級的革命，不過是爭奪一把舊椅子」的革命遊戲〔註 23〕？魯迅又是如何確保他的選擇不會陷入慣常的革命功利主義？而一向對政治運動、政治革命有極強排斥感的魯迅又將以何種方式參加無產階級的革命？等等。這些問題的提出無疑都指向了一個問題：什麼才是魯迅思想轉向的主導因素？要想從紛繁複雜的歷史敘述當中，分析出魯迅思想轉變的主導因素，無疑是極其艱難的，在此，我們再次回到魯迅自述其思想發生轉變的「盜火者」寓言上來：「我從別國裏竊得火來，本意卻在煮自己的肉的」，「我也願意在社會上有些用處，看客所見的結果仍是火和光。這樣，首先開手的就是《文藝政策》，因爲其中含有各派的議論」〔註 24〕。

顯然，魯迅自述的思想轉向是以接受了「革命文學」爲前提條件的。1928 年以前的魯迅還斷然否認「革命文學」的存在〔註 25〕，然而 1928 年以後，魯迅卻推翻了自己以前的認識，認爲「世界上時時有革命，自然會有『革命文學』」〔註 26〕，並開始著手翻譯蘇聯的《文藝政策》、普列漢諾夫的《藝術論》

〔註 23〕《二心集・上海文藝之一瞥》：「在現在，如先前所説，文藝是在受著少有的壓迫與摧殘，廣泛地現出了飢饉狀態。文藝不但是革命的，連那略帶些不平色彩的，不但是指謫現狀的，連那些攻擊舊來積弊的，也往往就受迫害。這情形，即在説明至今爲止的統治階級的革命，不過是爭奪一把舊椅子。去推的時候，好像這椅子很可恨，一奪到手，就又覺得是寶貝了，而同時也自覺得自己正和這「舊的」一氣。」

〔註 24〕魯迅《「硬譯」與「文學的階級性」》，收入《二心集》，人民文學出版社，2006 年。

〔註 25〕《文藝與政治的歧途》：「我以爲革命並不能和文學連在一塊兒，雖然文學中也有文學革命。但做文學的人總得閒着一點，正在革命中，那有工夫做文學。」「文藝催促舊的漸漸消滅的也是革命（舊的消滅，新的才能產生），而文學家的命運並不因自己參加過革命而有一樣改變，還是處處碰釘子。現在革命的勢力已經到了徐州，在徐州以北文學家原站不住腳；在徐州以南，文學家還是站不住腳，即共了產，文學家還是站不住腳。革命文學家和革命家竟可説完全兩件事。詆斥軍閥怎樣怎樣不合理，是革命文學家；打倒軍閥是革命家；孫傳芳所以趕走，是革命家用炮轟掉的，決不是革命文藝家做了幾句「孫傳芳呀，我們要趕掉你呀」的文章趕掉的。在革命的時候，文學家都在做一個夢，以爲革命成功將有怎樣怎樣一個世界；革命以後，他看看現實全不是那麼一回事，於是他又要吃苦了……所以以革命文學自命的，一定不是革命文學，世間那有滿意現狀的革命文學？除了吃麻醉藥！蘇俄革命以前，有兩個文學家，葉遂寧和梭波里，他們都謳歌過革命，直到後來，他們還是碰死在自己所謳歌希望的現實碑上，那時，蘇維埃是成立了！」

〔註 26〕魯迅《文藝與革命》，收於《魯迅全集》第四卷人民文學出版社，2005 年，第 83 頁。

以及盧那察爾斯基的《藝術論》等與「革命文學」有關的蘇聯文藝理論。值
得追問的是，魯迅爲什麼會接受了無產階級「革命文學」的說法，而相信有
「革命文學」的存在？李歐梵指出，「在閱讀盧那察爾斯基、普列漢諾夫和蘇
聯文藝政策後，他已相信文學在根本上有階級性，相信無產階級必然地要成
爲未來上陸的階級。」〔註27〕從魯迅 1928 年及其後所購的馬克思主義書籍來
看，恩格斯的《社會主義從空想到科學》，列寧的《論中國革命問題》，馬克
思、恩格斯的《共產黨宣言》、恩格斯的《婚姻及家庭的發展過程》，還有《俄
國工人黨史》、《階級鬥爭理論》、《唯物論與辯證法的基本概念》、《唯物史觀
解說》、《文學與革命》、《無產階級文學理論》、《蘇俄的文藝政策》、《新俄國
文化的研究》等著作無疑極大地豐富了魯迅對無產階級革命思想的理解，而
1928 年後，魯迅開始接觸到越來越多眞正的「革命文學」作品也使他確信了
「革命文學」的存在〔註28〕，然而，對於「革命」、「革命文學」的倡導，魯
迅還是顯示出與其它左翼革命知識分子細微的區別：

> 眞實的革命者，自有獨到的見解，例如烏略諾夫先生，他是將
> 「風俗」和「習慣」，都包括在「文化」之內的，並且以爲改革這些，
> 很爲困難。我想，但倘不將這些改革，則這革命即等於無成，加沙
> 上建塔，頃刻倒壞。中國最初的排滿革命·所以易得響應者，因爲
> 口號是「光復舊物」，就是「復古」，易於取得保守的人民同意的緣
> 故。但到後來，竟沒有歷史上定例的開國之初的盛世，只枉然失了
> 條辮子，就很爲大家所不滿了。

> 倘不深人民眾的大層中·於他們的風俗習慣，加以研究，解剖，
> 分別好壞，立存廢的標準，而於存於廢，都鎮選施行的方法·則無
> 論怎樣的改革，都將爲習慣的岩石所壓碎，或者只在表面上浮游一
> 些時。〔註29〕

在《習慣與改革》一文中，魯迅思想轉向無產階級立場後，強調「革命」應

〔註27〕 李歐梵著，尹慧珉譯《鐵屋中的吶喊》，人民文學出版社，2010 年，第 147
頁。
〔註28〕 1928.2.24 收到曹靖華《煙袋》譯稿。於二十六日致李霽野信：「《煙袋》已於
昨夜看完了，我以爲很好，應即出版。」《煙袋》是曹靖華寄給未名社的譯稿，
內收蘇聯短篇小說十一篇，以其中愛倫堡的《煙袋》爲書名。
〔註29〕 魯迅《習慣與改革》，收於《魯迅全集》第四卷人民文學出版社，2005 年，第
229 頁。

該連同人們的思想意識、風俗習慣一起革新。魯迅的這一提法無疑也是對把「革命」最後演變成「爭奪一把舊椅子」風險的有效規避。在此不難看出，魯迅思想的轉向與其一貫以來的「思想革命」還是有極大關係的，魯迅企圖在劇烈的「政治革命」中摻入「思想革命」的因素，並在其後的革命實踐中「以暴露舊社會黑暗」的方式，繼續將「革命文學」推向高潮。魯迅存在於左翼革命陣營的意義與價值，也如同李歐梵所指出的「作爲以爲從事文學的知識分子而非政治活動家，魯迅執著地關心的，主要是文學與革命的理論問題以及在政治承擔的框架以內確定自己生命『存在』的意義的問題，而不是革命的策略問題。」〔註30〕

　　由此可見，促使魯迅思想轉變的因素除了「『四一五』反革命政變、工農革命力量的發展與創造社的攻擊」這些外在因素以外，魯迅希望在新的革命立場下繼續實踐「思想革命」的目標同時也就成爲了魯迅思想轉變的一個重要內因。馮雪峰對魯迅思想轉變重外因而忽視內因的做法，在「純化」魯迅革命精神的同時，也形成了對魯迅思想轉變成因的極大修改。

　　魯迅與共產黨的密切關係是馮雪峰塑造「革命者」魯迅的另一個重要主題。這主要表現在魯迅與左聯、魯迅與毛澤東以及魯迅與其它共產黨人的交往這三組人事關係上。魯迅與左聯的關係是馮雪峰構建魯迅與共產黨密切關係的基礎。正是因爲魯迅作爲左聯的發起人之一而參與了左聯的成立大會，因此，左聯也成爲了魯迅公開站在共產黨一邊的重要證明，而左聯也成爲魯迅爲之託付所有革命理想的重要陣地。「魯迅先生眞正和我們黨發生了經常的而且非常密切的關係，就在從這時開始的他的最後十年。在這最後的十年，魯迅先生毫無保留地承認我們黨是唯一能夠領導中國人民革命到勝利的黨；這信念魯迅先生不曾有一分鐘動搖過」〔註31〕。在馮雪峰的歷史敘述中，魯迅對黨的忠誠在魯迅與左聯的關係上體現得非常明顯：「在這幾年中，我所看見，魯迅先生在思想和精神上和我們黨的方向一致，簡直達到了一個很好的黨員的那樣的地步。他把自己的戰鬥的文章戲稱爲『遵命文學』，同時嚴肅地解釋道：『不是遵別的命，是遵革命的命』。魯迅先生以革命的利益爲利益，一切服從革命的利益，這是最根本的一點。」而在魯迅與左聯的相互作用上，

〔註30〕李歐梵著，尹慧瑉譯《鐵屋中的吶喊》，人民文學出版社，2010 年，第 138
　　　頁。
〔註31〕馮雪峰《黨給魯迅以力量》，收入《一九二八至一九三六年的魯迅——馮雪峰
　　　回憶魯迅全編》，倪墨炎、陳九英編校整理，上海文化出版社，2009 年，第
　　　212～213 頁。

魯迅對左聯成員影響極大,「只要魯迅先生不垮,『左聯』就不會垮」,「他的這種愛『左聯』以及堅持的頑強態度,就給了大家以無限的力量和信心」,而左聯也成爲魯迅唯一的精神寄託,「左聯是他的根據地,是他的陣營,而他是左聯的一個戰士和主將,失去了陣地就將失去自己」〔註32〕。

　　魯迅與毛澤東的關係,是馮雪峰構建魯迅與黨的關係最濃墨重彩抒寫的一筆。魯迅與毛澤東雖然未曾謀面,但這兩位在馮雪峰看來都是天才而又與馮雪峰關係極爲密切的人物,馮雪峰經常做的事情就是在兩位偉大的天才人物之間搭建起一道橋梁,讓兩位天才人物能夠相識、相知。而在馮雪峰看來,毛澤東更是黨的化身,於是在魯迅與毛澤東的關係敘述上,常常會產生一種近乎「神跡」的影響力量:「這是一九三六年,魯迅先生大半時間在病中的時候。當他大略地知道了毛主席的天才領導和軍事上的戰略與戰術,而又談著這些的時候,他常常會默默地長久地微笑著;在這種時候,他的因病而略帶憂鬱的臉色就會頓然變成爲異常的晴朗。」而在魯迅與毛澤東關係書寫上,最爲浪漫化的一筆是關於「一個小兵」的故事:

> 　　我記得有一天,他病比較好,精神也很開朗,在像上面所說的這類話以後,他手上拿著紙煙,橫躺在床上休息了一會兒,又臉上微笑著從床上起來,在窗前的書桌上站著,半向著坐在書桌旁邊的我,半向著窗子,一手橫在胸前托著另一隻拿著紙煙的手的手肘,只是那麼柔和地默默地微笑著,然後怡然自得地,又好像忘我地、平靜地說:「我想,我做一個小兵還是勝任的,用筆!」〔註33〕

　　誠如有的研究者指出,「馮雪峰的一些回憶錄中,似有一個主題,即要寫出毛澤東、魯迅雖未曾謀面卻是心靈相通的」〔註34〕。

〔註32〕馮雪峰《回憶魯迅》,收入《一九二八至一九三六年的魯迅——馮雪峰回憶魯迅全編》,倪墨炎、陳九英編校整理,上海文化出版社,2009年。

〔註33〕馮雪峰《黨給魯迅以力量》,後來馮雪峰同志在和別人談話時又憶起了魯迅當年說這句話時的情形和自己的一些感受。馮雪峰說:「魯迅先生當時很像一座塑像,他胸中洋溢著勝利的豪情和眞誠的謙虛,神情怡然自得,和諧而快樂。我甚至覺得他的全身射著異彩,這是他的思想達到最高境界的表現。他的語氣裏有自省,更有欣慰和自信。」(轉引自薛綏之《魯迅生平史料彙編》第五輯上第247~248頁),收入《一九二八至一九三六年的魯迅——馮雪峰回憶魯迅全編》,倪墨炎、陳九英編校整理,上海文化出版社,2009年。

〔註34〕《一九二八至一九三六年的魯迅——馮雪峰回憶魯迅全編》,倪墨炎、陳九英編校整理,上海文化出版社,2009年。

　　而在魯迅與其它共產黨員的交往上，馮雪峰也以大量的史料，見證了魯迅與柔石、李立三、瞿秋白、陳賡、成仿吾等共產黨人之間的密切交往。特別是魯迅與瞿秋白於 1931 年下半年開始的交往〔註35〕，馮雪峰作為唯一的聯絡人，為魯迅與瞿秋白的相識、相知起到了重要的橋梁作用。魯迅與瞿秋白的交往成為左翼文學運動史的一個標誌性事件，而瞿魯合作寫的十四篇雜文〔註36〕更是左翼文藝鬥爭具體化的重要事件之一。它所傳達出來的歷史意義不僅僅是兩位左聯領導人的文學合作的意義，在當時的左翼文化戰線上更有著深廣的意義：瞿秋白與魯迅合作寫雜文的行為，對魯迅來說是文學朝著革命的方向邁進，而對瞿秋白來說，則是革命向文學的轉移，這兩者的最終相遇對於革命文學的發展起到了很大的促進作用，而瞿秋白與魯迅之間深厚的友誼，不僅僅是關係到個人，還關涉到整個文學革命戰線的統合與導向〔註37〕。而瞿秋白在《〈魯迅雜感選編〉序言》中對魯迅左翼化形象的塑造〔註38〕，則使魯迅的思想發展終身打上了無產階級革命思想的印記，瞿秋白對魯迅「革命傳統」的發現與概括〔註39〕，不但回顧了魯迅一直以來光輝的戰鬥歷程，確立了魯迅無產階級革命者的身份，還開啟了魯迅在現代文學革命史研究的經典

〔註35〕馮雪峰：「秋白同志和魯迅先生接近是從一九三一年下半年開始的，在這以前的他們沒有見過面。他們的相互認識和接近，是因為有一個『左聯』，而秋白同志來參加領導『左聯』的工作，並非黨所決定，只由於他個人的熱情」見：《回憶魯迅》，收入《一九二八至一九三六年的魯迅——馮雪峰回憶魯迅全編》，倪墨炎、陳九英編校整理，上海文化出版社，2009 年。

〔註36〕瞿魯合作的雜文，基本寫於 1933 年 3 月 5 日到 4 月 24 日。十四篇雜文為許廣平記錄的十篇：《伸冤》（原題為《苦悶的答覆》）、《曲的解放》、《迎頭經》、《出賣靈魂的秘訣》、《最藝術的國家》、《內外》、《透底》、《大觀園的人才》（原題為《人才易得》）、《關於女人》、《真假堂·吉訶德》（原題為《真假董·吉訶德》），另丁景唐考證補充四篇：《王道詩話》、《中國文與中國人》、《〈子夜〉和國貨年》、《「兒時」》。

〔註37〕傅修海，陳華積《瞿秋白與魯迅經典化進程——以〈魯迅雜感選集〉的編選為中心》，《魯迅研究月刊》，2011 年第 2 期。

〔註38〕瞿秋白：「從進化論進到階級論」。而在此過程中，魯迅的社會身份發生了相應的變化——「從紳士階級的逆子貳臣進到無產階級和勞動群眾的真正的友人，以至於戰士，他是經歷了辛亥革命以前直到現在的四分之一世紀的戰鬥，從痛苦的經驗和深刻的觀察之中，帶著寶貴的革命傳統到新的陣營裏來的」

〔註39〕瞿秋白：「然而魯迅雜感的價值決不止此。……歷年的戰鬥和劇烈的轉變給他許多經驗和感覺，經過精煉和融化之後，流露在他的筆端。這些革命傳統（rev-olutionary tradition）對於我們是非常之寶貴的，尤其是在集體主義的照耀之下。」

化進程。瞿秋白與魯迅之間深厚的革命情誼經過馮雪峰敘述的揭示與強化，為左翼革命史保留了一筆寶貴的精神財富，也魯迅與黨的關係上增添了一筆動人的篇章。此外，魯迅與柔石、陳賡等共產黨人的交往都體現出魯迅親近共產黨的一面以及深廣的愛國情懷。

總括起來，魯迅與共產黨的關係也正如馮雪峰所敘述的，「黨給魯迅以力量」，「魯迅先生熱愛我們的黨」，「魯迅先生緊緊地靠近我們的黨，腳踏在中國民族的土地上，面對人民群眾，全身心地，不顧一切地戰鬥著，於是他的天才發揮了，高高地上陞了。」然而，在馮雪峰這些極度強化魯迅與黨的親密關係的歷史敘述中，也不難看出，馮雪峰對魯迅與黨的關係存在著一些不符合實際的描寫，特別是在在魯迅與左聯、魯迅與毛澤東的關係上，馮雪峰明顯作了較大幅度的修改和美化。馮雪峰在《黨給魯迅以力量》中把魯迅與左聯的關係描述成「黨領導魯迅」，而在其後的《回憶魯迅》中又把表述為「說魯迅是『左聯』的首腦和當時革命文化戰線的主帥或主將，並非說說的話，而是根據事實的評定」，這兩種表述本身就前後不一致。馮雪峰在《回憶魯迅》中雖然有提到導致魯迅晚年的「牢騷」與「不快樂」的三個原因：「第一，當時上海文藝界的一些糾紛，第二，民族統一戰線的政策，第三，他的身體已經一天一天壞起來」，卻又把主因歸結為魯迅的「病」：「照我看來，魯迅先生那時候確實是不時有『不快樂』的心情的，但不快樂的主要原因是病，越到後來越如此。病在暗暗地，而且也明明地威脅他，他在暗暗地、而且也明明地和病鬥爭，這情形也越到後來越如此。」熟悉「兩個口號」之爭的人都知道，威脅魯迅「不快樂」的因素源於魯迅與周揚一派「四條漢子」不同政見的論爭，周揚等人以左聯領導人自居，孤立魯迅的行為在當時是非常嚴重的政治問題，馮雪峰作為當年參與了「兩個口號」論爭事件的當事人，在建國後不但沒有對這一段歷史進行清算，而且還為周揚等人的分裂行為作掩飾，這不能不說馮雪峰存在著刻意去「美化」魯迅與左聯關係的動機。而在《黨給魯迅以力量》一文中，馮雪峰把魯迅與毛澤東的精神交往描述成魯迅對毛澤東的精神崇拜，不但過分誇大了毛澤東對魯迅影響的力量，也過度貶低了魯迅獨立的精神人格，從而與一貫以來精神獨立、意志堅韌的「戰士」魯迅形象極為不符。在「火腿」〔註40〕事件上，馮雪峰自作主張地用魯迅的稿費

〔註40〕馮雪峰《回憶魯迅》，收入《一九二八至一九三六年的魯迅——馮雪峰回憶魯迅全編》，倪墨炎、陳九英編校整理，上海文化出版社，2009 年。

替魯迅買了兩隻火腿送給延安的毛澤東，雖然事後告訴了魯迅，但這完全屬於馮雪峰出於加強魯迅與毛澤東聯繫的目的，而非魯迅的「主動獻禮」的行爲。而在「電報」〔註41〕事件上，馮雪峰在魯迅與黨的領導人關係上也再一次表現出他的「輕率」，把未經證實的「賀電」，說成是魯迅與茅盾的個人行爲。從這些事件當中不難看出，馮雪峰爲了加強魯迅與黨的領導人的聯繫，常常會把一些自己的見解、行爲強加於魯迅身上，從而用「事實」來強化魯迅與黨之間確實存在著一種「血濃於水」、牢不可破的「上下級」關係，這樣的「修改」與「美化」的現象在強化魯迅與黨的親密關係的同時，也存在著「惡化」魯迅與黨的關係的「危機」。

　　儘管馮雪峰的系列歷史敘述存在著不少問題，然而，在建國初期的歷史環境中，馮雪峰的歷史敘述所透露出魯迅思想上的轉變與發展，魯迅與黨的親密關係等等一些不爲人知的事實，還是獲得了很多人的認同。毛澤東在1940年1月《新民主主義論》中對魯迅所作的「三家」、「五最」〔註42〕的評價以及毛澤東對魯迅精神的推崇，無疑爲建國後的魯迅研究樹立了一個評價的標杆。而馮雪峰關於魯迅的歷史敘述幾乎是對毛澤東評價魯迅的具體闡釋，這從馮雪峰敘述的歷史內容就可以看出，馮雪峰正是循著毛澤東對魯迅評價的路線，而把魯迅在上海時期最重要的政治鬥爭生活呈現出來，因此，馮雪峰的歷史敘述即便存在著瑕疵，卻並不影響人們對魯迅革命鬥爭歷史、思想轉變因素以及與黨親密關係的認同。而尤爲重要的是，在魯迅思想發展的敘述上，馮雪峰在1951年10月的《魯迅生平及他思想發展的梗概》一文中進一

〔註41〕馮雪峰在《回憶魯迅》中說：「魯迅先生和茅盾先生共同給毛主席和朱總司令慶賀長征勝利的電報，也在我動身的前幾天才轉到瓦窯堡的。」現已查明，1936年4月17日在瓦窯堡出版的油印報《鬥爭》上發表的《中國文化節領袖××××》，不是「電報」，而是一封短信，寫信人也並非是魯迅與茅盾。馮雪峰直到「文化大革命」的審查時，才表示「實在沒有看到原信」。但爲了敘述上的需要，馮雪峰未經驗證，卻把這封信的作者說成是魯迅與茅盾。馮雪峰的說法在當時產生了很大的影響，不少魯迅研究者把馮雪峰這一說法當做史實引用。

〔註42〕1940.1《新民主主義論》：「而魯迅，就是這個文化新軍最偉大和最英勇的旗手。魯迅是中國文化革命的主將，他不但是偉大的文學家，而且是偉大的思想家和偉大的革命家。魯迅的骨頭是最硬的，他沒有絲毫的奴顏媚骨，這是殖民地半殖民地人民最可寶貴的性格。魯迅是在文化戰線上，代表全民族的大多數，向著敵人衝鋒陷陣的最正確、最勇敢、最堅決、最忠實、最熱忱的空前的民族英雄。魯迅的方向，就是中華民族新文化的方向。」

步揭示了魯迅思想發展與無產階級思想存在著重要的內在聯繫：

> 魯迅思想的戰鬥性和它的歷史價值的不朽性，在於他的思想始
> 終圍繞著中國人民的進步要求和革命出路這個中心問題，而以人民
> 革命的勝利方向為自己的摸索和發展的方向，並和中國革命的艱
> 苦、曲折和勝利的道路血淋淋地相結合著的。魯迅一生的思想發展
> 及其最後的到達，可以作為中國人民革命勝利的有力的旁證之一，
> 作為馬克思列寧主義在中國勝利的旁證之一，尤其可以作為毛澤東
> 思想必然要勝利的旁證之一。〔註43〕

在該文中，馮雪峰宣稱魯迅的思想發展成為了中國人民革命勝利的有力「旁證」之一，同時也成為了馬克思主義在中國勝利的「旁證」之一，尤其重要的是成為了毛澤東思想必然要勝利的「旁證」之一。而對於馮雪峰「旁證」式的修辭，程光煒在《「天下不容易『太平』」──魯迅弟子關於「魯迅」重構的內部爭辯》一文中指出，「馮雪峰非常清楚魯迅與『左聯』的複雜糾葛，但出於新的文化秩序與『魯迅』留存的合法性的雙重考慮，他構造了魯迅與革命的『共謀』關係，並將魯迅思想變化當成了印證既定歷史事實的材料。」〔註44〕而馮雪峰也正是在「魯迅之於現代革命史的『旁證』價值」、「魯迅與黨的關係」與「魯迅思想分期」這三點的關係論證上「奠定了建國後重構『魯迅』的原則」〔註45〕，為五十年代即將全面展開的魯迅研究提供了重要的思路和素材，並直接對陳湧等「延安派」魯迅研究產生了很大的影響。

與許壽裳塑造的「啟蒙者」魯迅相比，馮雪峰更強調的是魯迅的「革命性」，從思想轉變到與黨的密切關係，後期的魯迅從思想到行為都體現出一個不是黨員卻勝黨員的「革命者」形象，在魯迅形象的敘述上，馮雪峰可以說是繼許壽裳以後真正實現了魯迅從「啟蒙者」到「革命者」形象的重要轉型。然而，也不能不看到，在馮雪峰帶有更多政治目的塑造魯迅形象的過程中，也不可避免地帶來了很大的負面影響。

首先，馮雪峰以魯迅轉變後的思想來統括魯迅「五四」以來的思想特徵，把魯迅思想單一化，忽視了魯迅思想複雜性的一面，從而不可避免地犯了以

〔註43〕馮雪峰《魯迅生平及他思想發展的梗概》，《文藝報》，1951 年 4 卷 11、12 期。
〔註44〕程光煒《「天下不容易『太平』」──魯迅弟子關於「魯迅」重構的內部爭辯》，
　　　　未刊。
〔註45〕程光煒《「天下不容易『太平』」──魯迅弟子關於「魯迅」重構的內部爭辯》，
　　　　未刊。

偏概全的錯誤。如馮雪峰對魯迅《野草》的評價，就以魯迅後期思想的「戰鬥性」為標準，從而否定了《野草》中存在更為深刻的精神價值的探尋：

　　　　但《野草》則更多地表現了魯迅先生的內心矛盾的交戰和痛苦的叫聲，其中的思想就不能當作魯迅先生的社會思想的代表來看，因為它表現得很隱晦，同時作為思想的著作來看，在魯迅先生的著作裏面也並不占那麼重要的地位；並且其中好幾篇作品，無論在思想上在感情上都是個人主義的，而且陰暗的，有虛無感的，悲觀而絕望的。自然，這種虛無和絕望的感情，同時又被魯迅先生自己在否定著，他同自己的虛無和絕望鬥爭，這是在同一篇作品中都看得出來的，但鬥爭的結果怎樣呢？還是有些虛無和絕望，總之是矛盾，個人主義本身的矛盾。〔註46〕

　　把魯迅豐富的精神體驗簡化成「戰鬥性」，不但是對魯迅精神的一種誤讀，也從根本上否定了深入研究魯迅精神世界的可能。

　　其次，馮雪峰「教條化」的歷史敘述不但抹殺了魯迅精神的個性特徵，也嚴重傷害了魯迅思想的獨立性。馮雪峰政論、雜感創作的「教條化」現象，早在 1946 年馮雪峰託丁玲轉交剛出版的雜文集《跨的日子》給毛澤東時，毛澤東就告訴過丁玲，「雪峰那書有些教條」〔註47〕。這種「教條化」的歷史敘述除了在馮雪峰的回憶錄中充斥著大量的以黨性為原則的歷史敘述以外，其語言表述也成為一種僵化的表達模式，王富仁在《魯迅研究的歷史與現狀》一書中指出，「以自己的語言概念代替了魯迅的語言概念；以魯迅的書面語言代替了魯迅的日常生活語言。其實這二者之間是存在著嚴格區別的。這種代換實際上給讀者造成的是另外一個魯迅的形象。魯迅在馮雪峰的《回憶魯迅》中失去了他的平凡性的一面，這同時也使他失去了親切性、可感性。」〔註48〕而在評價魯迅的文學地位、思想價值上，馮雪峰所體現的也是「政治化」的

〔註46〕馮雪峰《回憶魯迅》，收入《一九二八至一九三六年的魯迅——馮雪峰回憶魯迅全編》，倪墨炎、陳九英編校整理，上海文化出版社，2009 年。

〔註47〕丁玲《四十年前的生活片段》。她在 1948 年 6 月 19 日的日記中寫道：「毛主席告訴我雪峰那本書有些教條，我答不上來，因為我沒有看。雪峰那本書是寄給我的，同時有一本寄給毛的。」《新文學史料》1973 年 2 期 8 頁。而其後馮雪峰的雜感同樣引起毛澤東的不滿，「馮雪峰的湖畔詩寫得好，怎麼文章寫得這麼壞。」黎之回憶錄《新文學史料》1994 年 2 期 61 頁。

〔註48〕王富仁《中國魯迅研究的歷史與現狀》，第 146 頁，福建教育出版社，2006 年。

標準而非文學性的標準，有著用毛澤東思想去評價魯迅思想及其創作價值的趨向，其所造成的後果是直接抹殺了魯迅思想的獨立性。這正如王富仁所指出的，「在 50 年代以馮雪峰為代表的馬克思主義務實派的魯迅研究實際是以毛澤東思想的已被證實的標準衡量和說明魯迅思想及創作的價值的，這就無形中否定了魯迅思想及創作的獨立價值。一切符合毛澤東思想的，就是有價值的，一切不符合這個思想的，就成了沒有價值的，這樣，學習馬列主義、毛澤東思想便能夠完全代替對魯迅思想和創作的思考和研究，從而使這種研究具有了封閉性的形態。」〔註49〕

再次，馮雪峰深層的政治功利意識，極大了損害了歷史的真實性。《黨給魯迅以力量》一文在其末尾處的寫作日期記錄為「一九五一年『七一』（黨的三十歲生日）之前十四日記於北京」，這使得《黨給魯迅以力量》這篇文章明顯帶有向「黨」「獻禮」的性質，而在文章中，馮雪峰有意突出魯迅與黨的親密關係而迴避魯迅與左聯之間的裂痕，有意強化魯迅對毛澤東天才的仰慕，忽略魯迅個人的性格特徵等事實，不無傳達出馮雪峰意欲借「魯迅」的「招牌」而達到個人政治上某種隱秘的目的。又如在《魯迅生平與思想發展的梗概》一文中的「旁證」式修辭上，馮雪峰與周揚在 1943 年編《馬克思主義與文藝·序言》〔註50〕中所採用的「旁證」修辭如出一轍，馮雪峰通過魯迅而「聖化」毛澤東的做法與周揚把毛澤東位列在馬克思、恩格斯、列寧等偉人之後的做法，有著一致的政治訴求。馮雪峰這種隱秘的政治意識的存在，在其塑造魯迅、保護魯迅的同時，也因拔高了魯迅，從而極大地損害了歷史的真實。

4.2 歷史形象的置換

馮雪峰的《黨給魯迅以力量》、《回憶魯迅》以及《魯迅生平及他思想發展的梗概》等歷史敘述對魯迅歷史形象充滿政治化的改寫，雖然暗合了建國後新的意識形態的要求，但也因此引起了以胡風為代表的另一派啟蒙型魯迅弟子的不滿。

〔註49〕王富仁《中國魯迅研究的歷史與現狀》，第 146 頁，福建教育出版社，2006年。

〔註50〕「從本書中，我們可以看到毛澤東同志的這個講話一方面很好地說明了馬克思、恩格斯、列寧等人的文藝思想，另一方面，他們的文藝思想又恰好證實了毛澤東同志文藝理論的正確」

　　魯迅逝世後，對魯迅精神的接受、傳播與研究明顯形成了幾大派別。「這個時期，馬克思主義學派的魯迅研究經歷了三個不同的發展階段：一、在 1928 年的革命文學論爭中，中國青年馬克思主義的理論派對魯迅的否定；而左聯時期以瞿秋白、馮雪峰爲代表的馬克思主義務實派對魯迅的肯定；三、魯迅逝世後至 40 年代以毛澤東爲代表的實踐的政治革命家對魯迅的崇高評價。與這三個階段形成的三個派別平行發展的還有以胡風爲代表的馬克思主義精神啓蒙派對魯迅的評論和研究。在這個時期，除魯迅研究中的馬克思主義學派之外，還有以李長之等人爲代表的人生──藝術派的魯迅研究和以梁實秋爲代表的英、美自由主義知識分子的魯迅觀。」〔註51〕以胡風爲代表的魯迅弟子蕭軍、蕭紅、丁玲、巴金、聶紺弩等人則明顯繼承了魯迅的啓蒙精神，在四十年代的國統區與解放區都一直倡導魯迅精神啓蒙的傳統，甚至在四十年代的中期、後期與解放區的文藝政策都有過較大的衝突。而以魯迅晚年大弟子自居的馮雪峰雖然與胡風一樣對魯迅的啓蒙精神傳統是相當看重的，但馮雪峰同樣看重黨的文藝政策，在形式嚴峻的抗日戰爭、解放戰爭面前，馮雪峰更多的是服從黨的紀律與安排，積極從事黨的文化宣傳工作，這點也是馮雪峰與胡風在黨的事業面前所體現出的細微差別。而正是這一差別，造成了建國後兩個人之間不同的政治命運。馮雪峰對魯迅形象的改造，一方面可以說是出於對建國後文藝政策的敏感，另一方面也可以說是試圖把魯迅融入新的意識形態的文化秩序中，在保護魯迅的前提下繼續宣傳魯迅。然而，馮雪峰的「苦心」並沒有得到以胡風爲代表的啓蒙型魯迅弟子的理解，反而被胡風認爲是魯迅精神的「背叛者」〔註52〕，並對馮雪峰故意修改魯迅歷史形象的行爲從發泄不滿情緒而發展到主動組織友人進行反擊，暗中掀起了一場保衛魯迅精神的運動。

　　胡風對馮雪峰修改魯迅行爲的不滿主要體現於 1952 年前後的「家書」當中。1952 年 8 月，胡風在致梅志的信件中提到與馮雪峰的一次交往：「前天晚上，三花（注：指馮雪峰）約到他家去吃晚飯，客氣得很，比上次口氣軟得多了。但又件件事推脫責任，推給宣傳部，連報上那封讀者信底內容也說記不清了。就是這麼一個卑怯的東西！老婆自己做飯，說，我做不來別的事，自己做

〔註51〕王富仁《中國魯迅研究的歷史與現狀》，第 146 頁，福建教育出版社，2006 年。

〔註52〕此觀點來源於程光煒《「天下不容易『太平』」──魯迅弟子關於「魯迅」重構的內部爭辯》，未刊。

女工。口氣裏有些『個人情緒』的樣子。說到正在發表的『大文』，連忙說，那和你沒有關係！就是這麼一個卑怯的東西！」〔註53〕而在 1952 年底的家信中，胡風對馮雪峰在《中國文學中從古典現實主義到社會主義現實主義發展的一個輪廓》等文章中有意歪曲魯迅思想的行為已經顯得不屑一顧了：「這一代的有點善良的知識分子，實在可憐得很。做一個誠實的戰士既無力量，做一個騙子又不甘心，終於只好過這種半死不活的日子了。熬到得意，壞的就『十年媳婦十年婆』，好的就變成好好的官僚，頂好的也不過一個稱職的事務官而已。我是指的我們這一線說的。還有更壞的，抓到了權就想在文字上歪曲真理，『留名後代』，三花（按：指馮雪峰）是暫時成功了的一個。」〔註54〕由此可見，胡風對馮雪峰產生「不滿」情緒的真正原因主要在於馮雪峰濫用自己的經歷，肆意修改了魯迅形象，尤其是過度渲染了魯迅的「自我改造」問題〔註55〕。而胡風組織友人對馮雪峰的「修改」行為進行反攻則是通過對青年魯迅研究者的發現、培養以及精心策劃來實施打擊馮雪峰的意圖。1952 年春，耿庸對馮雪峰《回憶魯迅》中闡釋的「黨化魯迅」的不滿〔註56〕引起了胡風的注意，從 1952 年 4

〔註53〕 胡風《致梅志》（1952 年 8 月 3 日），《胡風家書》，復旦大學出版社，2007 年。

〔註54〕 胡風《致梅志》（1952 年 11 月 1 日）《胡風家書》，復旦大學出版社，2007 年。

〔註55〕 程光煒在《「天下不容易『太平』──魯迅弟子關於魯迅『重構』的內部爭辯」》一文中指出，1952 年的 7、8 月間，胡風對馮雪峰關於魯迅的歷史敘述最反感的是，馮雪峰按照主流意識形態的要求塑造魯迅形象，魯迅也存在著「自我改造」的問題，馮雪峰稱「在一九二七年革命的挫折和緊接著而來的革命的深入和發展的期間，魯迅體驗著一次他一生中最為深刻的自我思想鬥爭和改造……這一次，也就是『五四』新文學在發展到社會主義現實主義的過程中第一次所進行的最顯著的思想鬥爭和改造（第二次最顯著的思想鬥爭和改造，是一九四二年的延安文藝座談會）」，「魯迅以自己的體驗和思想上的偉大躍進，在我們文學發展上起了非常巨大的作用。」馮雪峰：《中國文學中從古典現實主義到社會主義現實主義發展的一個輪廓》，《文藝報》1952 年第 17 號，第 26 頁。

〔註56〕 「我正在把雪峰的書《回憶魯迅》和他 1946 年在《文匯報》上連載的《魯迅回憶錄》對著看，已經發現不少互相歧異、出入很大的地方，我也許要列出一份對照表寫篇稿子的。吳強說他沒有看到過《魯迅回憶錄》，『但是，我勸你不要寫了。你何苦哪。』我沒作聲。他說，『雪峰是大家尊敬的人，我想你對他也還是尊敬的。』不錯，我仍然尊敬，只有一個例外，就拿《魯迅回憶錄》改為《回憶魯迅》的內容的變化來說吧，總不能說是死去十幾年了魯迅的思想和感情還忽然能夠發生變化，那就只能是雪峰那裏發生了變化。當然應當承認雪峰能夠在發展了的時代更提高更豐富更深刻地發展了他自己從而更適應發展了的時代要求也從而更能辨識魯迅，可雪峰又為什麼一點也不說明他為什麼把《魯迅回憶錄》中的魯迅改寫為在《回憶魯迅》中頗有跌落的

月到 1953 年 2 月，胡風與耿庸頻繁通信，就如何打擊馮雪峰的魯迅闡釋問題，胡風從總體策略到具體內容都對耿庸作了明確的指示：

> 這個兩頭馬（按：指馮雪峰），完全是假東西，越來越惡劣，其實他自己是心虛得很的。這一仗，要把他的「飄飄然」打掉，免得他欺負讀者，禍國殃民。所以，事先值得多花些研究工夫。遲些日子印出，沒有關係。〔註57〕

> 一、批判兩期論，但一定要提出「發展」的觀點來，五四前到五四後是一個發展。至於一九二九～三〇，那只是實際關係和步驟上更和黨（無產階級的具體鬥爭）更調協了的意義罷？（但應用肯定調子說，似乎好些）。〔註58〕

> 農民的反抗總是武裝鬥爭，阿 Q 在朦朧的革命要求中肯定了這個，也就是說，魯迅，由於對歷史上階級鬥爭和現實階級關係（農民潛在的反抗要求）的深刻的感受和認識，得到了斯大林、毛澤東相同的結論。（文字當然不是這樣寫）。我提議後面可加一節那裏面——第一段的意思，似應說明，魯迅，由於革命的人道主義，和對於中國社會（生活）的認識，達到了徹底地反帝反封建的認識和戰鬥道路，沒有一絲改良主義的氣味。〔註59〕

然而，在胡風與馮雪峰的這場「文藝暗戰」中，最終因馮雪峰的處處迴避而沒有演變成公開的「魯迅論爭」。胡風的暗中「挑戰」以及耿庸的《〈阿 Q 正傳〉研究》的出版及其批判〔註 60〕並沒有使馮雪峰改變自己建國後闡釋魯迅的思路，相反，馮雪峰在其後來的文章中仍然不斷強調魯迅「兩期論」「思想改造」的意義：「魯迅從革命民主主義發展到馬克思主義，在魯迅自己是一

變化的魯迅？他以為人間總不知有《魯迅回憶錄》的存在嗎？在我沒能解答這類疑問以前，在我頭腦裏，業已認知的《回憶錄》裏的魯迅在不少地方排斥我才看到的《回憶》中的魯迅。我認為使前後不一甚至衝突的那種改寫至少是在叫讀者無所適從。」耿庸《想起吳強》

〔註57〕 胡風《致耿庸》（1952 年 8 月 28 日），《胡風全集（第 9 卷）》，第 98 頁，湖北人民出版社，1999 年。
〔註58〕 胡風《致耿庸》（1952 年 9 月 11 日），《胡風全集（第 9 卷）》，第 101 頁，湖北人民出版社，1999 年。
〔註59〕 胡風《致耿庸》（1952 年 9 月 4 日），《胡風全集（第 9 卷）》，第 99～100 頁，湖北人民出版社，1999 年。
〔註60〕 耿庸《〈阿 Q 正傳〉研究》，泥土社，1953 年。

個偉大的躍進，在當時是震動中國思想界的一件大事情」，「魯迅所處的歷史
時代，說明著魯迅前期的革命民主主義思想也是在無產階級的領導與影響之
下發展到最輝煌的程度的。但魯迅在宇宙觀上和現實革命的認識上眞正成爲
一個馬克思主義者，卻還有其更重要的原因，這就是一九二四～一九二七年
第一次國內革命戰爭中工農群眾力量的壯大的表現，一九二七年國民黨的叛
變革命的事實教訓，以及魯迅自己對於馬克思主義的深刻的研究。」〔註61〕

在這場充滿硝煙味卻又沒有正面「交火」的魯迅論爭過程中，以胡風爲
代表的啓蒙型魯迅弟子與馮雪峰之間的思想分歧也逐步顯露出來了。胡風們
的「魯迅觀」在耿庸的《〈阿 Q 正傳〉研究》中體現最爲明顯：「魯迅一生都
堅持清醒的現實主義，洋溢著熱情有力的主觀戰鬥精神；魯迅的思想隨著革
命的發展而發展，魯迅的思想和創作有其一貫性，是一個內在的統一的整體；
魯迅的一生都致力於舊文化的破壞和新文化的建立，致力於改造『國民劣根
性』。」〔註62〕其潛臺詞是「魯迅思想發展並未經過世界觀主動改造，他依靠
對歷史與現實的深切體驗而達到社會主義現實主義，馮雪峰等對魯迅『轉變』
的敘述，是迎合現實政治權力的『機會主義』行爲。」〔註63〕而馮雪峰的「魯
迅觀」則體現爲「魯迅從革命民主主義發展到馬克思主義」是一個偉大的思
想躍進。顯然，胡風們更爲強調的是魯迅前期思想的「清醒的現實主義」，「致
力於改造『國民劣根性』」，而馮雪峰更爲強調的是魯迅「自我改造」的精神
過程以及後期思想的轉變，「從革命民主主義發展到馬克思主義」，魯迅後期
成了一個眞正的馬克思主義者，這與馮雪峰建國後所竭力構建的「革命者」
魯迅形象顯然是相吻合的。在這裏，值得注意的是馮雪峰爲什麼會對這場來
自胡風等啓蒙派弟子的挑戰一直採取迴避的態度？而馮雪峰在建國前後對魯
迅思想的評價爲什麼會發生這樣大的變化？在建國前尚且與「社會主義現實
主義」文藝思想暗中相衝突的馮雪峰，爲何在建國後積極倡導起「社會主義
現實主義」的創作方法起來？這其中的轉變是如何發生的？

馮雪峰思想上的轉變以及對魯迅思想、形象上的修改顯然與整個歷史時

〔註61〕馮雪峰《偉大的奠基者和導師──紀念魯迅逝世十七週年》，《人民日報》，1953
　　　　年 10 月 19 日。

〔註62〕呂東亮《「胡風派」的魯迅研究及其與主流派的歧異》，《中國現代文學研究叢
　　　　刊》，2007 年第 2 期。

〔註63〕程光煒《「天下不容易『太平』──魯迅弟子關於魯迅『重構』的內部爭辯」》，
　　　　未刊。

代的轉換有很大的關係。1949 年初國民黨的敗退，中國共產黨重組新政權已經成為了定局，新中國的建立已經指日可待，中國文學藝術發展的新方向也將隨著一個大時代的到來而掀開新的篇章。1949 年 7 月 2 日在北平召開的第一次中華全國文學藝術工作者代表大會，標誌著中國現代文學的結束和中國當代文學的開始。周揚在大會上作的報告《新的人民的文藝——在全國文藝工作者代表大會上關於解放區文藝運動的報告》中指出，「毛澤東《在延安文藝座談會上的講話》規定了新中國的文藝的方向，解放區的文藝工作者自覺地堅決地實踐了這個方向，並以自己的全部經驗證明了這個方向的完全正確，深信除此之外，再沒有第二個方向了，如果有，那就是錯誤的方向」，周揚的報告預示著一場聲勢浩大的新中國「思想文化整合」運動即將展開。

　　周揚對毛澤東文藝思想路線的強調，體現了解放區自 1942 年以來文藝思想路線統一的方針政策以及「思想文化整合」的「文藝政治化」模式。1942 年毛澤東《在延安文藝座談會上的講話》就規定了「文藝要為政治服務，文藝要為工農兵服務」的「兩為」文藝方針，為解放區的「思想文化整合」運動拉開了序幕。這場源於解放區雜文運動極端化的文藝創作座談會前後開了二十多天，共組織了六次討論會，其重點內容是要充分呈現解放區內文藝創作存在的問題，並解決解放區內幾年來文藝創作存在的思想混亂現狀。毛澤東在最後的「總結」部分中針對座談會上提出的文藝問題，把文藝創作與當前的戰爭形式作了高度的政治化的處理，著重引述了列寧在 1905 年《黨的組織與黨的文學》中關於文學藝術事業應該成為整個「革命機器」中的「齒輪和螺絲釘」的論述〔註64〕，從而在思想上較好地解決了文藝創作中存在的「為

〔註64〕毛澤東：「我們的文藝是為什麼人的？這個問題，本來是馬克思主義者特別是列寧所早已解決了的。列寧還在一九 0 五年就已著重指出過，我們的文藝應該『為千千萬萬勞動人民服務』」，「在現在世界上，一切文化或文學藝術都是屬於一定的階級，屬於一定的政治路線的。為藝術的藝術，超階級的藝術，和政治並行或互相獨立的藝術，實際上是不存在的。無產階級的文學藝術是無產階級整個革命事業的一部分，如同列寧所說，是整個革命機器中的『齒輪和螺絲釘』。因此，黨的文藝工作，在黨的整個革命工作中的位置，是確定了，擺好了的；是服從黨在一定革命時期內所規定的革命任務的。反對這種擺法，一定要走到二元論或多元論，而其實質就像托洛茨基那樣：『政治——馬克思主義的；藝術——資產階級的。』我們不贊成把文藝的重要性過分強調到錯誤的程度，但也不贊成把文藝的重要性估計不足。文藝是從屬於政治的，但又反轉來給予偉大的影響於政治。革命文藝是整個革命事業的一部分，是齒輪和螺絲釘，和別的更重要的部分比較起來，自然有輕重緩急第一第二

什麼人」、文藝與政治的關係、歌頌與暴露、普及與提高等問題，並在延安開
展了一系列的整風運動。

解放區這場思想文化大整合運動可謂是空前的，「不僅像王實味、丁玲、
艾青這樣主張『揭露黑暗』的作家或覆滅或投降，而且以周揚爲代表的並沒
有主張過揭露的魯迅藝術文學院的這一派也難脫責難和改造」〔註65〕。尤其
需要注意的是，在這場思想文化整合運動中，毛澤東對作爲文化符號、精神
旗幟的「魯迅」在態度上已經發生了微妙的變化。早在 1937 年的魯迅逝世週
年紀念會上，毛澤東就已開始注意到魯迅精神對整個抗日戰爭的意義，並把
魯迅納入到馬克思主義系統中來。毛澤東認爲，魯迅不僅是一個偉大的文學
家，而且還是一個民族解放的急先鋒，魯迅對敵人毫不容情的打擊，對人民
的愛護都鮮明地表明了魯迅的階級立場和「戰士」品質，雖然魯迅在組織上
還沒有入黨，但是他的思想、行動和著作都充分體現了無產階級革命思想，
魯迅已經是一個馬克思主義化的「戰士」。魯迅的一生都貫穿這種精神，因此
他在藝術上取得了很大的成就，在革命隊伍中也是一個很優秀的、很老練的
先鋒分子，「我們紀念魯迅，就要學習魯迅的精神，把它帶到全國各地的抗戰
隊伍中去使用，爲中華民族的解放而奮鬥！」〔註66〕而在 1940 年的《新民主
主義論》當中，毛澤東更是給予了魯迅崇高的評價，指出魯迅的骨頭是最硬
的，沒有絲毫的奴顏媚骨。他是中國文化革命的主將，在文化戰線上代表全
民族的大多數，向著敵人衝鋒陷陣。魯迅是我國空前的民族英雄，他的方向，
「就是中國民族新文化的方向」〔註67〕。毛澤東的這些評價在當時樹立了一

之分，但它對於整個機器不可缺少的齒輪和螺絲釘，對於整個革命事業不
可缺少的一部分。」

〔註65〕 李書磊《延安文人的文化環境》，收入《人文集團與中國現當代文學》，程光
煒主編，人民文學出版社，2005 年。

〔註66〕 「我們紀念他，不僅是因爲他的文章寫得好，成功了一個偉大的文學家，而且
因爲他是一個民族解放的急先鋒，給革命以很大的助力，他並不是共產黨的組
織上的人，然而他的思想、行動、著作，都是馬克思主義化的。」「綜合上述
這幾個條件，形成了一種偉大的『魯迅精神』。魯迅的一生就貫穿了這種精神。
所以他在藝術上成功了一個了不起的作家，在革命隊伍中是一個很優秀的很老
練的先鋒分子。我們紀念魯迅，就要學習魯迅的精神，把它帶到全國各地的抗
戰隊伍中去使用，爲中華民族的解放而奮鬥！」毛澤東《魯迅論——在「陝公」
紀念大會上演辭》，《紅色光環下的魯迅》，河北教育出版社，2001 年。

〔註67〕 「魯迅是中國文化革命的主將，他不但是偉大的文學家，而且是偉大的思想
家和偉大的革命家。魯迅的骨頭是最硬的，他沒有絲毫的奴顏媚骨，這是殖

個基於戰爭所需要的民族主義的崇高道德形象，同時將魯迅「英雄化」和「革命化」了。但是，到了 1942 年的《在延安文藝座談會上的講話》，毛澤東對魯迅雜文、魯迅精神開始了戰時之需的「思想文化整合」，指出魯迅在國民黨反動派的統治下用雜文的形式堅持鬥爭，很好地打擊了敵人，我們也需要學習魯迅的這種「戰法」與硬骨頭精神，與法西斯主義作鬥爭。魯迅的思想和行為完全是正確的，魯迅的雜文也是對付敵人的重要「武器」。但是有一點要注意區分的是，魯迅嘲笑了敵人，給敵人以沉重的打擊，但是魯迅的雜文並沒有嘲笑人民，嘲笑我們的政黨，尤其是我們工農大眾。相反，魯迅對我們工農大眾一向都倡導一種「俯首甘為孺子牛」的精神，他是一向都站在人民的立場上，「用保護人民、教育人民的滿腔熱情來說話」〔註68〕，我們一切共產黨員，一切革命家，一切革命的文藝工作者，都應該學魯迅的榜樣，做無產階級和人民大眾的「牛」，鞠躬盡瘁，死而後已。而對於黨內一些同志的錯誤傾向、錯誤認識，我們應該在黨的內部進行協調，展開批評與自我批評，以團結、批評、再團結的方式來提高共同的戰鬥力〔註69〕。對於毛澤東評價魯迅修辭上的前後變化，有論者指出，「在延安整風的背景中，魯迅的形象由《新民主主義論》中『衝鋒陷陣』的民族英雄形象轉變為在人民大眾面前俯首帖耳的『牛』，新文化的方向也由『魯迅的方向』明確置換為『工農兵方向』了。這種闡釋的迥異體現了延安主流意識形態對於知識分子態度的轉變，也開始了對魯迅改造的文化工程。從此，對魯迅的政治宣揚與對魯迅啓蒙思想、批判思想和懷疑精神的淡化、消解同時並存。魯迅豐富深刻的內涵被抽空，簡化為一些教條和要義。啓蒙精神與『雜文』長時間地消失，對民眾的啓蒙被置換成對工農兵的無限崇拜，國民性被置換成階級性，現實戰鬥精神被置換成路線鬥爭。」〔註70〕對此，程光煒更是明確地指出，「毛澤東對魯迅的評價中不單充滿了『政治化』意味，而且也充分『當代化』了。具體地說，反映了左翼文化整合中國現代文學和現代文化中魯迅這筆『精神遺產』的強烈

民地半殖民地人民最可寶貴的性格。魯迅是在文化戰線上，代表全民族的大多數，向著敵人衝鋒陷陣的最正確、最勇敢、最堅決、最忠實、最熱枕的空前的民族英雄。魯迅的方向，就是中華民族新文化的方向。」毛澤東《新民主主義論》，《紅色光環下的魯迅》，河北教育出版社，2001 年。
〔註68〕毛澤東《在延安文藝座談會上的講話》，《解放日報》1942 年 5 月 28 日。
〔註69〕毛澤東《在延安文藝座談會上的講話》，《解放日報》1942 年 5 月 28 日。
〔註70〕董健、西帆、王彬彬《中國當代文學史新稿》，第 232 頁北京師範大學出版社，2011 年。

願望；而所謂『當代化』，即是指左翼文化完全是按照自己的價值目標重新『塑造』或『改造』魯迅，而不是按照魯迅本來的思想世界來評價他的。原來的魯迅，與『評價』後的魯迅出現了思想精神上的明顯脫節。」〔註71〕

　　由此可見，「思想文化整合」在延安文藝座談會上的講話當中，不僅是及時的，而且還是非常有必要的一股政治力量。「思想文化整合」作為革命戰爭年代的一種重要的文化心理建設起著不可代替的戰鬥作用，它不但統一了解放軍軍民的思想，鞏固了黨對文藝工作的領導作用，還極大地提升了文藝戰線上的戰鬥力。而經過幾個月的延安整風運動，解放區的文藝建設已開始呈現出強大的政治生命力，艾思奇在其後的《從春節宣傳看文藝的新方向》一文中指出，「去年五月黨中央召集了文藝座談會後，文藝界開始向著新的方向轉變。毛澤東同志的結論，為這運動提示了明確的方針。十個月來，經過了一些反省，討論和實踐嘗試的過程，文藝界在思想上和行動上的步調漸漸歸於一致。許多脫離實際、脫離群眾的小資產階級自由主義的傾向逐漸受到清算，而毛澤東同志所指出的為工農大眾服務的方向，成為眾所歸趨的道路。」〔註72〕因此，當周揚在建國前重申了毛澤東《在延安文藝座談會上的講話》的文藝政策時，不但起著重新規範原國統區文藝創作方向的作用，也為新中國大力推行「思想文化整合」，建設新文化秩序而起著鳴鑼開道的作用。自此，新一輪的文化整合也隨著新中國的成立而悄然展開了〔註73〕，而「魯迅精

〔註71〕程光煒《文化的轉軌》，光明日報出版社，2003年。
〔註72〕艾思奇：《從春節宣傳看文藝的新方向》，1943年4月25日《解放日報》社論。
〔註73〕這一時期的「思想文化整合」現象主要表現為：「10月3日至19日，全國新華書店第一次出版工作會議在北京召開，除暫時保留少數私人書店外，建議把大多數書店納入國家管理的體制上來；10月11日，華北地區高等教育委員會頒佈《各大學、專科學校、文法學院各系課程暫行規定》，開始約束課堂教學的內容：新任教育部長馬敍倫在全國教育工作會議上闡述新民主主義教育總方針；1950年7月11日，文化部發佈電影新片領發上演執照、國產新片輸出、國外影片輸入、電影舊清理等暫行辦法；10月12日，教育部宣佈接受私立輔仁大學，據新華社12月14日消息，商務印書館、中華書局、開明書店、三聯書店和聯營書店5家私營和公私合營書店，聯合組建中國圖書發行公司；1951年1月8日，魯迅紀念館在上海成立；2月12日，根據教育部關於處理接受外國津貼的高等學校的精神，著名的教會大學燕京大學被接管，緊接著私立滬江大學、廣州大學、國民大學、文化大學和廣州法學院等數所大學，被接受或被合併。（參見新華月編輯部編：《新中國五十年大事記》（上））在以上新聞出版、電影、大學被改造、限制和調整接管的種種跡象中，我們已經預感到一個文化總『轉軌』時代的到來。」程光煒《文化的轉軌》，第79頁。

神」、「魯迅形象」也必然會像以往的文藝運動一樣，首先作爲文化符號而被重新賦予新的時代內涵。

　　知識分子的思想改造運動作爲左翼「思想文化整合」的一個重要組成部分，在延安整風運動剛開始時就受到了極大的關注。毛澤東在戰爭環境下召開的延安文藝座談會，其目的也很明顯，就是要在新的文化環境下重新整合來自四面八方的特別是來自上海「亭子間」小資產階級知識分子的思想認識。毛澤東在《在延安文藝座談會上的講話》中專門指出，「延安文藝界現在已經展開了思想鬥爭，這是很必要的」，因爲小資產階級出身的人總是會想出總總辦法，宣傳自己的主張，企圖讓人們接受他們的觀念，用他們的想法來改造黨，從而避免自己的思想改造。我們隊伍大部分是很純潔的，然而，也不排除有小部分人思想上開小差，因此我們需要展開異常無產階級對非無產階級的思想鬥爭。對於小資產階級的一些個別掩飾行爲，或是不肯自我改造的行爲，我們就要要向他們大喝一聲，說「『同志』們，你們那一套是不行的，無產階級是不能遷就你們的」，依了你們就有亡黨亡國的危險，那麼我們該依靠誰呢？我們只能依照無產階級先鋒隊的面貌來改造黨，改造世界。〔註 74〕這場針對延安小資產階級知識分子的思想改造運動，其所起到的客觀效果也如前文所述，是非常明顯的，「許多脫離實際、脫離群眾的小資產階級自由主義的傾向逐漸受到清算，而毛澤東同志所指出的爲工農大眾服務的方向，成爲眾所歸趨的道路。」〔註 75〕。然而，這場源於延安整風的知識分子思想改造運動，也僅限於解放區內知識分子的自我改造，對於國統區的左翼知識分子、自由主義知識分子而言並沒有產生很大的震懾力。胡風等啓蒙型魯迅弟子甚至還產生了與毛澤東《在延安文藝座談會上的講話》相抗衡的文藝創作主張。

〔註 74〕「我們的黨，我們的隊伍，雖然其中的大部分是純潔的，但是爲了要領導革命運動更好地發展，更快地完成，需要展開一個無產階級對非無產階級的思想鬥爭。延安文藝界現在已經展開了思想鬥爭，這是很必要的。小資產階級出身的人們總是經過種種辦法，也經過文學藝術的方法，頑強地表現自己，宣傳他們自己的主張，要求人們按照小資產階級知識分子的面貌來改造黨，改造世界。在這種情形下，我們的工作，就是要向他們大喝一聲，說：『同志』們，你們那一套是不行的，無產階級是不能遷就你們的，依了你們，實際上就是依了大地主大資產階級，就有亡黨亡國的危險。只能依誰呢？只能依照無產階級先鋒隊的面貌改造黨，改造世界。」毛澤東《在延安文藝座談會上的講話》1942 年 5 月 28 日。

〔註 75〕艾思奇：《從春節宣傳看文藝的新方向》，1943 年 4 月 25 日《解放日報》社論。

但是，這種相對寬鬆的政治氛圍並沒有維持多久，在國統區即將全面解放，中國即將進入一個新時代的歷史轉換時期，小資產階級知識分子的思想改造問題又重新成為了一個熱門的話題。

1951 年 5 月，毛澤東一篇《應當重視電影〈武訓傳〉的討論》的社論，把原本成為焦點的知識分子思想改造問題，擴展成一場重要的階級意識與階級鬥爭問題〔註 76〕。在該文中，毛澤東指出「電影《武訓傳》的出現，特別是對於武訓和電影《武訓傳》的歌頌竟至如此之多，說明了我國文化界的思想混亂達到了何等的程度！」〔註 77〕然而，更為嚴重的問題是「一些號稱學得了馬克思主義的共產黨員。他們學得了社會發展史——歷史唯物論，但是一遇到具體的歷史事件，具體的歷史人物（如像武訓），具體的反歷史的思想（如像電影《武訓傳》及其它關於武訓的著作），就喪失了批判的能力，有些人則竟至向這種反動思想投降。資產階級的反動思想侵入了戰鬥的共產黨，這難道不是事實嗎？一些共產黨員自稱已經學得的馬克思主義，究竟跑到什麼地方去了呢？」〔註 78〕為此，中共中央決定從 1951 年 9 月起，開展全國規模的知識分子「思想改造」運動〔註 79〕。

〔註 76〕 電影《武訓傳》公映於 1950 年，描述的是一個貧苦農民武訓，從 20 歲開始行乞興學的故事。電影公映後，幾乎一片讚揚之聲。對此，毛澤東指出：「《武訓傳》所提出的問題帶有根本的性質。像武訓那樣的人，處在清朝末年中國人民反對外國侵略者和反對國內的反動封建統治者的偉大鬥爭的時代，根本不去觸動封建經濟基礎及其上層建築的一根毫毛，反而狂熱地宣傳封建文化，並為了取得自己所沒有的宣傳封建文化的地位，就對反動的封建統治者竭盡奴顏婢膝的能事，這種醜惡的行為，難道是我們所應當歌頌的嗎？向著人民群眾歌頌這種醜惡的行為，甚至打出『為人民服務』的革命旗號來歌頌，甚至用革命的農民鬥爭的失敗作為反襯來歌頌，這難道是我們所能夠容忍的嗎？」
〔註 77〕 毛澤東《應當重視電影〈武訓傳〉的討論》，1951 年 5 月 20 日，《人民日報》社論。
〔註 78〕 毛澤東《應當重視電影〈武訓傳〉的討論》，1951 年 5 月 20 日，《人民日報》社論。
〔註 79〕 所謂「思想改造」，即是「團結、教育、改造從舊社會過來的知識分子」，而這次知識分子「思想改造」的主要內容是「領導知識分子學習馬列主義、毛澤東思想，學習時事政治，通過批評和自我批評的方法，進行自我教育和自我改造，自覺清除帝國主義和封建主義思想影響，批判資產階級思想，劃清資產階級和資產階級思想的界線，樹立為人民服務思想，確立工人階級在政治上、思想上處於領導地位的觀念。進一步站到人民的立場、無產階級的立場上來。運動經過學習批判和組織清理兩個階段。」（周華虎等主編《中華人民共和國大事紀事本末 1949.10～1991.12》，第 75 頁，1993.07）1951 年 9 月

　　在這樣的歷史背景下，「魯迅」作爲建國前後最權威的知識分子，雖然在建國之初就已被茅盾認定是經過「自我改造」的知識分子，並強調「在今天，知識分子特別需要自我改造之時，魯迅所經歷的從進化論到階級論，從個性主義到集體主義的過程，尤其值得我們注意學習」〔註80〕，但魯迅在建國後還是遭遇了一系列尷尬的處境。如在 1951 年的《中國青年》雜誌中，不少讀者最爲關心的兩個關於魯迅的問題是：「一、魯迅在反動統治的時代，反對著反動統治，向一切黑暗勢力作鬥爭，誠然有他偉大的戰鬥作用；可是，現在，人民已經勝利了，黑暗的反動統治已經被推翻了，他的戰鬥作用也就已經失去了，爲什麼我們還要學習魯迅呢？二、魯迅的雜文，我們青年讀不大懂；他的小說如《孔乙巳》、《阿 Q 正傳》等，我們覺得很有趣味，我們可不可以不讀他的雜文？如果一定要讀，那麼，怎麼讀法？」〔註81〕雖然馮雪峰在回答這兩個問題時，一再強調「魯迅是一個偉大的天才」，「我們還必須和帝國主義進行鬥爭，和帝國主義封建主義思想殘餘進行鬥爭，魯迅的戰鬥作用並沒有『已經過去』，人民現在還更需要戰鬥」，但由於戰爭對立面的消失，「人民當家作主」的勝利豪情爲當時普遍的、昂揚的時代精神，馮雪峰此時再來強調魯迅精神的「戰鬥性」多少顯得與時代的主旋律有點不合節拍，而又由於建國後的「魯迅精神」「必然會被抽象爲『爲人民服務』的社會主義道德觀念，而作爲他思想兩個支柱之一的『個性主義』（另一支柱是『人道主義』），也必然遭到了揚棄。於是，在『知識分子思想改造』的大背景中，『個性主義』被人肢解爲魯迅的『前期思想』，它的意義，被認爲是走向『共產主義道路』的一個過程。魯迅思想世界的被肢解，恰恰證明了它作爲一種批判精神在當代語境中的『不合時宜』」〔註82〕，此時的「魯迅」也面臨著一個何去何從的問題。

---

　　20 日，周恩來向京、津兩市高等學校教師作了關於知識分子思想改造問題的報告，就知識分子如何取得革命立場、觀點、方法的問題，作了詳細的說明。10 月 23 日，毛澤東在全國政協一屆三次全會上指出：「思想改造，首先是知識分子的思想改造，是我國務方面徹底實現民主改革和逐步實現工業化的重要條件之一。」（毛澤東《在全國政協一屆三次會議上的講話》，1951.10.23）隨後，毛澤東在《在文學藝術界開展整風學習》的批示中繼續指出，「認眞建立黨對文藝工作的有效領導」（毛澤東《在文學藝術界開展整風學習》1951.11.1）

〔註80〕茅盾《學習魯迅與自我改造》原載 1949 年 10 月 19 日《人民日報》。
〔註81〕馮雪峰《爲什麼我們要學習魯迅和讀他的雜文——代答兩個問題》。
〔註82〕程光煒《文化的轉軌》光明日報出版社，第 119 頁，2003 年。

在建國初的「思想文化整合」、「知識分子思想改造」運動的推動下，全國上下的知識分子們都要寫檢查、檢討，公開發表聲明，才表示他們與舊世界的思想行為完全決裂，才能「過社會主義這一關」。馮雪峰在此風潮的影響下，思想也必然會發生很大的變化。馮雪峰雖身為老黨員，參加過長征，馬克思主義思想過硬，但是馮雪峰也依然還要與資產階級、小資產階級知識分子的思想劃清界限才能「過關」。在毛澤東批判電影《武訓傳》的社論《應當重視電影〈武訓傳〉的討論》發表不久以後，馮雪峰跟著就在《文藝報》上發表了一篇《反對玩弄人民的態度，反對新的低級趣味》的文章，順著陳湧批判蕭也牧的思路，「反對這種對人民沒有愛和熱情的玩世主義：反對玩弄人物！反對新的低級趣味！」〔註83〕馮雪峰這篇沒有實質內容的批判蕭也牧小說創作的文章，也同丁玲批判蕭也牧的文章《作為一種傾向來看——給蕭也牧的一封信》一樣，具有某種意識形態傾向的表態性質，它所呈現出自覺的主流意識形態規訓態度，也正是馮雪峰當時思想狀況的一種自然流露。

由此看來，馮雪峰對魯迅思想轉變因素的修改與強調，對魯迅形象的整體修改雖是迫於形勢所需，卻也是馮雪峰積極搶佔有利政治資源的「重要籌碼」。馮雪峰在對魯迅思想發展、轉變，魯迅的「革命者」形象「改造」的同時，也開始以「革命化」的手段重新闡釋魯迅的作品。《論〈阿Q正傳〉》是馮雪峰企圖以魯迅後期的「革命性」稀釋魯迅前期「批判國民性」主題思想的一部重要作品闡釋。在馮雪峰的《論〈阿Q正傳〉》產生之前，關於阿Q形象的討論有兩種意見：「一種認為阿Q是剝削階級的典型，因為我國農民英勇、智慧、勤勞、絕對不會是阿Q那樣的人物，也絕不會有阿Q那樣的惡習，統治階級才有他的那樣一切醜惡特徵。要說他是農民典型，那只能對農民的一種侮辱。另一種意見則認為阿Q確是一個農民，而阿Q精神又確系統治階級所有，魯迅不過是借一個農民的形象，把統治階級的性格特徵集中地表現出來罷了。這種意見也認為不能說阿Q是農民典型。」〔註84〕而馮雪峰的解釋則認為，阿Q與其說是一個人物典型，不如說是一種思想性的典型，阿Q是一種精神性格化、典型化的現象，阿Q是阿Q主義者的精神「寄植」體，是一個集合體，「在阿Q身上集合著各階級的各色各樣的阿Q主義，也就是魯迅自己在前期所說的『國民

〔註83〕馮雪峰《反對玩弄人民的態度，反對新的低級趣味》，《文藝報》1951年第4卷第5期。

〔註84〕袁良駿《當代魯迅研究史》，第41頁，陝西人民教育出版社，1992年。

劣根性』的體現者。」〔註85〕馮雪峰企圖以典型的「共性」、「個性」說來避開對阿 Q 農民身份的討論，從而淡化魯迅對農民的「國民性」批判，而在論文後面的部分，馮雪峰則大力闡發魯迅創作《阿 Q 正傳》的革命意義：「魯迅對於農民群眾的革命性力量和革命力量，在前期是有些估計不足的，並且有過某種程度的悲觀和懷疑；這是他前期思想的一個缺點，這缺點也反映在《阿 Q 正傳》中。但是，很顯然，在《阿 Q 正傳》中，足以掩蓋這缺點的，是魯迅對於農民的自覺與革命力量抱著迫切的渴望與期待，他對於農民的革命要求和前途也抱有信心，並且他自己不遺餘力地攻擊著農村的封建統治勢力，盡力替農民革命開闢著道路。……」〔註86〕。在《〈藥〉》、《〈狂人日記〉》、《單四嫂子和祥林嫂》、《〈記念劉和珍君〉文中的幾個句子的解釋》、《〈孔乙己〉》、《關於〈一件小事〉的一點看法》等魯迅作品的闡釋方面，馮雪峰也極力凸顯魯迅作品中的「革命性」而稀釋魯迅的「批判國民性」，魯迅對農民階級的熱愛與對統治階級的攻擊成爲馮雪峰闡釋魯迅作品的慣用模式。從馮雪峰對魯迅這些作品不遺餘力的「革命化」意義闡釋當中可以看出，馮雪峰已把魯迅「革命者」的歷史形象大力地向前推進了一步。

　　然而，馮雪峰對魯迅形象的修改雖然在很大程度上符合了主流意識形態宣傳的要求，但在魯迅前期思想精神內核的評定上，馮雪峰卻顯示了他建國後少有的「堅持」態度。同樣是對《阿 Q 正傳》的闡釋上，馮雪峰在建國初還竭力保存魯迅前期思想最重要的「啓蒙性」的一面。馮雪峰指出，「《阿 Q 正傳》，確實是魯迅前期的思想的特點和藝術的特點最高度地表現了出來的傑作；它有著政論家的魯迅和戰鬥的啓蒙主義者的魯迅思想的充分的反映。」而對於阿 Q「劣根性」的「寄植說」體現，馮雪峰認爲「魯迅是代表著我們民族的偉大前途，代表著勝利的人民，預期著奴隸的起義和翻身，替新生者斬除荊棘，掃除障礙，以幫助其新生，總之是替人民的新生力量而作戰，這就是這個偉大的革命啓蒙主義者的戰鬥的意志和階級立場。」〔註87〕馮雪峰的

〔註85〕阿 Q 這個典型，從一方面說，與其說是一個人物的典型化，那就不如說是一種精神的性格化和典型化」，「阿 Q，主要的是一個思想性的典型，是阿 Q 主義或阿 Q 精神的寄植者；這是一個集合體，在阿 Q 身上集合著各階級的各色各樣的阿 Q 主義，也就是魯迅自己在前期所說的『國民劣根性』的體現者。」馮雪峰《論〈阿 Q 正傳〉》，《雪峰文集 4》，人民文學出版社，1985 年。
〔註86〕馮雪峰《論〈阿 Q 正傳〉》，《雪峰文集 4》，人民文學出版社，1985 年。
〔註87〕馮雪峰《論〈阿 Q 正傳〉》，《雪峰文集 4》，人民文學出版社，1985 年。

阿 Q 主義「寄植說」雖然在當時激起了很多反對的聲音，馮雪峰也在後來雖
然對阿 Q 的論述作了不少修改，但對於魯迅的「啓蒙者」角色，馮雪峰一直
都持保留態度。

　　「寄植說」對馮雪峰而言有著不尋常的意義，就此，有研究者指出，「如
果我們從典型性的這種根本的理解形式上來思考馮雪峰的『寄植說』，便可看
到，馮雪峰恰恰是在思想啓蒙的意義上，在魯迅前期所堅持的改造國民性的
意義上來把握阿 Q 的典型性的」〔註88〕。而在其後概括魯迅思想發展的文章
當中，馮雪峰依然把魯迅看作一個「偉大的革命啓蒙主義的思想家」：「他一
生的戰鬥和思想的發展，都是沿著中國革命的發展道路，爲著完成他自己所
負擔起來的歷史任務——革命的啓蒙主義的任務的。他確實是一個輝煌偉大
的革命啓蒙主義的思想家；尤其最後的十年，他運用馬克思列寧主義的思想
武器，自任了工農群眾的一個小兵的職務，替工農群眾的革命思想和文化掃
除障礙，開闢道路，其英勇的姿態和思想的威力更加倍地超過了他的前期。」
〔註89〕馮雪峰在把魯迅形象「革命化」的過程中，也頑強地植入了魯迅的「啓
蒙主義」，在馮雪峰看來，正是由於魯迅前期對民族的「啓蒙主義」探索，才
會促使魯迅的思想躍升到馬克思列寧主義的階級論，魯迅的思想才會呈現出
令人可信的變化來。「啓蒙主義」對於馮雪峰而言是魯迅思想中必不可少的精
神基礎。馮雪峰的這一做法，這也正如程光煒所指出的，「馮雪峰在將魯迅思
想『嵌入』革命歷程時作了一定的保留」〔註90〕。誠然，也正是馮雪峰對魯
迅「革命化」思想中的「啓蒙主義」作了保留，才最終顯示出他在以「革命
者」魯迅置換「啓蒙者」魯迅這一歷史過程中所遺留下的思想軌跡：「魯迅」
在「革命化」的過程中同時也是其「啓蒙主義」深入發展一種結果。對魯迅
前期思想受「革命化」思想的影響未嘗不是馮雪峰對意識形態所作的一種「妥
協」，而對魯迅前期思想「啓蒙主義」的「保留」也未嘗不是馮雪峰對魯迅精
神本質的一種「堅持」。

　　馮雪峰「妥協」與「堅持」態度的並重，使得他的歷史敘述多處出現自

〔註88〕王富仁《中國魯迅研究的歷史與現狀》，第 108 頁，福建教育出版社，2006
　　　年。

〔註89〕馮雪峰《魯迅生平及他思想發展的梗概》，《文藝報》，1951 年 4 卷第 11、12
　　　期。

〔註90〕程光煒《「天下不容易『太平』」——魯迅弟子關於「魯迅」重構的內部爭辯》，
　　　未刊。

相矛盾的地方其塑造的魯迅形象也呈現出駁雜而分裂的精神現象。這種「駁雜」與「分裂」本身就顯示出他對魯迅形象塑造的未完成性，而馮雪峰在一些強調魯迅「個性」的歷史敘述也因其「不合時宜」而常與黨所要求塑造的「魯迅形象」不盡符合〔註 91〕，馮雪峰也因此而獲得了「歪曲魯迅」、「否定黨的領導」等罪名，並最終被打成「右派」。作爲魯迅與黨的重要連接「橋梁」的馮雪峰，雖然失去了繼續闡釋魯迅的權利，然而，對魯迅「革命化」歷史形象的塑造卻並沒有而此而出現「停滯」的局面，相反，一些比馮雪峰更爲激進的歷史敘述卻開始登上了歷史的舞臺。以陳湧爲代表的「延安派」魯迅研究在馮雪峰歷史敘述的啓發之下，在五十年代初就已經把魯迅前期的思想推進到「樸素唯物論」的認識階段了，而且還將繼續把魯迅思想推向「辯證唯物主義」階段。而作爲魯迅終身伴侶的許廣平，在馮雪峰受到 1954 年被解除職務，1957 年被打爲「右派」之後也陸續發表一些回憶文章，繼續完成魯迅「革命化」歷史形象的塑造。

〔註91〕如錢理群指出的，馮雪峰對魯迅的記憶與理解是無法完全納入黨的要求中的，比如，儘管他已經把話說到這樣的程度：魯迅離世前已經決心按照黨的要求「把某些非常富有他個人的特徵的舊的情緒和思想，加以結束」，將「我」完全消失於『我們』之中；但他卻同時談到了魯迅具有「很強的個性」，他「要尊重和保護自己這個戰士的力量與地位，也要尊重和保護自己這個戰士的尊嚴與榮譽」，「有時候，他要爲了『從友方來的』對他的『冷箭』而感到憤怒和憂鬱，這時候，他總是顯得特別的敏感」，「他有深刻的苦悶，並且，這顯然由於他的藝術的天才在要求發展而又未能儘量發展的緣故」(馮雪峰《回憶魯迅》)，錢理群《魯迅：遠行之後（1949～2001）之一》

結語：歷史敘述、意識形態與個體存在的博弈

　　魯迅歷史形象的塑造無疑與「魯迅圈子」的歷史敘述有著密切的聯繫，不同的歷史敘述者將會塑造不同的魯迅形象，這似乎已經成為幾十年來魯迅形象不斷變幻的規律。在許壽裳的歷史敘述當中，魯迅以「民族魂」、「啟蒙者」的形象出現在世人面前，而在馮雪峰、許廣平建國後的歷史敘述當中，魯迅的歷史形象又轉變為「革命者」的形象。如果說，歷史敘述者對「魯迅形象」存在著「劫持」這一現象的話，還不如說，在歷史敘述者背後的「意識形態」，其實是真正決定魯迅歷史形象變動的真正原因。歷史敘述者都逃脫不了一定的時代背景和時代氛圍，在原有意識形態與新的意識形態產生衝突時，更容易看出歷史敘述著對意識形態的選擇，其實就已經決定了他們的敘述立場。魯迅歷史形象的塑造正是處於歷史敘述者與意識形態之間的博弈當中。從「魯迅圈子」的歷史敘述我們可以很清初地看到歷史敘述者與意識形態博弈的過程。

　　許壽裳作為一個重要的魯迅形象的歷史敘述者，在其所處的歷史環境當中，意識形態可以說是正處於相當寬鬆的三四十年代。因此，許壽裳對魯迅形象的塑造，除了自己的意願意外，幾乎沒有受到原來意識形態太大的影響。同時，也正是由於許壽裳國民黨的政治立場，又使許壽裳在塑造魯迅形象時，很大程度上迴避了共產黨的意識形態立場，因此，我們看到許壽裳在三、四十年代塑造的魯迅形象，既不同於左翼化的魯迅影響，也不同於右翼化的貶損魯迅的形象，而是處於民族知識分子所共同建構的歷史形象。歷史敘述者

與意識形態之間的博弈，也轉變爲許壽裳與國民黨意識形態的博弈以及許壽裳與共產黨意識形態之間的博弈，然而，也正是因爲兩種意識形態的相互衝突而留下的縫隙，才使得許壽裳所竭力塑造的魯迅形象更大程度上保留了許壽裳所想要塑造的魯迅形象。

　　馮雪峰作爲後來塑造魯迅形象的重要「魯迅圈子」成員，其對魯迅形象的轉換起著不可代替的作用。這固然是因爲馮雪峰是共產黨員的緣故，同時也因爲，在上海的非常時期，馮雪峰與魯迅的深入交往，也使得馮雪峰必定成爲魯迅在三十年代的代言人之一。然而，我們也不能不看到，馮雪峰與主流意識形態之間也存在著一個相互博弈的現象。作爲深受魯迅「啓蒙」思想的魯迅弟子，馮雪峰在精神氣質上都保留了魯迅「啓蒙型」知識分子的精神氣質，但在五十年代初期，建構後意識形態正處於大一統的時期，馮雪峰這種「啓蒙型」知識分子的氣質對他來說卻不免是一種災難。我們看到，馮雪峰在努力塑造與共產黨的意識形態相符合的魯迅形象時，馮雪峰卻又經常意識形態規訓的範疇，常常透露處另一個強調個性，強調反抗而又帶有消極心理的魯迅形象，這不免與主流的意識形態相衝突。而正是這種衝突，同時也看出了馮雪峰作爲歷史敘述者與意識形態之間的衝突。

　　另外，作爲個體存在的魯迅形象，是否能在歷史敘述與意識形態的衝突之下保存自己的本質特徵呢？是否存在一個本眞的魯迅形象呢？在意識形態相互發生衝突時，我們該相信誰的歷史敘述？正如以上分析的，作爲魯迅摯友的許壽裳雖然提供了很多歷史材料，但是他所塑造的魯迅形象與其說是一個總體的魯迅形象，還不如說是一個有著時代特徵的魯迅形象，而作爲魯迅弟子的馮雪峰所塑造的魯迅形象，我們更容易從其歷史敘述當中看出意識形態化的特徵，因此，這兩位「魯迅圈子」成員的歷史敘述都不免偏頗，然而，作爲魯迅生活伴侶的許廣平，在敘述魯迅時，同樣也存在著意識形態化的問題，就此，而言，我們看到許壽裳講述的「啓蒙者」魯迅的故事，馮雪峰與許廣平分別講述「革命者」魯迅的故事在歷史上都各有千秋，然而，又難以否認一個魯迅形象的存在。因此，對於個體存在的「魯迅」而言，我們很難從歷史敘述與意識形態衝突之間去發現一個屬於「獨立個體」的魯迅。然而，也正是由於意識形態與歷史敘述、意識形態之間的衝突，才讓我們發現在意識形態與歷史敘述之下掩蓋的「個體」魯迅的存在，而問題在於，我們如何重返「個體」的魯迅，以及在何種意義上「重返」。新歷史主義者告訴我們，

歷史不過是敘述者重新識別、編排的一個過程，在這個識別、編排的過程中重新給他注入新的內核、新的故事，因為，歷史總是表現為常見常新，然而，洪子誠也通過對歷史編撰的考究發現，如果沒有一個歷史的本真，那麼這些歷史的編撰又是從何而來？在這個意義上作為魯迅個體的歷史形象，是存在的。而更重要的問題，是我們如何從意識形態與歷史敘述的衝突當中上溯至歷史本真的存在，這大概就是魯迅研究幾十年以來給我遺留下的歷史課題吧。

參考文獻

一、魯迅研究史料

1. 魯迅：《魯迅全集》，人民文學出版社，2005 年。
2. 薛綏之主編：《魯迅生平史料彙編》（共五卷），天津人民出版社，1981～1986 出齊。
3. 曹聚仁：《魯迅年譜》，香港三育圖書文具公司，1972 年；
4. 王觀泉：《魯迅年譜》，黑龍江人民出版社，1979 年；
5. 復旦大學、上海師大、上海師院合編，《魯迅年譜》，安徽人民出版社，1979 年；
6. 鮑昌、邱文治：《魯迅年譜》，天津人民出版社，1979～1980 年；
7. 魯迅博物館魯迅研究室：《魯迅年譜》（四卷），人民文學出版社，1981～1984 年。
8. 蒙樹宏：《魯迅年譜稿》，廣西師大出版社，1987 年。
9. 魯迅紀念委員會編：《魯迅先生紀念集》，文化生活出版社，1937 年。
10. 倪墨炎、陳九英《許壽裳文集》（上下卷），百家出版社，2003 年。
11. 黃英哲、秦賢次、陳漱渝、蕭振鳴編：《許壽裳日記：1940～1948》，福建教育出版社，2008 年。
12. 許廣平：《魯迅回憶錄》，作家出版社，1961 年版。
13. 許廣平：《許廣平文集》，江蘇文藝出版社，1998 年 1 月。
14. 陳漱渝：《許廣平的一生》，天津人民出版社，1981 年 5 月第 1 版。
15. 周海嬰：《魯迅與我七十年》，南海出版公司，2001 年 9 月第 1 版。
16. 周海嬰主編、許廣平著《魯迅回憶錄》，長江文藝出版社，2010 年。
17. 馮雪峰：《回憶魯迅》，人民文學出版社，1952 年 8 月。

18. 馮雪峰：《雪峰文集》（四冊），人民文學出版社，1985年。

19. 《1928至1936年的魯迅：馮雪峰回憶魯迅全編》，上海文化出版社，2009年。

20. 馮雪峰：《魯迅的文學道路》，湖南人民出版社，1980年1月第1版。

21. 馮雪峰：《馮雪峰選集——論文編》，人民文學出版社，2003年6月版。

22. 陳早春、萬家驥：《馮雪峰評傳》，重慶出版社，1993年10月版。

23. 人民文學出版社編輯部編：《馮雪峰與中國現代文學》，人民文學出版社，1988年4月版。

24. 耿傳明：《魯迅與魯門弟子》，大象出版社，2011年1月。

25. 張夢陽：《中國魯迅學通史》（索引卷），廣東教育出版社，2002年12月。

26. 孫郁、黃喬生主編：《紅色光環下的魯迅》，河北教育出版社，2001年。

27. 周作人：《魯迅的青年時代》，河北教育出版社，2002年1月第1版。

28. 周作人：《知堂回想錄》安徽教育出版社，2008年。

29. 程光煒編：《周作人評說八十年》，中國華僑出版社，2005年版。

30. 止菴校訂：《周作人自編文集·魯迅的故家》，河北教育出版社，2002年。

31. 《魯迅回憶錄》（一），上海文藝出版社，1978年1月版。

32. 《魯迅回憶錄》（二），上海文藝出版社，1979年6月版。

33. 陳漱渝主編：《誰在挑戰魯迅——新時期關於魯迅的論爭》，四川文藝出版社，2002年5月版。

34. 葛濤：《魯迅文化史》，東方出版社，2007年。

35. 許壽裳著、馬會芹編：《摯友的懷念——許壽裳憶魯迅》，河北教育出版社，2002年版。

36. 程麻：《魯迅留學日本史》，陝西人民出版社，1985年7月第1版。

37. 王富仁：《中國魯迅研究的歷史與現狀》，人民文學出版社，1999年7月版。

38. 袁良駿：《魯迅研究史》（上卷），陝西人民出版社，1986年4月第1版。

39. 袁良駿：《當代魯迅研究史》，陝西人民教育出版社，1992年1月版。

40. 張夢陽：《中國魯迅學通史》，廣東教育出版社，2001年版。

41. 揚州師範學院圖書館編：《魯迅研究資料編目索引1949.10～1974.12》1976年6月印刷。

42. 彭定安：《魯迅學導論》，中國社會科學出版社，2001年5月第1版。

43. 倪墨炎：《魯迅革命活動考述》，上海文藝出版社，1984年5月第1版。

44. 朱正：《魯迅回憶錄正誤》，人民文學出版社，2006年10月。

45. 王宏志：《魯迅與「左聯」》，新星出版社，2006 年 5 月。

46. 張小紅：《左聯與中國共產黨》，上海人民出版社，2006 年。

47. 姚辛：《左聯史》，光明日本出版 2005 年 9 月版。

48. 中國左翼作家聯盟成立大會會址紀念館編：《左聯論文集》，百家出版社，1991 年 3 月版。

49. 中國社會科學院文學研究所左聯回憶錄編輯組編：《左聯回憶錄》，知識產權出版社，2010 年 1 月版。

50. 艾曉明：《中國左翼文學思潮探源》，北京大學出版社，2007 年版。

二、國內論著：

1. 程光煒：《文學講稿：「八十年代」作爲方法》，北大出版社，2009 年。

2. 程光煒：《文化的轉軌——「魯郭茅巴老曹」在中國 1949～1976》，光明日報出版社，2004 年 1 月版。

3. 程光煒、劉勇、吳曉東等著：《中國現代文學史》（第 2 版），中國人民大學出版社，2008 年。

4. 程光煒主編：《人文集團與中國現當代文學》，人民文學出版社，2005 年。

5. 程光煒主編：《大眾媒介與中國現當代文學》，人民文學出版社，2005 年。

6. 程光煒主編：《都市文化與中國現當代文學》，人民文學出版社，2005 年。

7. 程光煒：《文學史的興起：程光煒自選集》，河南大學出版社，2009 年 4 月版。

8. 程光煒：《文學想像與文學國家——中國當代文學研究 1949～1976》，河南大學出版社，2005 年 4 月版。

9. 孟繁華，程光煒：《中國當代文學發展史》，人民文學出版社，2004 年版。

10. 洪子誠：《中國當代文學史》（修訂版），北京大學出版社，2007 年第 2 版。

11. 洪子誠：《1956 百花時代》，山東教育出版社，1998 年 5 月第 1 版。

12. 溫儒敏、賀桂梅、李憲瑜、姜濤等著：《中國現當代文學學科概要》，北京大學出版社，2005 年 1 月版。

13. 杜書瀛、錢競主編，孟繁華著：《中國 20 世紀文藝學學術史》，中國社會科學出版社，2000 年。

14. 《毛澤東選集》，人民出版社，1991 年。

15. 朱壽桐《中國現代社團文學史》，人民文學出版社，2004 年。

16. 桑兵《清末新知識界的社團與活動》，生活、讀書、新知三聯書店，1995 年。

17. 樂黛雲主編：《國外魯迅研究論集》，北京大學出版社，1981 年 9 月版。

18. 程振興：《魯迅紀念研究 1936～1949》，中國社會科學出版社，2011 年 3 月。

19. 徐妍：《新時期以來魯迅形象的重構》，安徽教育出版社，2008 年 6 月。

20. 王吉鵬，王竹麗：《觀照偉大精神的經緯——魯迅思想研究史》，第 127 頁，吉林人民出版社，2004 年。

21. 姜異新：《互為方法的啓蒙與文學——以 20 世紀中國文學史上的三次啓蒙高潮為例》，中國社會科學出版社，2010 年 9 月。

22. 王富仁：《魯迅前期小說與俄羅斯文學》，天津教育出版社，2008 年 8 月版。

23. 王富仁：《中國反封建思想革命的一面鏡子——〈吶喊〉〈彷徨〉綜論》，北京師範大學出版社，1986 年 8 月版。

24. 王富仁：《先驅者的形象》，浙江文藝出版社，1987 年 3 月版。

25. 王富仁：《靈魂的掙扎》，時代文藝出版社，1993 年 6 月版。

26. 王富仁：《歷史的沉思》，陝西人民出版社，1996 年 9 月版。

27. 王富仁：《說說我自己——王富仁學術隨筆自選集》，福建教育出版社，2000 年 4 月版。

28. 王富仁：《中國文化的守夜人——魯迅》，人民文學出版社，2002 年版。

29. 汪暉：《反抗絕望——魯迅及其文學世界》，河北教育出版社，2000 年 1 月版。

30. 汪暉：《死火重溫》，人民文學出版社，2000 年 1 月版。

31. 汪暉：《汪暉自選集》，廣西師範大學出版社，1997 年 9 月第 1 版。

32. 汪暉：《現代中國思想的興起》（上、下），北京三聯書店，2004 年 7 月第 1 版。

33. 王曉明著：《無法直面的人生——魯迅傳》，上海文藝出版社，1993 年。

34. 王曉明編：《人文精神尋思錄》，文匯出版社，1996 年第 1 版。

35. 錢理群：《心靈的探尋》，北京大學出版社，1999 年版。

36. 錢理群：《走進當代的魯迅》，北京大學出版社，1999 年版。

37. 錢理群：《話說周氏兄弟——北大演講錄》，山東畫報出版社，1999 年版。

38. 錢理群：《中國現代文學史論》，廣西師範大學出版社，2011 年 9 月版。

39. 夏志清：《中國現代小說史》，復旦大學出版社，2005 年 7 月版。

40. 李長之：《魯迅批判》，北京出版社，2003 年版。

41. 王瑤：《魯迅作品論集》，人民文學出版社，1984 年 8 月第 1 版。

42. 王瑤：《王瑤全集》，河北教育出版社，2000 年 1 月版

43. 丁易：《中國現代文學史略》，作家出版社，1955 年 7 月版。

44. 張畢來：《新文學史綱》，作家出版社，1955 年 12 月版。

45. 劉綬松：《中國新文學史初稿》，作家出版社，1956 年 4 月版。

46. 唐弢：《魯迅在文學戰線上》，中國青年出版社，1957 年 12 月版

47. 唐弢：《魯迅的美學思想》，人民文學出版社，1984 年 8 月版。

48. 李何林編：《魯迅論》，陝西人民出版社，1984 年 2 月第 1 版。

49. 李何林：《李何林全集》，河北教育出版社，2004 年版。

50. 曹聚仁：《魯迅評傳》，復旦大學出版社，2006 年 1 月第 1 版。

51. 林誌浩：《魯迅傳》，北京出版社，1981 年 8 月版。

52. 陳湧：《魯迅論》，人民文學出版社，1984 年 5 月第 1 版。

53. 林非著：《魯迅和中國文化》，學宛出版社，2000 年版。

54. 趙園：《艱難的選擇》，上海文藝出版社，1986 年 9 月第 1 版。

55. 劉納：《論「五四」新文學》，浙江文藝出版社，1987 年 3 月第 1 版。

56. 劉納：《從「五四」走來——劉納學術隨筆自選集》，福建教育出版社，2000 年 4 月版。

57. 陳平原：《中國現代學術之建立——以章太炎、胡適之為中心》，北京大學出版社，1998 年 2 月第 1 版。

58. 陳平原：《觸摸歷史與進入五四》，北京大學出版社，2005 年 9 月第 1 版。

59. 陳平原：《中國現代小說的起點——清末民初小說研究》，北京大學出版社，2005 年 9 月版。

60. 林賢治：《人間魯迅》，花城出版社，1986 年 9 月版。

61. 林賢治著：《一個人的愛與死》，東方出版中心，2006 年版。

62. 林賢治著：《魯迅的最後十年》，東方出版中心，2006 年版。

63. 李澤厚：《中國現代思想史論》，東方出版社，1987 年 6 月第 1 版。

64. 劉再復：《文學的反思》，人民文學出版社，1986 年 11 月版。

65. 劉再復：《魯迅美學思想論稿》，中國社會科學出版社，1981 年 6 月版。

66. 王元化：《九十年代反思錄》，上海古籍出版社，2000 年 12 月第 1 版。

67. 嚴家炎：《五四的誤讀——嚴家炎學術隨筆自選集》，福建教育出版社，2000 年 4 月版。

68. 嚴家炎：《論魯迅的複調小說》，上海教育出版社，2002 年 7 月第 1 版。

69. 王乾坤：《魯迅的生命哲學》，人民文學出版社，1999 年 7 月第 1 版。

70. 解志熙：《生的執著——存在主義與中國現代文學》，人民文學出版社，1999 年 7 月版。

71. 單世聯：《反抗現代性：從德國到中國》，廣東教育出版社，1998 年 8 月。

72. 孫玉石著：《現實的與哲學的——魯迅〈野草〉重釋》，上海：上海書店
出版社，2001 年版。

73. 孫玉石：《〈野草〉研究》，中國社會科學出版社，1982 年版。

74. 許壽裳：《亡友魯迅印象記》，上海文化出版社，2006 年版。

75. 倪墨炎：《魯迅後期思想研究》，人民文學出版社，1984 年 8 月第 1 版。

76. 王汎森：《中國近代思想與學術的系譜》，河北教育出版社，2001 年 11
月。

77. 陳萬雄：《五四新文化的源流》，北京三聯書店，1997 年 1 月第 1 版。

78. 陳方競：《魯迅與浙東文化》，吉林大學出版社，1999 年 11 月第 1 版。

79. 丁守和主編：《中國近代啓蒙思潮》（上、中、下），社會科學文獻出版社，
1999 年 11 月第 1 版。

80. 陳崧編：《五四前後東西文化問題論戰文選》，中國社會科學出版 1989 年
3 月增訂第 2 版。

81. 徐麟著：《魯迅：在言説與生存的邊緣》，山東文藝出版社，1997 年版。

82. 王一川：《中國現代性體驗的發生》，北京師範大學出版社，2001 年 10
月。

83. 鄭家建：《中國文學現代性的起源語境》，上海三聯書店，2002 年 7 月。

84. 楊聯芬：《晚清至五四：中國文學現代性的發生》，北京大學出版社，2003
年 11 月。

85. 胡尹強：《魯迅：爲愛情作證——破解〈野草〉世紀之謎》，東方出版社，
2004 年版。

86. 陳建華：《「革命」的現代性：中國革命話語考論》，上海古籍出版社，2000
年 12 月版。

87. 劉小楓：《現代性社會理論緒論》，上海三聯書店，1998 年 1 月第 1 版。

88. 何兆武：《西方哲學精神》，清華大學出版社，2002 年 5 月第 1 版。

89. 郭湛波：《近五十年中國思想史》，山東人民出版社，1997 年 3 月第 1 版。

90. 邵建：《文學與現代性批判》，江蘇教育出版社，2005 年 8 月 1 版。

91. 陶東風、徐豔蕊：《當代中國的文化批評》，北京大學出版社，2006 年 1
月第 1 版。

92. 汪衛東著：《魯迅前期文本中的「個人」觀念》，人民文學出版社，2006
年版。

93. 王乾坤：《回到你自己》，中國文聯出版社，2001 年版。

94. 王乾坤：《魯迅的生命哲學》，人民文學出版社，1999 年版。

95. 吳俊著：《暗夜裏的過客——一個你所不知道的魯迅》，東方出版中心，

2006 年版。

96. 李天明：《難以直說的苦衷——魯迅〈野草〉探秘》，人民文學出版社，2000 年版。

97. 郜元寶：《魯迅六講》，上海三聯書店，2000 年 10 月版。

98. 李新宇：《魯迅的選擇》，河南出版社，2003 年版。

99. 李長之、艾蕪等：《吃人與禮教——論魯迅（一）》，孫郁、張夢陽主編，河北教育出版社，2000 年版。

100. 梁啓超：《梁啓超全集》，北京出版社，1999 年版。

101. 魏韶華著：《「林中路」上的精神相遇——魯迅與克爾凱郭爾比較研究》，中國社會科學出版社，2004 年版。

三、國外論著

1. （美）費正清編；楊品泉等譯：《劍橋中華民國史 1912～1949 年 上下》，中國社會科學出版社，1994 年 1 月。

2. （美）R.麥克法奈爾，費正清編著，俞金堯譯《劍橋中華人民共和國史 上 1966～1982 年》，中國社會科學出版社，2007 年。

3. （美）海登‧懷特（Hayden White）著，陳永國、張萬娟譯，《後現代歷史敘事學》，中國社會科學出版社，2003 年。

4. 米歇爾‧福柯：《知識考古學》，謝強、馬月譯，生活‧讀書‧新知三聯書店，2003 年版。

5. 韋勒克：《文學理論》，文化藝術出版社，2010 年 9 月版。

6. 埃斯卡皮：《文學社會學》，浙江人民出版社，1987 年 8 月版。

7. 托托西：《文學研究的合法性》，北京大學出版社，1997 年 8 月版。

8. 李歐梵：《徘徊在現代和後現代之間》，上海三聯書店，2000 年 3 月第 1 版。

9. 李歐梵：《鐵屋中的吶喊》，河北教育出版社，2000 年 12 月。

10. 李歐梵：《現代性的追求：李歐梵文化評論精選集》，北京三聯書店，2000 年 12 月第 1 版。

11. 王德威：《被壓抑的現代性——晚清小說新論》，北京大學出版社，2005 年 5 月第 1 版。

12. 林毓生：《中國意識的危機》，貴州人民出版社，1988 年 1 月第 1 版。

13. 伊藤虎丸：《魯迅與日本人》，李冬木譯，孫郁、黃喬生主編，河北教育出版社，2001 年版。

14. 竹内好：《近代的超克》，李冬木、趙京華、孫歌譯，生活‧讀書‧新知三聯書店，2005 年版。

15. 丸山升：《魯迅.革命.歷史》，王俊文譯，北京大學出版社，2005 年版。

16. 雷蒙德.威廉斯：《關鍵詞》，劉建基譯，生活・讀書・新知三聯書店，2005 年版。

17. 木山英雄：《文學復古與文學革命》，趙京華編譯，北京大學出版社，2004 年版。

四、博士論文：

1. 蔡同軍：《普羅米修斯的火種》，蘇州大學 2003 年博士論文。

2. 靳新來：《「人」與「獸」的糾葛》，復旦大學 2004 年博士論文。

3. 葛濤：《互聯網上的「作家迷」虛擬社區研究》，北京語言大學 2005 年博士論文。

4. 趙歌東：《啓蒙與革命》，吉林大學 2006 年博士論文。

5. 張立新：《現代知識分子作家在「群」中的自我體認與改寫》，蘇州大學 2007 年博士論文。

6. 宋揚：《論伊藤虎丸的魯迅研究》，吉林大學 2008 年博士論文。

7. 戈雙劍：《魯迅：生存與「表意」策略》，華東師範大學 2008 年博士論文。

8. 金理：《抗爭現代名教》，復旦大學 2008 年博士論文。

9. 靳叢林：《竹內好的魯迅研究》，吉林大學 2009 年博士論文。

10. 崔紹懷：《中國魯迅〈野草〉研究史論》，東北師範大學 2010 年博士論文。

11. 田敏：《魯迅與浙東民間文化》，華中師範大學 2011 年博士論文。

12. 楊方：《周揚思想文化活動研究》，復旦大學 2010 年博士論文。

13. 嚴冰：《自由在是，人道亦在是》，福建師範大學 2011 年博士論文。

五、報刊雜誌

1. 《新青年》全本

2. 《新潮》全本

3. 《語絲》全本

4. 《中國現代文學研究叢刊》（1979～1989）

5. 《魯迅研究月刊》（1980～2011）

6. 《〈魯迅研究〉年刊》（1979～1985）

7. 《魯迅研究資料》（第 1 輯～第 20 輯）

8. 《魯迅研究動態》（1979～1989）

9. 《文藝報》（1955～1989）

10. 《讀書》（1985～1989）

11. 《文學評論》（1979～1989）

12. 《新文學史料》（1979～2011）

13. 《文藝研究》（1978～1982）

後　記

四年的求學歷程，轉瞬即逝。

在我還沒來得及好好體會北京的人文薰染之時，卻發現我的學習旅程行將結束。有太多的想法還沒有來得及實施，有太多文學經典還沒來得及細細品讀，有太多珍貴的情感還沒有來得及在人生的一頁展開，四年的求學旅程就這樣平靜地在人生的紀念冊上劃上了一個不算圓滿的記號。雖然略帶遺憾，但那也未嘗不是對未來的一種警策：未來我將分秒必爭，以求更好地完成自我。

人大給了我一個夢想的舞臺，我從中收穫的不僅僅是那讀書破萬卷的魄力和雄心，更有那點滴關懷的人情味，這讓我在枯燥的學術訓練之餘也開始對「學問」之途充滿了美好的憧憬。首先要感謝的是給予我這個夢想舞臺的博士生導師程光煒教授。程老師學識淵博，著述豐厚，更為難得的是程老師對學生能做到因材施教，不厭其煩，在嚴謹有序的學術訓練之餘，卻有著春風化雨般的柔情為學生排憂解難，令人感動不已！能夠投到程老師門下求學，實乃平生之幸事！在程老師四年「強化」與「柔情」的學術訓練之下，我只恨以前讀書太少，領悟太少，未能跟上老師的研究步伐，只能加倍努力、埋頭苦幹，由此才得以在短暫的求學歷程當中慢慢去認清了自己的研究路向。

文學院孫郁、馬俊傑、李今、姚丹、張潔宇等老師的諄諄教誨使我在授業期受益良多，正是你們的遠見卓識和四兩撥千斤的點撥奠定了我的學識視野，你們的寬容與鼓勵使得詰屈聱牙的學術研討多了一絲人文溫情，也給廣大學生營造了更好的學習氛圍。

在人大習藝期間，我還要特別感謝我的同門楊慶祥、黃平、張偉棟、李

建周、李雲、劉洪霞、李建立、王德領、錢振文、楊曉帆、張書群、李雪、魏華瑩、虞金星、江麗、張楠、耿英麗等，是你們精神上的無私奉獻和無盡的關愛才讓我在這個大集體當中更快地成長起來。每學期每周四下午的「華山論劍」是我們課堂的一大特色，也讓我們有了更多相互切磋、促進交流的機會，幾年下來大家各有所得，而我們都已親如兄弟姐妹，這不能不說是我們習藝之餘自發形成的另一種神奇效果。慶祥師兄亦師亦友，在學業上給予我無數的教誨和指導，最是感激不已。振文師兄在我寫論文的關鍵時刻出手相助，提供了魯博館大量的研究資料，為我的論文能夠如期完成提供了重要的保障，恩澤不淺。黃平師兄、偉棟師兄、建周師兄、李雲師姐不時來電問候論文進度，或是出謀劃策或是良言撫慰，驅散了我寫作難產時的無邊苦悶，惺惺相惜之情日月可鑒。還有芳坤、華瑩、張楠、紅英等師妹在論文的後期校對上給予很多幫助，在此也一併致謝！

多年來，父母的關愛與愛人的默默付出，是我得以持續學習的重要基礎。沒有您們的關愛與付出，或許今天的我早已迫於生計，碌碌而終。您們的期待給了我很大的求知動力，卻也更體會到世間的人情冷暖。在您們的精心庇護下，才有了我今天幸福的讀書生活。每每想起這些，心中既是愧疚又是感激。我唯有以加倍的努力來回報您們無言的愛。

未來的路是否會更好走一些？這個答案實在是沒底，不過，既然已經選擇了這條艱險而寂寞的書山之路，也就沒有必要斤斤計較前路的坑窪或是平坦。魯迅說，地上本沒有路，走的人多了，也便成了路。一個人心路的探險之旅，其意義不僅僅在於為後人開路，更在於「探險」本身就已布滿了人生的瑰麗。

陳華積

2012 年 5 月 8 日初稿

2016 年 2 月 2 日修改